朝日ビジュアル
シリーズ

あの時代へ
ホップ、ステップ、ジャンプ

戦後
昭和クロニクル

目次

《晩秋の銀座４丁目交差点》

銀座は、昭和20年1月27日、3月10日、5月24、25日の4度の空襲で、7丁目と8丁目を除く大半が被災。なかでも、25日夜半の空襲では、銀座4丁目交差点に面した三越や、周辺の松屋、松坂屋の各デパート、さらに歌舞伎座などが炎上した。

敗戦後の9月8日、米軍が銀座に進駐したとき、4丁目の交差点あたりは三越やライオンヱビスビヤホール（現・銀座プレイス）、尾張町キリンビヤホール（現・三愛ドリームセンター）などが、残骸をさらし、あるいは瓦礫と化していた。

この地の灰燼処理事業が始まるのは9月。そして、銀座通りや晴海通り沿いには、さまざまなものを商う露店が並んだ。時計塔が破損したものの、焼失を免れた服部時計店（現・和光）は、11月10日、連合国軍総司令部（GHQ）に接収され、米軍人専用の売店PX（post exchange）としてオープンした。

※イラストは、写真家・菊池俊吉が昭和20年11月15日に撮影した銀座4丁目交差点付近の写真などを参考にしている。

※参考資料：平和博物館を創る会編著『銀座と戦争』（平和のアトリエ）、岡本哲志著『銀座―土地と建物が語る街の歴史』（法政大学出版局）

イラスト：板垣真誠

昭和 **20** 1945 年

焦土に流れる玉音放送

玉音放送　大阪・曽根崎署前の拡声器から流れる昭和天皇の「終戦の詔書」を聴く人々。真夏の太陽が照りつけ、汗と涙がしたたった。

無条件降伏にただ頭を垂れる

8月15日、終戦を知らせる天皇の声を、日本国民はラジオを通して聞いた。翌日の朝日新聞は、日本の敗戦を知った、宮城《きゅうじょう》（皇居）前の国民の姿を次のように報じた。

《二重橋前の人群は静止していた。誰も彼もが玉砂利の上にきちんと足を揃えて正座していた。或る者は膝の上に両の拳を固く握り、また或る者は玉砂利に額をすりつけていた。すべての者に共通なことは、この群衆の一人一人が泣いているということだった。泣いているというより、工員らしい屈強な若者も、動員学徒の女学生も、すべての者が声をあげて泣きじゃくっているのだった。嗚咽の声は玉砂利低くたゆたい、二重橋の方へ流れていった。／静かなようでありながら、そこに嵐があった。国民の激しい感情の嵐であった。（中略）／泣けるのは当然である。群衆の中から歌声が流れはじめた。「海ゆかば」の歌である。一人が歌い始めると、すべての者が泣きじゃくりながらこれに唱和した。（中略）／天皇陛下、お許し下さい。／天皇陛下！　悲痛な声があちこちから聞えた。（中略）土下座の群衆は立ち去ろうともしなかった。歌っては泣き泣いてはまた歌った》

☞ **◉自決**　占領軍の進駐に対する抵抗はなかったが、ポツダム宣言受諾を肯んぜず自決した多数の軍人・軍属がいた。その数は約600人にのぼるといわれる。最後の御前会議に出席していた陸海両相のうち、阿南惟幾陸相は15日、血染めの遺書を残して割腹自殺をとげ、少壮軍人らを沈静化させたが、米内光政海相は死なずに説得することで海軍の混乱を収拾した。

▲グアム島にて　敗戦を知り、母国の方角に向かい頭を垂れる日本軍捕虜。

◀女子挺身隊員の涙　福岡の九州飛行機香《か》椎《しい》工場で、敗戦の放送を聴いて、がっくりと肩を落とす女子挺身隊員たち。

◉15日付朝刊は夕刻に配達

昭和20年8月14日深夜11時から、首相官邸地下壕でポツダム宣言正式受諾の新聞発表が行われた。そのため、終戦の詔書を報じる8月15日付朝日新聞朝刊（全2ページ）の編集作業は、15日になってから始まった。また、配達は玉音放送終了後という指示が当局からあったため、取材は15日の正午過ぎまで行われた。実際に朝刊が配達されたのは夕刻。当時は人手が少なく、隣組組織を利用して各戸に配られた。

ところで、当日の紙面には、日本が連合国に負けたにもかかわらず、「降伏」や「敗戦」の文字はいっさい見られない。これは、ポツダム宣言受諾に怒って徹底抗戦をもくろむ、あるいは軽挙妄動に走る輩《やから》が現れないように配慮したためだった。

朝日新聞

戰爭終結の大詔渙發さる

新爆彈の慘害に大御心
帝國、四國宣言を受諾
畏し、萬世の爲太平を開く

詔書

必ず國威を恢弘
聖斷下る途は一つ
信義を世界に失ふ勿れ

國の焦土化忍びず
御前會議に畏き御言葉

國體護持に邁進

再生の道は苛烈
決死大試煉に打克たん

支拂制限せず
インフレ防止に強力措置

秩序と結束

昭和20年8月15日付朝日新聞。

◉**黒澤明監督の8月15日**　「映画会社の首脳部を通じて、終戦になることは知っていた。（中略）だから玉音放送もとくに感激もなかった。みんな、泣いていましたね。しかし、夕方になるとケロッとして、それぞれの仕事をしてる。日本人というのは不思議だね、という感想。ぼくは酒が飲みたかった」

Playback 20

《庶民の足、輪タク》

三輪自転車のタクシー、通称「輪タク」と呼ばれる乗り物は、人力車の代替として普及。時速10キロ前後で走り、料金は1キロ25円だった。

《再開大相撲を米軍将兵も観戦》

戦争が終わり大相撲復興の動きが起こると、11月16日から晴天日に限って空襲で一部焼失した両国国技館で開催された。

《米軍専用のアーニー・パイル劇場》

少女歌劇の殿堂だった東京・日比谷の東京宝塚劇場が米軍に接収され、米第８軍の専用劇場としてクリスマスイブにオープン。

8月30日、コーンパイプにサングラス、武器はいっさい携行せず、まったくの丸腰で日本の土を踏んだマッカーサー連合国軍最高司令官（中央左）、当時65歳。

◉焦土に舞い降りてきた新たな支配者

8月30日、連合国軍最高司令官マッカーサーが神奈川・厚木飛行場に降り立った。東京入りは9月8日。約40万人の連合国軍将兵は11月上旬までに国内各地に進駐した。9月2日、東京湾上の米第3艦隊旗艦ミズーリ号上で降伏文書の調印式が行われ、その約2週間後には、皇居に面した第一生命ビルに連合国軍総司令部（ＧＨＱ）が置かれた。9月27日、米大使公邸で昭和天皇と会見し、戦争責任を認める天皇に心から感動したマッカーサーは、日本支配における天皇の効用を認め、この後、二重支配の構造を巧みに利用することになる。

◉話題の本　「日米會話手帳」（科学教材社）

日本で最初の戦争犯罪人裁判（ＢＣ級）、横浜地裁で始まる
12.22 労働組合法公布。昭和 21 年 3 月 1 日施行
12.26 東京・日比谷の有楽座で新劇合同第 1 回公演。チェーホフ「桜の園」上演
12.28 信教の自由を保障する宗教法人令を公布。以後、新興宗教が続々登場
12.29 農地調整法を改正公布（第 1 次農地改革）。不在地主の小作地譲渡や在村地主の保有面積を平均 5 町歩（5 ヘクタール）に限定するなどの措置を規定
12.31 ＧＨＱ、修身・地理歴史科の授業停止を指令

昭和クイズ100

Q1. 終戦の情報を聴き、米軍の日本進駐を察知した科学教材社の小川菊松社長（後の誠文堂新光社の創業者）が思い立ち、急遽出版に着手。狙いは見事に的中し 360 万部という空前のベストセラーとなった書籍は？

Q2. 焦土と化した日本に復興への希望を託すかのようなさわやかな歌詞とメロディーの歌が流れた。ＧＨＱの検閲映画第 1 号となった松竹映画「そよかぜ」の挿入歌にも使われた、並木路子が歌ったこの歌は？

〈解答はＰ２３８をご覧ください。〉

◉誕生◉ 8.22 タモリ（タレント）、9.3 重信房子（日本赤軍の指導者）、9.6 永井豪（漫画家）、9.10 ホセ・フェリシアーノ（プエルトリコの歌手）、10.2 室伏重信（ハンマー投げ選手）、10.9 水前寺清子（歌手）、10.13 樋口久子（ゴルファー）、10.29 小栗康平（映画監督）、11.12 ニール・ヤング（カナダのミュージシャン）、12.1 富司純子（元・藤純子、女優）、服部幸應（料理研究家）

◉流行語◉ **堪ヘ難キヲ堪ヘ**（天皇の玉音放送の言葉から）、**一億総懺悔**（東久邇宮稔彦首相の発言から）、**ポツダム少尉**（ポツダム宣言受諾後のどさくさにまぎれた少尉昇進者のこと）、**ノー・モア・ヒロシマ**（英紙バーチェット記者が被爆地の様子を世界に伝えた言葉から）、**四等国**（日本が再び最強国になることはないという意味でのマッカーサーの発言）、**ＭＰ**（Military Police、占領軍の憲兵）、**パンパン**（米兵相手の街娼のこと）、**ハバハバ**（「早く」の意。南洋の現地語起源との説もある）

◉クロニクル 昭和20年（1945）

8.9 天皇、御前会議でポツダム宣言受諾の裁決を下す
8.15 正午、天皇自らの声で録音した「終戦の詔書」を放送（玉音放送）。日本は無条件降伏
8.16 特攻隊の生みの親・大西瀧治郎海軍中将が自刃
8.18 満州国消滅。皇帝・溥儀退位
内務省、地方長官に占領軍向けの性的慰安施設の設置を指示。26 日東京・銀座に特殊慰安施設協会（ＲＡＡ）設置
8.22 気象管制解除。東京で天気予報放送が再開
8.30 連合国軍最高司令官マッカーサー元帥、厚木飛行場に到着
9.1 国民学校再開
9.2 米戦艦ミズーリ号上で日本が降伏文書に調印
9.3 英国人記者バーチェット、原爆被害の惨状を打電。「ノー・モア・ヒロシマ」の語使われる
9.11 ＧＨＱ、東條英機元首相ら 39 人の戦争犯罪人逮捕を命令。東條はピストル自殺を図る
9.20 いわゆる“墨塗り教科書”登場
9.27 天皇、マッカーサーを訪問。新聞各紙が 29 日付でこの時の写真を掲載。内務省は不敬として発売禁止としたが、ＧＨＱが即日撤回
10.11 マッカーサー、幣原喜重郎首相に憲法の自由主義化および人権確保の五大改革を口頭で要求
10.29 第 1 回宝籤発売。1 枚 10 円。1 等 10 万円ほか
11.2 日本社会党結成。書記長に片山哲
11.9 日本自由党結成。総裁に鳩山一郎
11.16 大相撲秋場所、東京・両国国技館で復活
11.24 ＧＨＱ、理化学研究所仁科研究室・京大・阪大のサイクロトロン（粒子加速装置）を破壊し海中に投棄（～ 28 日）
11.26 横綱双葉山、引退を届け出る
11.30 陸・海軍省を廃止
12.4 厚生省、全国の離職者（失業者）1324 万人と発表
閣議、女子大学の創設・大学の男女共学を決めた女子教育刷新要綱を決定
12.6 ＧＨＱ、近衛文麿・木戸幸一ら 9 人に逮捕命令。16 日近衛が服毒自殺
東京の日劇と日比谷映画でアメリカ映画「ユーコンの叫び」公開。戦後初の外国映画の上映
12.12 ＧＨＱ、芝居の仇討ち・心中ものの上演禁止
12.15 ＧＨＱ、「国家神道、神社神道に対する政府の保証、保全、監督ならびに弘布の廃止に関する件」、いわゆる神道覚書で国家と神道の分離を指令
東京・上野の地下道で浮浪者約 2500 人を一斉収容。以後、繰り返し実施
12.17 衆議院議員選挙法を改正公布。初の婦人参政権・大選挙区制・制限連記制などが盛り込まれる

☞ **◉値段（東京）** 高等文官試験合格者国家公務員 75 円、米 10 キロ 6 円（12 月）、かけそば 18 銭、豆腐 20 銭、ビール 2 円（配給・4 月）、清酒 1.8 リットル 7 円 32 銭、コーヒー（喫茶店）5 円、はがき 5 銭、新聞代（1 カ月、7 月）2 円 70 銭、映画封切り館 1 円（欄外コラムの「値段」は、総理府統計局、「週刊朝日」編『値段の風俗史』などから、以下同じ）

講和記念宝くじのポスター 昭和26年。売れ行き不振打開を狙って3枚つづりのシートくじを発売。最高賞金400万円。

抽せん会　東京・日比谷の有楽座で行われた公開抽せん会。アメリカ先住民族の踊り子が、かごの中の数字を書いたボールを槍で突いた。昭和21年。写真：朝日新聞社（白黒写真4点とも）

電動大型風車型抽せん機　昭和41年の東京都宝くじ抽せん会に登場。回転から矢の発射までを電動で行った新型機

一枚の紙片に託した大きな夢

宝くじの戦後史

現金よりも食べ物を優先した時代。それでも人びとは1等賞金10万円を夢見て、長い列をつくり、宝くじを買い求めた。

政府第1回寳籤　昭和20年発売。物不足の時代だったため、純綿布やたばこも賞品に。偽物のくじが出回るほどの人気だった。

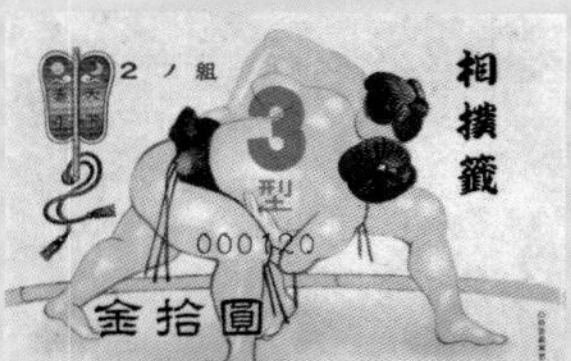

相撲籤　昭和21年、雑くじの時代と言われ、この相撲籤のほかにも野球籤や競馬籤、劇場籤、三角籤などが登場。

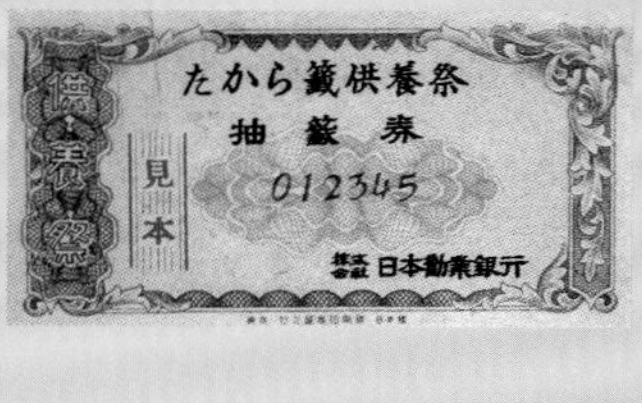

たから籤供養祭抽籤券　昭和24年。人気落語家の三代目三遊亭歌笑を大僧正に擬して日比谷公園で行った。初のカラくじ供養祭を記念。

茨城百景シートくじ　昭和25年。4枚セット100円で発売した初のシートくじ。旅行宿泊券が賞品だった。

明治元年（1868）の太政官布告で禁止になった江戸庶民の夢「富くじ」。この夢が復活したのは昭和20年（1945）。軍事費調達を目的に、政府は「勝札」を7月16日に発売した。しかし、日本はまもなく敗戦。8月25日に当選番号が発表され、1等10万円ほかが支払われたものの、庶民は「負札」と揶揄した。戦後、新たに登場したのが同年10月29日に発売した「寳籤《たからくじ》」で、庶民は1枚10円の紙片に夢を託した。年末には即決のスピードくじも登場。発売元年のこの年に早くも爆発的な人気を博した宝くじの変遷をみてみよう。

ドリームカード　昭和40年。一つの番号で東京都宝くじと全国自治宝くじが楽しめた。この年、宝くじデザイン展を開催。

東京都発行十周年記念宝くじのポスター　昭和32年。東京都はこの年の6月に発行10周年記念宝くじ、10月に大東京祭記念くじを発売した。

第4回宝くじ　昭和28年。3枚シートと2枚シートを各100円で発売。単券100円への移行をもくろんだ政府発行くじ。

第1回徳島市宝くじ　昭和27年。昭和25年に姫路市から始まった戦災都市宝くじは、最後の徳島市を含め全国の13市が発売した。

3枚シートの万博協賛　全国自治くじ　昭和43年。大阪万博に協賛した3枚シートの宝くじ。この年1等賞金は、ついに1000万円の大台にのった。

福の字籤　福の字賞というユニークな賞をつけた宝くじが発売された昭和35年。東京・日劇前に宝くじチャンスセンターが開設された。

第1回関東・中部連合自治宝くじ　昭和30年。複数の県や地方単位の連合くじが発売された前年からブームになっていた。

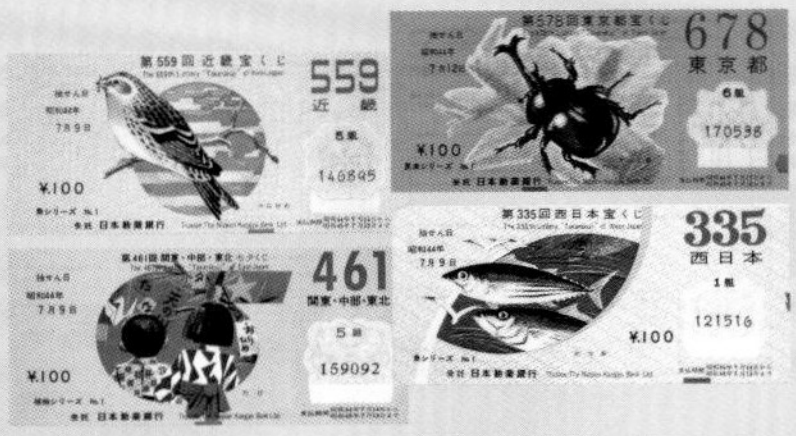

シリーズくじ　昭和44年。地方ブロックごとに植物、昆虫、鳥、魚などの動植物図鑑シリーズくじを発売。

第337回東京都宝くじ　昭和37年。東京都がスタートさせた三色くじの一種。オリンピックを前に、この年のほかの宝くじには英文入りも登場。

開都五百年記念宝くじ　昭和31年。江戸城築城500年と世界都市への成長を記念して発売した。

第1回沖縄宝くじ　昭和47年。「新しい沖縄の発足に協賛しよう」のスローガンのもと、沖縄の本土復帰を記念して発売した。

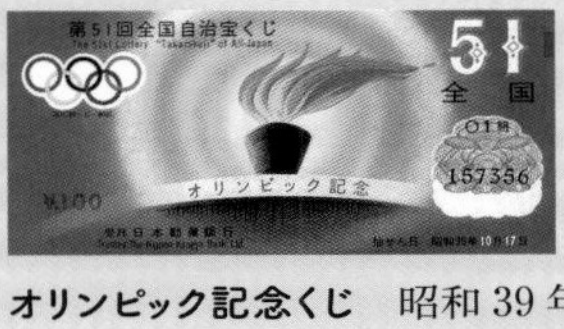

オリンピック記念くじ　昭和39年。東京オリンピック開催を記念して発売。5等でも100万円の高額賞金。

第244回東京都初夢くじ　昭和34年。サイズを現行の7×15センチに統一。五輪マークを入れて、5年後の東京オリンピックに協力。

戦後登場したミス宝くじ　公開抽せん会で矢を放ったミス宝くじは、東宝舞踊隊の女性たち。ミスへの謝礼は300円。昭和21年。

景品のたばこが魅力　1日たった3本のたばこの配給に物足りない愛煙家は、ハズレ券4枚でもらえるたばこ10本目当てに宝くじを購入した。昭和20年。

商品は絹の靴下　女性向けに絹の靴下を賞品にしたが、男性向けのたばこほどの、大きな売れ行きは望めなかった。昭和22年。

写真提供：財団法人日本宝くじ協会／みずほ銀行（この見開きのカラー写真すべて）

原節子

買い出し女優とピカピカの民主主義

写真：朝日新聞社

昭和のひと

8月15日の敗戦は、さまざまな〝変化〟を女性たちにもたらした。女優の原節子もその例外ではなかった。

当時、原は25歳。女手で大家族を支えていたため、住まいのあった東京・笹塚から京王線に乗り、多摩川あたりまで野菜の買い出しに出かけた。沿線には大映（現・KADOKAWA）の撮影所があり、たまたま同じ電車に乗り合わせた女優たちは泥まみれの野菜を抱えた同僚の姿を見て「気の毒に」と気兼ねしたのだろう。原がいくら話しかけようとしても、女優たちは知らん顔をしていたという。

東京郊外だけではなく、福島あたりまで出かけ、2斗（約36リットル）ほどの米を背負って帰ってくることもあった。

おかしかったのは、きれいに身支度を整えて出かけたときには、列車の中で女優・原節子であることを悟られることがなかったのに、なりふりかまわずに出かけたときにかぎって、「原節子だ」と囲まれ、かえって往生したことだ。

原の出演した戦後第1作は、昭和21年2月公開の「緑の故郷」だった。続けて、同じ渡辺邦男監督作品「麗人」に主演。この作品を批評した文章で使われた〝永遠の処女〟は、〝女優・原節子〟を形容する言葉として、スクリーンを遠ざかってから亡くなるまで、生涯を未婚で通した女優に対するオマージュの意味をこめて使われている。

昭和21年10月になると、黒澤明監督の戦後第1作「わが青春に悔いなし」が公開された。黒澤監督には珍しい女性を主人公にしたこの作品で、原は戦中・戦後の混乱期に自らの意思に忠実に生き、自己を確立するという新しい時代の女性像を演じて演技派女優としての評価を得た。

この作品のできる数年前まで、日本の映画界は男優を中心に戦意高揚の国策映画をつくっていた。女優はそえものにすぎない。その反動が、敗戦後の映画界を大きく変えた。男優に代わって、女優が民主主義の到来をスクリーンで強烈にアピールするときがやってきた。そのひとりが原節子だった。

原は、黒澤監督の「わが青春に悔いなし」以後も、つぎつぎに巨匠の作品に出演した。吉村公三郎監督「安城家の舞踏会」（昭和22年）では、敗戦で自棄になった没落華族の中にあって勇気をもって生きようとする明るく健気なヒロインを演じた。さらに木下恵介監督「お嬢さん乾杯」（昭和24年）、今井正監督「青い山脈」（同年）、そして女優・原節子の晩年に大きな影響をおよぼした、小津安二郎監督「晩春」（同24年）に出演した。

戦前の原は、とかくその美貌と育ちの良さばかりがマスコミでもてはやされた。いわく「洋風の近代的な美貌と優れた肉体、知的な感覚」、いわく「大きな眼と均整のとれた姿態、清らかな美貌」。

そうした肉体的な魅力は、戦前、海外の映画人にも認められた。ドイツとの合作映画「新しき土」（昭和12年、アーノルド・ファンク監督）に主演。この作品を見たフランスのジュリアン・デュビビエ監督からは「使ってみたい」と言われ、ハリウッドのプロデューサーからは「3年間辛抱する気があるのなら、スターにしてあげよう」と声をかけられたこともあった。

しかし、日本では、そうした海外での評価、洋行帰りといったことが、逆に関係者の反感をかったらしい。ことあるごとに〝大根女優〟と陰口をたたかれた。その〝大根〟も、戦後になってイメージを徐々にではあるが好転させていく。

小津監督のもとで、原は「麦秋」（昭和26年）や名作「東京物語」（昭和28年）ほかに出演、女優人生を一気に花開かせた。そして昭和37年、原は東宝作品「忠臣蔵」を最後にスクリーンから去っていく。

引退宣言はなかったから、映画界に決別した理由はいまだに謎のままである。結婚が噂された、小津監督が亡くなったのは、その翌年のことだった。このとき、原は、弔意を表すのに芸名の「原節子」ではなく、本名の「會田昌江」を名乗ったという。

※「昭和のひと」は「アサヒグラフ」1993年12月31日／94年1月7日合併号～1995年3月31日号に連載されたもので、その当時のまま掲載しています。文・宮本治雄

天皇全国巡幸

陛下はどこかの？ 巡幸先で一人の老婆が天皇の横に現れ、「天皇様はどこに？」とキョロキョロ。軍服姿ではない背広姿の天皇を見分けられなかったのかも。

神から象徴天皇へと変身する旅

連合国内には、天皇制廃止を求める声が根強くあった。アメリカ人の3割は天皇の処刑を求めていた。ソ連やオーストラリアなども戦犯として裁判にかけることを要求した。しかし、アメリカ政府とGHQは、占領政策をスムーズに進めるためには、天皇制の温存が必要と考えた。そのために、まず必要なことは天皇を神から人間に変容させることだった。その第一歩が1月1日の天皇の「人間宣言」である。天皇は年頭にあたり国民に向けて「新日本建設に関する詔書」を発し、自らの神格化を否定した。

さらに天皇自ら焦土の全国各地を巡り、国民の声を聴き、国民を慰め励ましたいと考えていたという。巡幸は2月19、20日両日の神奈川県から始まった。初めは日帰りだったが、徐々に遠隔地におよび泊まりがけになった。巡幸は東京裁判の判決などで中断した昭和23年を除き、昭和29年の北海道まで続いた。総行程3万3000キロ、視察先は1141カ所、天皇は44歳から53歳の働きざかりだった。この全国巡幸を見たマッカーサーは、「天皇は100万人の軍隊に匹敵する。天皇を訴追したら、日本の混乱は必至だった」と断言したという。

◉**米軍の警備** 現在に比べれば、当時の警備は厳しくなかったという。ところが、関西巡幸時に不穏な情報があったため、装甲車や米軍のMP（憲兵）が出動してものものしい警備が行われた。

◀**野菜をかついで帰宅**　欠配や遅配が続いたから、食糧が手に入るチャンスがあれば逃さず買い求めた。キャベツと大根を背負って帰宅するサラリーマン。昭和21年6月、大阪・梅田で。

▼**アメリカ米の特配**　ＧＨＱも生活物資の遅配を憂慮。「連合軍総司令部よりのご好意による配給」と貼り紙してある配給所に並ぶ主婦たち。昭和21年6月、東京都新宿区戸塚で。

◉食糧難で買い出し

戦後の3、4年は死に物狂いで食べ物を手に入れなければ生きていけない時代だった。戦時中、都市の住民は国から配給されるもので暮らすよう統制された。この配給制度は敗戦後もそのまま続いたが、深刻な物資不足や凶作などが重なり、生きていくのに最低限必要な量の食べ物も配られなかった。そこで庶民はヤミ市で買うか農村へ買い出しに行くしかない。その農村もインフレで目減りする現金を嫌がったから、衣類などと物々交換するしかない。そんな身ぐるみ剝がされながら暮らしていく様を、庶民は自嘲的に「タケノコ生活」などと呼んだ。

☞ **◉食糧メーデー**　5月19日、実行委員会は飯米獲得要求を計画。25万人が集まった宮城前（人民広場といわれた）には教師に引率された小学生も多数参加し、給食復活などを訴えた。

物資 450 トンが横浜に到着
12.5 樺太からの引き揚げ船第 1 船が函館に入港。8 日シベリアからの引き揚げ船第 1 船が舞鶴港に入港
12.17 全官公庁労働組合共同闘争委員会・全国労働組合共同闘争委員会、生活権確保・吉田反動内閣打倒国民大会を各地で開催。東京では 50 万人参加
12.21 南海地震（M 8.0）。近畿・四国地方に死者 1330 人、家屋全半壊 3 万 5078 戸

この年　発疹チフス・天然痘・コレラなどの伝染病大流行でＤＤＴ大活躍

昭和クイズ100

Q3. 昭和天皇は、将来の天皇となる現・上皇の教育係に外国人をと考え、来日した米教育使節団の団長でニューヨーク州教育長官のストッダード長官に斡旋を依頼。その結果選ばれた米児童文学作家でもある家庭教師の名は？

Q4. 昭和 21 年春、福岡の新聞「夕刊フクニチ」で連載を開始。その後、連載を打ち切り東京へ移転。掲載紙も変わり、昭和 26 年から「朝日新聞」紙上で連載を再開した、磯野家が舞台の国民的 4 コマ漫画は？

〈解答はＰ２３８をご覧ください。〉

◉誕生◉　1.22 鳳蘭（女優）、2.19 藤岡弘（俳優）、2.23 宇崎竜童（ミュージシャン）、4.5 吉田拓郎（歌手）、5.15 美川憲一（歌手）、5.24 田村亮（俳優）、6.6 中尾ミエ（歌手）、7.2 西川きよし（漫才師）、7.6 シルベスター・スタローン（米俳優）、ジョージ・ブッシュ Jr.（米大統領）、8.19 ビル・クリントン（米大統領）、9.24 田淵幸一（プロ野球）、10.10 菅直人（政治家）、11.13 大原麗子（女優）、11.20 猪瀬直樹（作家・政治家）、11.22 倍賞美津子（女優）、12.5 ホセ・カレーラス（スペイン声楽家）、12.18 スティーブン・スピルバーグ（米映画監督）

◉流行語◉　**あっそう**（天皇の言葉）、**タケノコ生活**（筍の皮をむくように衣類を順にはいで食べ物と交換する暮らし）、**カストリ**（粕取り。本来は酒粕から蒸留した焼酎のことだが、粗悪な密造酒を指した）、**鉄のカーテン**（チャーチル前英首相の反共演説から）、**青バット赤バット**（プロ野球で青バットの大下弘、赤バットの川上哲治が人気）

◉クロニクル　昭和21年（1946）

1.1 天皇、神格化否定の詔書を出す（「天皇の人間宣言」）
1.19 マッカーサー、極東国際軍事裁判所条例を承認
1.29 ＧＨＱ、奄美を含む琉球列島・小笠原諸島などに日本の行政権停止の覚書
2.1 第 1 次農地改革実施。自作農は増えたが、改革は不徹底
ＮＨＫ、平川唯一アナウンサーの「英語会話」放送開始。「カム・カム・エブリボディ」が大人気
2.11 米・英・ソ、ヤルタ協定の全文発表。20 日ソ連、千島列島、南樺太のソ連領編入を布告
2.17 金融緊急措置令公布。新円発行
2.19 天皇の地方巡幸始まる
3.6 政府、憲法改正草案を発表
3.15 歌舞伎の 12 代目片岡仁左衛門一家 5 人、東京・千駄ヶ谷で惨殺される
4.10 婦人参政権が認められた衆議院議員選挙法改正後初の総選挙。女性代議士 39 人誕生
4.22 米軍、沖縄中央政府を創設。12 月 1 日沖縄民政府と改称
宝塚歌劇団再開
5.1 メーデー、11 年ぶりに復活（第 17 回）。宮城（皇居）前広場に 50 万人参集
5.3 極東国際軍事裁判（東京裁判）開廷
5.7 東京通信工業（現・ソニー）設立。社長に前田多門、専務に井深大、常務に盛田昭夫
5.12 東京・世田谷で「米よこせ区民大会」。宮内省にデモ隊が押しかけ、宮城内に赤旗が入ったと話題に
5.19 宮城前で開かれた飯米獲得人民大会（食糧メーデー）に 25 万人参加。「朕はタラフク食ってるぞ」のプラカード掲示が不敬罪で起訴され論議呼ぶ
5.22 第 1 次吉田茂内閣成立
6.18 東京裁判のキーナン米代表首席検事、ワシントンで「天皇を戦争犯罪人として訴追しない」と言明
6.26 吉田首相、新憲法第 9 条は「自衛権の発動としての戦争も交戦権も放棄したもの」と言明
8.6 ＧＨＱ、南氷洋捕鯨の再開許可。11 月 15 日戦後初の捕鯨船団出港
8.15 中断していた全国中等学校優勝野球大会が西宮球場で復活。浪華商（大阪）優勝
8.22 持株会社整理委員会発足。財閥解体開始
10.5 戦争で中断していたマルクス『資本論』（長谷部文雄訳）刊行再開。昭和 25 年全 11 巻完結
10.7 衆議院本会議、大日本帝国憲法改正案の修正案を可決。日本国憲法成立
11.3 日本国憲法公布。昭和 22 年 5 月 3 日施行
11.30 ララ（アジア救済連盟）から脱脂粉乳などの救援

☞ **◉値段（東京）**　米 10 キロ 19 円 50 銭（3 月）、ラーメン 20 円、かけそば 3 円 24 銭、豆腐 20 銭、ビール 6 円（9 月）、清酒 1.8 リットル 18 円 96 銭、たばこ（ゴールデンバット）1 円、新聞代（1 カ月）8 円、映画封切り館 4 円 50 銭（5 月）、国鉄初乗り 20 銭、都バス乗車賃 40 銭（1 区間、3 月）、理髪 3 円

出版ブーム・カストリ雑誌の氾濫

終戦後間もない時期に
続々と創刊された「カストリ雑誌」。

X（エックス）

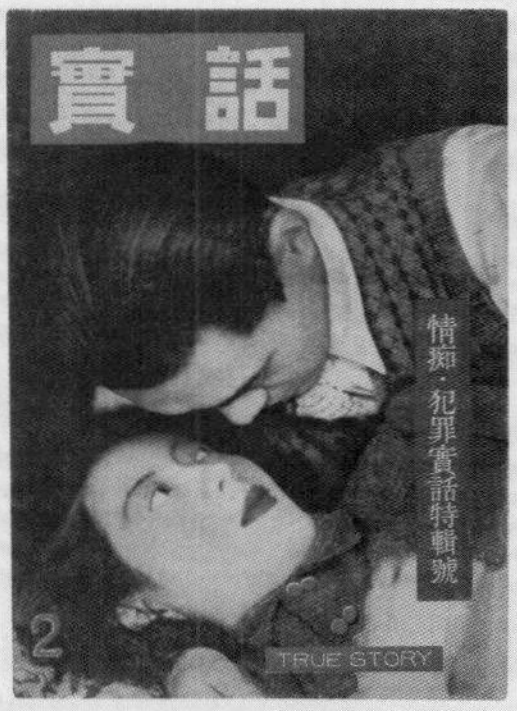

實話

第一読物

怪奇雑誌

政界ジープ

りべらる

獵奇

ネオリベラル

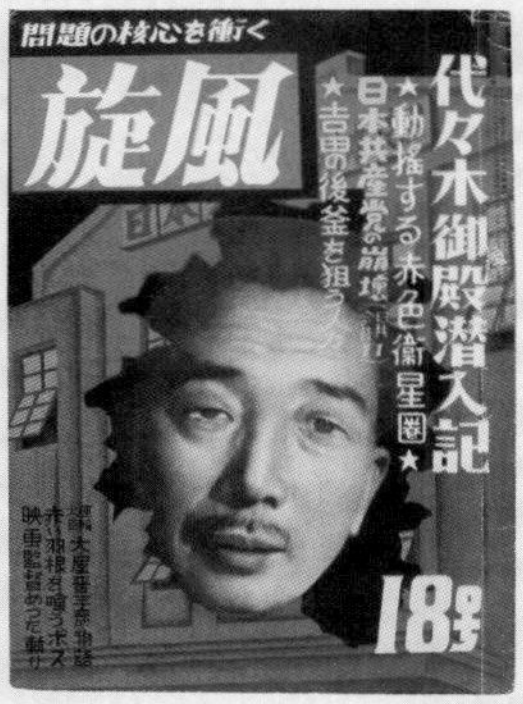

旋風

VAN

トップライト

眞相

人間復興

 片平健統蔵

昭和 22
1947 年

終戦直後の子どもたち

学校給食初日 昭和22年1月20日、スタートした学校給食に目を輝かせる東京・永田町国民学校の児童たち。献立はマカロニと缶詰の鮭をミルクで煮込んだもの。

「自由」と「希望」にあふれた船出

3月31日、「個人の尊厳」と「平和主義」に基づいた教育基本法が制定され、同時に学校教育法も公布された。「6・3制」の義務教育のスタートであり、併せて「6・3・3・4制」という男女共通の教育制度改革も行われた。この結果、教育の機会均等のもと男女共学が実現し、義務教育も6年間から9年間に延長された。しかしこうした理念がすぐに実践されたわけではなく、本格化するのは戦後復興以後の高度経済成長期以降だった。

教育基本法施行に先駆けて、昭和22年1月から全国主要都市の国民学校（4月から小学校）でララ（LARA、アジア救済連盟）から贈られた脱脂粉乳などの救援物資を使って学校給食が始まった。しかし、給食は有料だったため、給食費が払えなかった子どもは、昼どきになると教室を抜け出し空腹に耐えていた。

それでも学校に通えた子どもはまだいい、

◉**学校給食** 明治22年（1889）、山形県鶴岡町（現・鶴岡市）の寺に設けられた小学校で、弁当を持ってこられない子に握り飯を配ったのが日本の学校給食の始まりとされる。全国に普及したのは昭和27年。

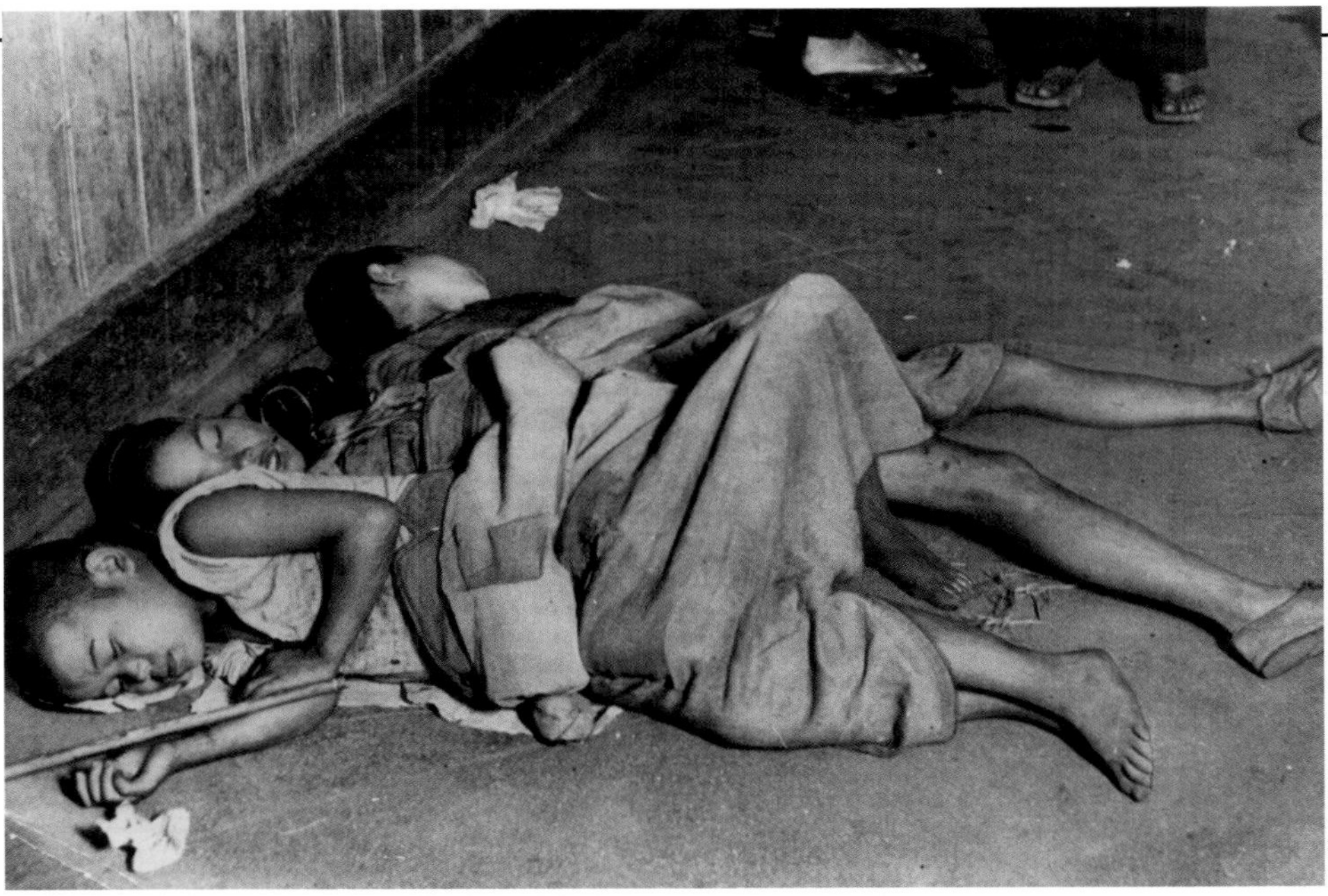

駅で眠る孤児　親とはぐれ家のない戦災孤児は、駅などで寝ることが多かった。福岡県小倉駅で。

教室不足　空襲で校舎の多くが焼失したため教室不足は深刻。二部授業を実施したり、客車を教室に転用したりする例もあった。

街には戦災孤児があふれていた。駅の構内や地下道で眠る子どももいれば、車内で寝るために東京駅から東海道線沼津行き終電に乗り、翌朝始発で帰ってくる子どももいた。

赤ん坊をあやしながら　労働力不足から通学できない子どもも多かった。赤ん坊を背負って登校する子もいた。青森県西津軽郡小学校で。

◉体重増加　東京都内の75校6万5000人を対象に行った文部省の調査によると、学校給食が始まってからわずか1年足らずで小学生の体重が約1キロ増加していることがわかった。

Playback 22

《キャスリーン台風、猛威を振るう》

中心気圧 960 ミリバールの大型台風キャスリーンが 9 月 14 ～ 15 日に関東方面に大雨をもたらした。全国で死者行方不明 1930 人。

《共同募金が始まる》

第 1 回共同募金が全国でスタート。小中学生や若い女性が募金箱を抱え街頭に立つなどして約 6 億円が集まり、社会事業施設などに分配された。

《手塚治虫『新寶島』》

ストーリーを重視した手塚治虫の漫画単行本『新寶島』が1月刊行され、40万部のベストセラーとなった。

紙芝居　新憲法の内容を伝える「憲法普及運動」の一環として紙芝居隊が都内を巡った。子どもだけでなく、大人の見物も目立った。

◉日本国憲法施行

日本の敗北と占領という事態のなか、「主権在民」「戦争放棄」「基本的人権の尊重」などの理念に基づく日本国憲法が制定された。その斬新さに日本政府をあわてさせた憲法だったが、国民は「戦争放棄」などの条項を歓迎した。当時は大戦終了直後で、米ソ対立の東西冷戦はまだ始まっていない。もしこれが1年遅れていたら、これほどまで理想的な平和憲法草案をGHQが作ることはなかったかもしれない。国内では憲法施行を祝い、花電車が走り、紙芝居隊が街に繰り出した。マッカーサーはこの日から国会などに日章旗を掲揚することを許可した。

◉話題の本（新聞雑誌掲載作品も）　石井桃子『ノンちゃん雲に乗る』、丹羽文雄『厭がらせの年齢』、田村泰次郎『肉体の門』、太宰治『ヴィヨンの妻』『斜陽』、竹山道雄『ビルマの竪琴』、石坂洋次郎『青い山脈』、石川達三『望みなきに非ず』、宇野千代『おはん』、「西田幾多郎全集」刊行開始

10.10 「Nippon Times」紙、東京裁判のキーナン検事が「天皇と産業人に戦争責任はない」と述べたと報道

10.11 東京地裁の山口良忠判事、闇米を拒否し栄養失調で死亡

11.25 第1回共同募金始まる（～12月25日）。募金総額は約6億円

12.22 改正民法公布。結婚離婚の自由・男女平等・財産均等配分など。昭和23年1月1日施行

この年　各地の小中学校で校舎が不足。午前・午後に分けて二部授業を行う学校が増える。

昭和クイズ100

Q5. 国内主要都市の限られた劇場1館だけで、一般公開に先立ってすぐれた作品を独占的に上映するスタイルを何というか？　ちなみに日本で最初の劇場は「アメリカ交響楽」を公開した東京・有楽町のスバル座だった。

Q6. 昭和22年8月9日、東京・神宮プールで開かれた全日本水上選手権の400メートル自由形で4分38秒4の世界新記録を打ち立てるも、日本が国際水泳連盟から除名されていたため「幻の世界記録」とされた学生は？

〈解答はP238をご覧ください。〉

◉誕生　1.18 衣笠祥雄（プロ野球）、ビートたけし（タレント・映画監督）、1.22 星野仙一（プロ野球）、1.24 尾崎将司（プロゴルフ）、3.25 エルトン・ジョン（英歌手）、4.8 千昌夫（歌手）、7.9 細野晴臣（ミュージシャン）、7.30 アーノルド・シュワルツェネッガー（米俳優）、9.2 中原誠（将棋棋士）、9.20 小田和正（ミュージシャン）、11.4 西田敏行（俳優）、11.18 森進一（歌手）、11.29 沢木耕太郎（作家）、12.18 布施明（歌手）、池田理代子（漫画家）

◉流行語　**不逞の輩**（吉田茂首相の年頭ラジオ放送での言葉）、**栄養失調**（食糧難から）、**斜陽族**（太宰治の小説『斜陽』から）、**アプレゲール**（フランス語で第1次世界大戦後の文芸運動を指す。転じて投げやりで退廃的な社会の風潮に応用された）、**土曜夫人**（狭い住宅で二人きりで過ごせない夫婦が週末に旅館で過ごすこと）、**ラクチョウ**（有楽町の隠語。ほかにノガミ＝上野、バシン＝新橋など）

◉クロニクル　昭和22年（1947）

1.1 吉田茂首相、ラジオ放送で一部の労働運動指導者を“不逞の輩”と非難

1.4 公職追放令を改正。追放の範囲を経済界・言論界・地方公職などに拡大

1.15 東京・新宿の帝都座五階劇場で額縁ショウ「ヴィーナスの誕生」の上演開始

1.20 ララ（アジア救済連盟）の救援物資を得て、東京都内で学校給食始まる

1.31 マッカーサー、「2・1ゼネスト」に中止命令

1.－ この頃、リーゼントや電気パーマの流行が始まる

2.25 買い出し客で満載の列車、埼玉県の国鉄八高線高麗川駅付近で築堤下に転落。死者174人

3.15 東京都35区を22区に統合。8月1日板橋区から練馬区が分離し23区に

3.30 甲子園球場で第19回全国選抜中等学校野球大会復活（～4月7日）

3.31 教育基本法・学校教育法公布。国民学校が廃止され小学校が復活。6・3・3・4制の新学制を規定し、小中学校は4月1日から実施
衆議院解散、貴族院停会。旧大日本帝国憲法下の帝国議会終わる

4.8 東京・新宿の劇場「ムーラン・ルージュ」再開

4.22 藤倉修一NHKアナ、「街頭録音」で“闇の女”の声を放送、話題に

5.3 日本国憲法・裁判所法・地方自治法・新皇室典範・皇室経済法など施行

6.1 片山哲内閣成立。初の社会党首班政権。社会・民主・国民協同の3党連立

7.1 東京都庁、官公庁で初めて職場結婚を公認。継続勤務を認める

7.5 NHK、ラジオドラマ「鐘の鳴る丘」（菊田一夫作）放送開始（～昭和25年12月）

7.13 静岡市・登呂遺跡の本格調査始まる

7.19 岩波書店、『西田幾多郎全集』第1巻発売。3日前から行列ができる人気

7.20 私的独占の禁止及び公正取引の確保に関する法律（独占禁止法）全面施行

7.28 滝沢修・森雅之・宇野重吉・岡倉士朗ら、民衆藝術劇場（民藝）結成

8.2 文部省、『あたらしい憲法のはなし』を中学校社会科用副読本として頒布

8.4 最高裁判所発足。初代長官に三淵忠彦

8.9 古橋廣之進、全日本水上選手権400メートル自由形で4分38秒4の世界新記録

9.14 キャスリーン台風、関東地方を襲う。利根川の堤防が決壊、死者行方不明1930人、家屋倒壊・流失9298戸

☞ **◉値段（東京）**　銀行員初任給220円、米10キロ99円70銭、かけそば10円、豆腐1円、ビール19円60銭（配給）、清酒1.8リットル87円、たばこ（ゴールデンバット）2円50銭、はがき50銭、新聞代（1か月）20円、映画封切り館20円、国鉄初乗り1円、都バス乗車賃（1区間）2円、理髪10円

昭和 **23** 1948年

東京裁判の判決下る

東京裁判の法廷　正面上段が判事席。法廷は旧陸軍士官学校の講堂だった場所で、ドイツの戦争犯罪を裁いたニュルンベルク法廷の内装に似せてつくられた。

裁かれた戦犯、残された戦争責任

極東国際軍事裁判（東京裁判）は、第2次世界大戦の戦勝国・連合国軍11カ国（米、英、中、ソ、仏、蘭、加、豪、印、比、ニュージーランド）が、敗戦国・日本の国家指導者個人の戦争責任を追及した戦犯裁判である。

昭和21年4月17日、「平和に対する罪」「通例の戦争犯罪」「人道に対する罪」で28人（A級戦犯）が起訴され、5月3日開廷の公判で裁かれた。審理にあたっては、すでに半年前に始まっていたナチス・ドイツ指導者の戦争犯罪を裁くニュルンベルク裁判の方法がおおむね適用され、最終的に病死するなどした松岡洋右ら3人を除くA級戦犯25人全員が有罪となり、東條英機ら7人が絞首刑となった。

そうしたなかで、戦勝国が敗戦国の戦争行為を裁くことの当否について、判事たちの間で問題視された。加えて、裁判を通して国民の大多数が〝聖戦〟の陰の部分を知ったことの意義も大きかった。

なお、並行して「通例の戦争犯罪」を裁くBC級裁判も開かれ、起訴された約5700人のうち984人に死刑が宣告された。

◉**判決の朗読**　東京裁判の判決文は10章に分かれ、英文で1212ページになった。朗読は11月4日に始まり、まず「第4章 日本における軍部の支配の確立と侵略戦争の準備」に2日間かけた後、12日まで続いた。最終日の25被告に対する「判決」言い渡しは、午後1時45分から午後3時27分までかかった。

楽屋でのひばり　歌謡ショーの楽屋でリハーサルをする美空ひばり。歌が大好きなひばりの楽屋からは、いつも歌声がながれてきた。

◉天才少女歌手、美空ひばり登場

〝昭和の歌姫〟美空ひばりは昭和20年（1945）、8歳のときに横浜の杉田劇場で初舞台を踏んだ。芸能界に本格デビューしたのは昭和23年で、芸名の〝美空ひばり〟を名乗ったのがこの前年だった。「悲しき口笛」の大ヒットを皮切りにとんとん拍子でスターダムを駆け上がり、映画や舞台で大活躍。歌謡曲だけでなく、ジャズも歌いこなすなどしてハワイやアメリカでも公演を行った。ひばりが亡くなったのは平成元年の6月。昭和天皇の崩御から半年後だった。昭和という時代の終幕とともに不世出の歌姫もこの世に別れを告げた。

◉海部首相とひばり　ひばりが亡くなった年の9月、渡米した海部俊樹首相は、ワシントンのナショナルプレスクラブで講演。戦後の日本を代表する国民的歌手ひばりの死を伝え、ひばりの歌った「東京キッド」の歌詞にある“チューインガム”は、戦後飢餓状態の日本にアメリカが食糧援助してくれたことの象徴だったと述べた。

10.19 第2次吉田内閣成立。自由党単独の少数党内閣
11.12 極東国際軍事裁判、戦犯25人に有罪判決。12月23日東條英機、廣田弘毅・板垣征四郎ら7人に死刑執行
12.7 芦田前首相、昭和電工疑獄事件で逮捕。のち無罪
12.18 GHQ、米政府がマッカーサーに日本経済安定計画の実施を指令と発表（経済安定9原則）
12.29 熊本・人吉市で祈禱師一家4人殺傷される。翌年1月16日、容疑者として免田栄を逮捕。昭和26年死刑確定。昭和58年再審により無罪（免田事件）

昭和クイズ100

Q7. 連合国占領下の当時、米兵を父親とする混血児が国内に約5000人もいて、その多くが悲惨な日々を送っていたという。そんな混血児のために、元外交官夫人の沢田美喜が神奈川・大磯に開設した収容施設は？

Q8. 270人の解雇撤回を求めて、組合員が東宝撮影所にバリケードを築いて立てこもった"東宝争議"。その鎮圧には警察官や占領軍の兵士が動員され、戦車も出動。「来なかったのは○○だけ」と言われた○○とは？

〈解答はP238をご覧ください。〉

◉誕生◉ 1.10 あおい輝彦（歌手・俳優）、1.16 堀内恒夫（プロ野球）、1.18 森山良子（歌手）、1.24 里中満智子（漫画家）、1.29 毛利衛（宇宙飛行士）、2.18 山本一力（作家）、2.19 財津和夫（歌手）、2.22 都はるみ（歌手）、2.29 赤川次郎、（作家）、3.14 五木ひろし（歌手）、3.25 橋本治（作家）、3.26 いしだあゆみ（歌手・女優）、4.5 木原光知子（水泳）、4.24 つかこうへい（劇作家・演出家）、5.11 泉谷しげる（ミュージシャン）、5.15 江夏豊（プロ野球）、6.21 都倉俊一（作曲家）、6.25 沢田研二（歌手）、7.12 上野千鶴子（社会学者）、8.30 井上陽水（ミュージシャン）、11.14 チャールズ3世（英国王）、11.29 舛添要一（政治学者）、12.20 内田光子（ピアニスト）

◉流行語◉ **鉄のカーテン**（1946年のチャーチル英首相の演説から）、**冷たい戦争**（米議会上院でのB・バルークの演説から）、**グッド・バイ**（太宰治の遺作から）、**ノルマ**（シベリア抑留からの帰国者たちの言い回し）

◉クロニクル 昭和23年（1948）

1.6 ロイヤル米陸軍長官、サンフランシスコで「日本を共産主義に対する防壁にする」と演説
1.26 帝国銀行椎名町支店の行員12人、毒殺される（帝銀事件）。8月21日画家の平沢貞通を逮捕。昭和30年死刑確定。以後、再審請求を続けるが昭和62年獄中死
2.1 沢田美喜、神奈川・大磯に混血児救済施設「エリザベス・サンダース・ホーム」を開園
3.4 GHQ、祝祭日の日の丸掲揚を許可
3.10 芦田均内閣成立。民主党（首班）・社会・国民協同の3党連立
4.1 新制高等学校（全日制・定時制）発足
5.24 警視庁予備隊を設置。後の機動隊
6.13 作家の太宰治、愛人の山崎富栄と入水心中
日大の古橋廣之進、3大学対抗水上競技会の800メートル自由形で9分46秒6の世界新記録を樹立
6.28 福井地震（M7.1）。死者3769人、家屋全壊3万6184戸。翌年気象庁は震度階級に「震度7」追加
7.1 宮内府、皇居を宮城と称する告示（明治21年）を廃止
7.8 三笠宮妃の父・高木正得元子爵、生活苦から遺書を遺し家出。11月1日奥多摩に遺体。華族の没落深刻化
7.13 人工妊娠中絶の条件を緩和した優生保護法公布
7.15 GHQ、新聞社・通信社の事前検閲を廃止
7.29 政治資金規正法公布・施行
7.31 政令201号公布・施行。公務員の団体交渉権・ストライキ権などを否認
8.1 NHKのど自慢全国コンクールで、シベリアからの復員兵が初めて「異国の丘」を歌う
8.15 昭和19年に金属供出で撤去された東京・渋谷駅前の「忠犬ハチ公」の銅像が再建される
8.19 第3次東宝争議（4月8日から）。「来なかったのは軍艦だけ」と言われる騒ぎに
8.21 GHQ、昭和22年の出生は271万4786人と発表。自然増156万人余は史上空前の数値
8.ー この頃、日本脳炎が大流行。患者4757人、死者2620人
9.15 アイオン台風、関東・東北地方に上陸。死者行方不明838人
9.18 全日本学生自治会総連合（全学連）発足
9.20 「美しい暮しの手帖」（現「暮しの手帖」）創刊。編集長花森安治。
9.23 東京の上野動物園で「おサルの電車」運転開始
10.1 警視庁と大阪府警に110番設置
10.6 昭和電工疑獄事件で西尾末広前国務相逮捕。社会党が内閣総辞職を決める。翌日、芦田内閣総辞職

◉値段（東京） 小学校教員2000円、米10キロ222円90銭、豆腐8円、ビール75円70銭（配給）、清酒1.8リットル292円60銭、たばこ（ゴールデンバット）11円、はがき2円、新聞代44円75銭（1カ月）、映画封切り館40円、国鉄初乗り3円、都バス乗車賃（1区間）6円

懐かしの紙芝居

拍子木のチョーン、チョーンという音が聞こえると、
子どもたちは小銭を握り締め、
急いで走っていった……街頭紙芝居の始まりだ。
ガキ大将も女の子も思い思いに
水飴やソースせんべいを食べながら、
ハラハラドキドキ、紙芝居の世界に入っていった。

「黄金バット」
作・画：加太こうじ
製作：川見協力組合
個人蔵

「ライオンマン テムジン篇」
作・画：南部高麻夫　伊藤和子
製作：児童芸能社
個人蔵

「血は叫ぶ」
作・画：佃兎飼翁
製作：三邑会／塩崎おとぎ紙芝居博物館蔵

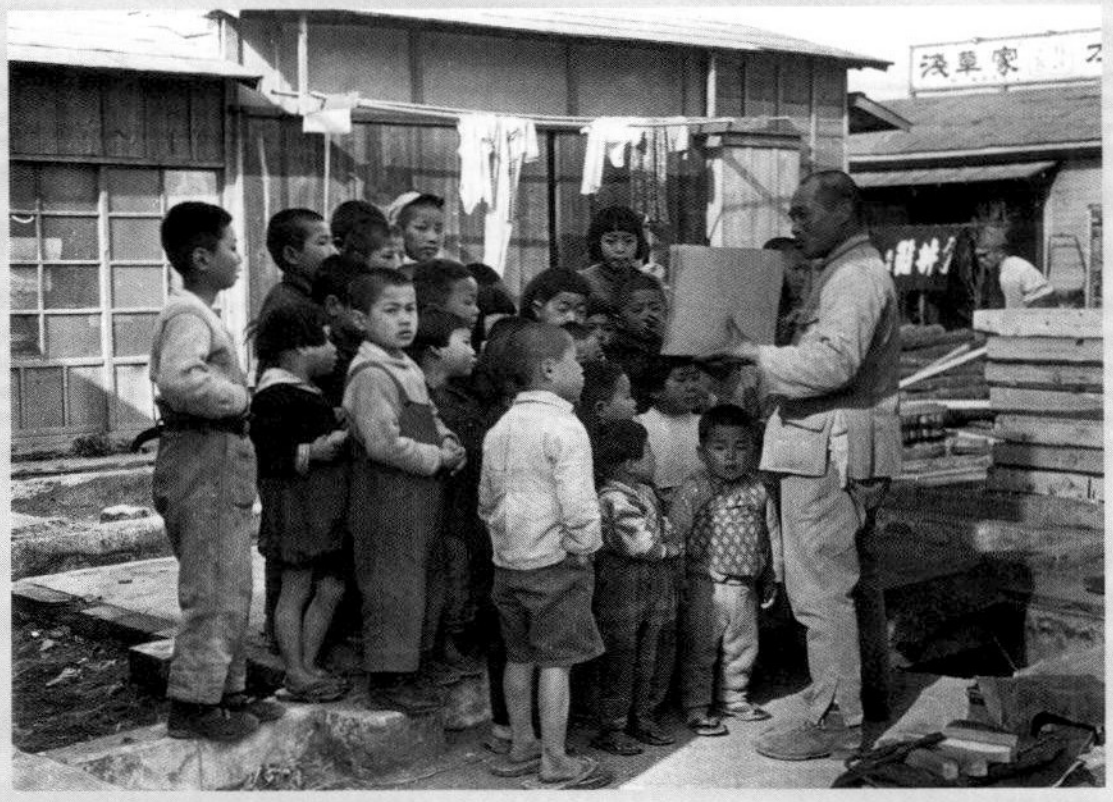

路地裏劇場　路地裏の空き地や
路地を舞台にした。昭和22年。

紙芝居屋さん　貸元から借りた道
具一式を大型自転車の荷台に乗せ
て出かけて行く。昭和26年。

美空ひばり

戦後芸能界に
輝いた
孤高の女王

写真：朝日新聞社

昭和のひと

横浜の杉田劇場で初舞台を踏んだ翌年、昭和21年の暮れ、9歳の美空ひばりは、NHKのど自慢素人音楽会に出場し、「りんごの唄」を歌った。子どもとは思えない、素人の大人以上の細やかな表現力に、観客は拍手喝采した。ところが、鐘は一つも鳴らなかった。「10歳にもみたない少女が、大人の歌を達者に歌うだけでなく、30女の色気まで持つとは恐るべき不健全」という理由で、落とされたのである。

1年後、児童福祉法が公布されたあたりから、年少者の労働に当局の監視の目が光り、美空ひばりは暗に批判されるようになる。良識と常識を規範に、マスコミは、「恐るべき子ども」「大人のマネをするコマシャクレタ子ども」「奇形的な大人」「変態的な女の子」と、幼い少女をここぞとばかり攻撃した。

人気の質にしても「敗戦国民の抑圧された変態趣味の現れ」や「見世物を思い出させるゲテモノ的魅力」と非難。マスコミだけではない。大人たちもまた公然と批判するかわりに、黙殺することで、美空ひばりの存在を否定した。

こうした批判に、美空ひばりは「嫌いな人は、偉い人と新聞や雑誌の記者」と、マスコミとの間に距離をおくことで対抗した。代わって、マネジャーや〃一卵性母娘〃と揶揄された母親が取材に対応、ひばり自身は楽屋の鏡に映る取材者たちの顔をチラチラとのぞくだけになる。

しかし、美空ひばりは打たれ強かった。というよりも、実力がまさっていた。よく知られた話だが、ひばりは譜面が読めない。しかし、新しい歌でも2、3度聴いただけで完全にマスターするので、一時期、作曲家の米山正夫は「初見がきく」と錯覚したくらいだ。それほど、並はずれて音感がすぐれていた。踊りも、毎日1時間3日ほど稽古をつけただけで、大劇場のステージを難なくこなしたこともあった。

そうした生来の実力で、デビューから数年つづいたキワモノ的〃美空ひばりブーム〃を克服する。その決定打が、昭和27年7月発売の「リンゴ追分」のヒットだった。

この歌は、開局したての放送局、ラジオ東京（現・TBS）が記念番組として放送した連続ラジオドラマ「リンゴ園の少女」の挿入歌としてつくられたものである。ちなみに、放送の1週間後、NHKは同じ時間帯に新番組「君の名は」をぶつけてきたが、美空ひばり主演のこの「リンゴ園の少女」は健闘した。

このときの「リンゴ追分」は、当時としては破格の70万枚を売り、戦後最大のヒット曲へと成長する。が、実はこの歌、レコード化された当初は「リンゴ園の少女」のB面曲だった。作曲した米山正夫によれば「短時間のうちに、お手軽につくった曲だったので、駄目だと思った」（上前淳一郎著『イカロスの翼・美空ひばり物語』文藝春秋）からだそうだ。

しかし、大衆は、「リンゴ追分」が漂わせる哀愁感にホロリと参った。それまで、食わず嫌いだった、彼女を黙殺してきた大人たちも、美空ひばりの歌に初めて酔い痴れた。そして、あの有名な「お岩木山のてっぺんを綿みてえな白い雲がポッカリポッカリ流れてゆき……」という台詞に、郷愁をかきたてられた。もっとも、この台詞も、最初からあったわけではない。長すぎる間奏を気にした美空ひばりが、レッスンの場にいた作詞家の小沢不二夫に頼み、その場でさらさらっと書き加えたものだった。

美空ひばりがこの歌を、ファンの前で初めて歌ったのは、歌舞伎座公演でだった。戦後、日本が独立を回復した講和条約発効の日、昭和27年4月28日のことである。当時「流行歌手」が立てる場ではなかった格違いの歌舞伎座で、美空ひばりは生涯の代表曲を歌った。

美空ひばりは、マネジャーをはじめ、作曲家や作詞家らすぐれたスタッフに恵まれたスターだった。しかし、そうしたスターはいくらでもいる。彼女が非凡だったのは、彼らスタッフが要求した数倍の才能を発揮することで、芸能界の頂点へとのぼりつめたことだった。まさに実力でつかんだ女王の座。彼女はこの後、マスコミの攻撃に対して難攻不落のひばり王国を芸能界に築いていったのだった。

戦後最大の謎・下山事件

搬送される下山総裁の遺体 7月6日、東京都足立区五反野南町（現・西綾瀬）の国鉄常磐線沿いの現場から運び出される下山定則国鉄総裁の遺体。

鉄路を襲った不気味な黒い霧

7月6日、常磐線北千住～綾瀬駅間で下山定則国鉄総裁が轢死体で発見された。

インフレ抑制策として財政支出の削減を迫られていた政府にとって、官公庁の定員削減は急務であり、運輸省鉄道総局から独立したばかりの国鉄は最大の標的となった。職員10万人規模の大量馘首が計画され、その実現のため運輸次官下山が初代国鉄総裁に任命された。労働組合との団体交渉の矢面に立たされた下山は、事件前日に3万700人もの第1次人員整理名簿を発表していた。

それだけに下山総裁の惨死は多くの憶測を生んだ。まず、自殺か他殺かの謎。他殺ならば解雇反対の労組左派などの共産勢力によるものなのか、あるいはGHQや右翼組織などによる破壊工作なのか。こうした数々の憶測は、報道や世論、法医学界や警察内部を二分する論争に発展。しかし、初期段階で捜査方針を自殺と決定した警視庁捜査一課は公式発表を行わず、異例の早さで捜査本部を解散してしまう。警視庁は事件に関するすべての捜査資料を含む情報開示も拒み続けたため、数多くの人が謎解明に挑むも、いまだ明らかになっていない。

◉**難航する捜査** 綾瀬駅助役が「轢死体らしきものがある」と、上野発松戸行き最終電車の運転士から報告を受けたのは6日午前0時26分。小雨のなか出向いた駅員は胴体や右腕を発見。雨が本降りとなり、周囲を洗い流す。大量の出血があったのか（自殺）、出血がなかったのなら心臓は轢死前に停止していたのか（他殺）。血痕をほとんど採取できず、捜査は難航した。

◉相次ぐ列車事故、三鷹・松川事件

脱線した電車　7月15日、午後9時23分、中央線三鷹駅電車区内の引き込み線に停車中の無人電車が突然暴走。駅施設や近隣の民家などを半壊させた。

下山事件の9日後、国鉄中央線三鷹駅構内で無人電車が暴走し死者6人、重軽傷者20人余を出した。その三鷹事件から約1カ月後、国鉄東北本線松川駅の手前で青森発上野行き旅客列車が脱線転覆し機関士ら3人が亡くなり、10人近くが負傷者した。三鷹事件では国鉄労組の共産党員9人と党員でないひとりが起訴され、そのひとりだけが一審で有罪となった。松川事件では国労福島支部と東芝松川工場の労組員による共同謀議として起訴され、一審では全員死刑、二審では17人に有罪判決が出たが、最高裁は全員無罪の判決を言い渡した。

列車転覆の事件現場　8月17日、福島県内の東北本線松川駅近く、見通しの悪いカーブで上り青森発上野行き旅客列車が脱線転覆。現場のレールは25本の犬釘が抜かれていた。

◉松川事件と広津和郎　作家の広津和郎が検察による事件の組み立て、判決文の論理を5年越しで粉砕したことは知られている。広津も当初は左翼の仕業と思ったが、一審後に『真実は壁を透して』という被告らによる小冊子が届く。「ページをめくって（中略）これはうそでは書けない文章だと感じた」と講演で語ったことがある。（『ドキュメント昭和史6』平凡社）

Playback 24

《象のインディラ》

戦争中に逃走の危険があるとして餓死させられたため、象のいない東京・上野動物園にインドのネルー首相から“インディラ”が贈られてきた。

《湯川秀樹にノーベル賞》

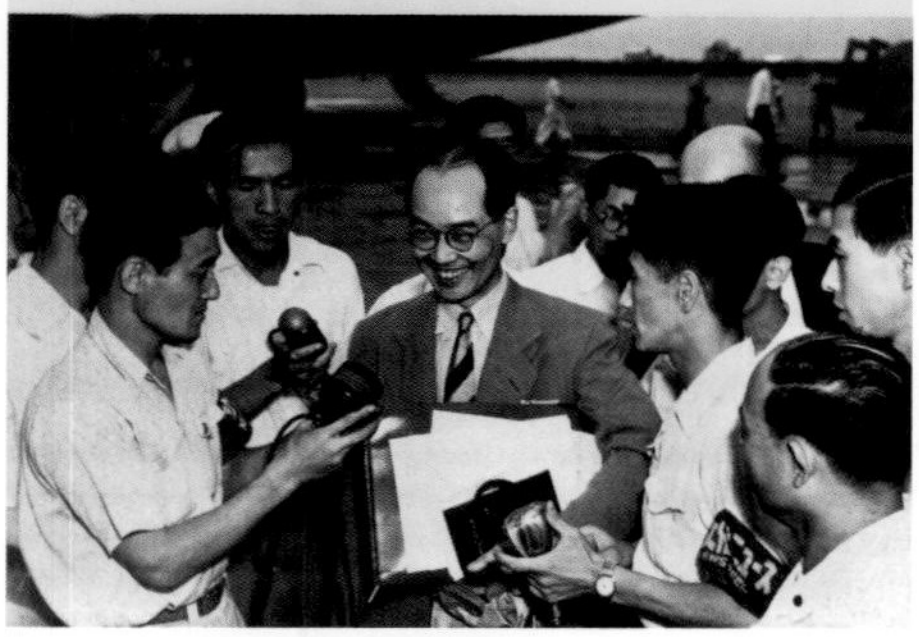

理論物理学者の湯川秀樹コロンビア大学客員教授にノーベル物理学賞が授与された。日本人のノーベル賞受賞は初。

《猛威を振るうキティ台風》

8月31日から9月1日にかけてキティ台風が東日本の広範囲に大きな被害をもたらした。被害は死者行方不明160人、家屋浸水約14万戸。

火災後の法隆寺金堂　焼けただれた壁画に合掌する佐伯定胤貫主。12面の壁画が焼損し、もっとも有名な6号西方阿弥陀浄土の大壁にいたっては、消火活動による放水のため3カ所に大穴があき、阿弥陀如来の姿は無残なものになった。

◉法隆寺金堂壁画、焼損す

1月26日、世界最古の木像建造物で国宝の法隆寺金堂から出火、内部（内陣）を全焼し、極彩色の壁画12面が失われた。金堂の解体修理に並行して昭和15年から始まっていた壁画の模写事業は太平洋戦争で画家らの召集もあり一時中断され、昭和22年に再開されたばかりだった。火災は模写の画家班が防寒用に使っていた電気座布団の漏電・過熱によって発生したのか。金堂の修理は5年後の昭和29年に終了したが、壁は白壁のまま。そこで朝日新聞社などが呼びかけ、安田靫彦《ゆきひこ》、前田青邨《せいそん》、橋本明治《めいじ》ら14人の画家の手で昭和42年に壁画が再現された。

◉**話題の本**　花山信勝『平和の発見』、小泉信三『共産主義批判の常識』、日本戦没学生手記編集委員会編『きけわだつみのこえ』、永井隆『長崎の鐘』、三島由紀夫『仮面の告白』、吉川英治『宮本武蔵』、木下順二『夕鶴』、田宮虎彦『足摺岬』、井伏鱒二『本日休診』、円地文子『女坂』、林芙美子『浮雲』、マーガレット・ミッチェル『風と共に去りぬ』

要を談話形式で発表（シャウプ勧告）
9.4　タイから贈られた子象、東京・上野動物園に到着。「はな子」と命名される
9.15　国鉄、東京～大阪間で特急「へいわ」運転開始。翌年「つばめ」に改称
9.25　インドのネルー首相から贈られた象のインディラ、上野動物園に到着
11.1　歩行者右側・車左側の対面交通実施
11.3　湯川秀樹の中間子論に対しノーベル物理学賞受賞決定。日本人初

昭和クイズ100

Q9. 流行語にもなった言葉「私は誰でしょう」は、昭和24年1月2日にＮＨＫラジオで始まったクイズ番組だ。歴史上の人物や架空の人物など著名人の名前を当てる、この番組で司会を担当したアナウンサーは？

Q10. 昭和24年、失業対策事業として、東京都は公共職業安定所の斡旋のもとに働いた日雇い労働者に支払う定額日給を240円と定めた。100円札2枚に10円札4枚から付けられた日雇い労働者の俗称を何という？

〈解答はＰ２３８をご覧ください。〉

◉誕生　1.1 高田渡（シンガーソングライター）、1.12 村上春樹（作家）、1.24 ジョン・ベルーシ（米俳優）、2.13 南こうせつ（歌手）、3.6 高橋真梨子（歌手）、4.11 武田鉄矢（歌手・俳優）、5.9 ビリー・ジョエル（米歌手）、5.12 萩尾望都（漫画家）、6.5 ガッツ石松（ボクシング・タレント）、6.22 メリル・ストリープ（米女優）、7.16 松本隆（作詞家）、8.31 リチャード・ギア（米俳優）、9.14 矢沢永吉（歌手）、9.21 松田優作（俳優）、11.27 村田兆治（プロ野球）、12.16 森田健作（俳優・政治家）

◉流行語　**アジャパー**（喜劇俳優・伴淳三郎のセリフ）、**駅弁大学**（続々できた新制大学を大宅壮一が「駅弁のあるところ大学あり」と皮肉った）、**自転車操業**（借金と返済を繰り返しながら操業する企業への皮肉）、**フジヤマのトビウオ**（全米水上選手権大会での古橋廣之進の活躍から）、**ギョッ**（ＮＨＫラジオのバラエティー番組「陽気な喫茶店」の内海突破の持ちネタ）

◉クロニクル　昭和24年（1949）

1.1　ＧＨＱ、「日の丸」の自由掲揚を許可
1.23　第24回衆議院議員総選挙と初の最高裁判所裁判官国民審査
1.26　奈良・法隆寺金堂内陣で火災。国宝の壁画を焼損
3.1　東京・新宿に都営戸山ハイツ1053戸完成。戦後団地の第1号
3.7　ドッジ米公使、記者会見で経済安定9原則実行に関し声明発表（ドッジライン）
3.28　厚生省、ヒロポンやゼドリンなど6種を劇薬指定
政府、沖縄への旅券発給開始
3.31　東京消防庁、火災専用電話119番設置
4.1　野菜の統制撤廃。市場でのセリ再開
4.25　1ドル＝360円の単一為替レート実施
4.29　国際オリンピック委員会（ＩＯＣ）総会、日本とドイツのオリンピック大会復帰を承認。1952年のヘルシンキ大会から復帰へ
5.5　初の「こどもの日」
5.7　飲食営業臨時規整法公布。料理飲食店再開（東京は6月1日から）
吉田首相、外国人記者に「講和条約締結後も米軍駐留を希望」と発言
5.31　国立学校設置法公布。新制国立大学69校を各都道府県に設置
6.1　公共企業体の日本国有鉄道・日本専売公社発足。職員の争議行為を禁止
6.5　北海道松前町で国宝松前城など焼失
6.11　東京都、失業対策事業の日当を240円に決定。「ニコヨン」と呼称される
6.14　日本映画連合会、映画倫理規程を作成。映画倫理規定管理委員会（映倫）発足
7.4　マッカーサー、米独立記念日に「日本は共産主義進出阻止の防壁」と声明
国鉄、第1次人員整理3万700人を通告。12日第2次6万3000人
7.5　行方不明の下山定則国鉄総裁の轢死体、6日常磐線北千住～綾瀬間の線路上で発見（下山事件）
7.15　無人電車、東京・中央線三鷹駅で暴走。死者6人（三鷹事件）
8.9　小平邦彦東大助教授、米プリンストン高等研究所に招かれて渡米。頭脳海外流出第1号と話題に
8.16　古橋廣之進、全米水上選手権大会1500メートル自由形予選で世界新記録。400・800・1500メートルでも新記録で優勝。“フジヤマのトビウオ”と話題に
8.17　福島県の東北本線松川駅近くで旅客列車の脱線転覆事故。乗務員3人死亡（松川事件）
8.26　シャウプ税制使節団長、第1次税制改革勧告案概

◉値段（東京）　銀行員初任給3000円、米10キロ393円、かけそば15円、ラーメン23円、豆腐8円、清酒1.8リットル557円45銭、たばこ30円（ゴールデンバット）、はがき2円、新聞代（1カ月）44円75銭、映画封切り館48円33銭、国鉄初乗り5円（5月）、都バス乗車賃（1区間）10円

昭和 **25** 1950年

朝鮮戦争勃発

朝鮮特需　米軍戦車の修理で活気づく日本の工場へ向かう工員たち。戦争開始直後から米軍の軍事物資の需要が増大し〝朝鮮特需〟と呼ばれた。

特需で息を吹き返した日本

第2次世界大戦後に起こった米ソ対立の影響が朝鮮半島に新たな戦火をもたらした。1948年、半島南部に大韓民国、北部に朝鮮民主主義人民共和国（北朝鮮）が生まれ、韓国は米国、北朝鮮は中ソと援助条約を締結する。一時、両国は統一政府を考えたが、米ソ対立で実現はしなかった。

1950年6月25日未明、ソ連の全面的支援を受けた北朝鮮軍が38度線を突破し、3日後ソウルを陥落したため、国連は韓国支援を決定。米国も国連軍を派遣しソウルを奪回する。国連軍は38度線を越えて追撃しピョンヤンに進撃。さらに中国との国境・鴨緑江にまで達した。マッカーサーは〝中国不介入〟とみていたが、10月中国人民義勇軍が参戦、中国軍によって国連軍は押し戻されて後退、両軍は膠着状態に陥った。

そうしたときマッカーサーが中国爆撃を考える。そうした中国爆撃策を危険視したトルーマン米大統領は1951年4月、彼を突然解任。7月に休戦会議を開き、休戦協定を結んだ。なお、この隣国で起きた戦争は復興途上の日本に好景気をもたらし、戦後復興を一気に押し進めた。

◉**再軍備への序章**　マッカーサーは米占領軍の朝鮮出兵で日本の治安が手薄になる恐れがあると判断したのか、吉田首相宛ての書簡で7万5000人規模の警察予備隊の創設と海上保安庁の職員8000人増強を指示した。ほぼ1カ月後には設置令が公布され、早くも募集を開始した。

福岡上空を飛行する米軍機
朝鮮半島に近い福岡周辺は、米軍の前線基地となり、緊張感に包まれ、一部地域で灯火管制も行われた。

金へんブーム　朝鮮戦争で日本の製鉄所はフル稼働。不足する原料の鉄鉱石を探して子どもたちも川や池でくず鉄拾い。とんだゴールドラッシュとなった。

◉労働者の負担増　朝鮮戦争で使用する軍事物資の製造に追われ、米軍の兵站《へいたん》基地となった日本。戦争勃発後の昭和25年の6月から1年間で3億1510万ドル（約1130億円）に達した特需は、ドッジ・ラインによる恐慌状態を吹き飛ばし、推定1000億円の滞貨を一掃した。しかし、企業は潤う一方、物価高騰や残業で労働者の負担は増大した。

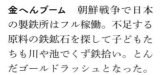

Playback 25

《国宝金閣炎上》

7月2日未明、京都の鹿苑寺庭園内の金閣（国宝＝当時）から出火、貴重な文化財が焼失。同寺の徒弟・21歳の大学生による放火が原因だった。

《1000円札発行》

聖徳太子が図柄に配された初の1000円札が1月7日に登場。3月以降、早くも各地にニセ札が出回った

《後楽園で初ナイター》

7月5日、プロ野球初のナイトゲーム（パ・リーグの大映対毎日戦）が東京・後楽園球場で行われた。

◉特急列車の復活

疎開、買い出し、復員……。満員の車両にしがみつくのが精いっぱいだった鉄道にも、旅のゆとりと楽しさが戻ってきた。戦後初の国鉄の特急は東京～大阪間を運行した特急「へいわ」だった。「へいわ」の運行は、昭和24年9月からだが、翌年1月1日、一般からの愛称公募で「つばめ」に改称。東京～大阪間を9時間で運行したが、10月のダイヤ改正以後は8時間に短縮され、昭和31年に東海道本線が全線電化されると7時間30分とさらに早くなる。特急「はと」とともに「つばめ」の最後尾には展望車が連結されていた。

◉話題の本　D・H・ロレンス『チャタレイ夫人の恋人』、笠信太郎『ものの見方について』、辻政信『潜行三千里』、吉川英治『新・平家物語』、大岡昇平『武蔵野夫人』、波多野勤子『少年期』、宇野千代『おはん』、桑原武夫『文学入門』、谷崎潤一郎『細雪』、ノーマン・メイラー『裸者と死者』、カミュ『ペスト』

10.－ 朝鮮戦争の影響で金属類が値上がり。銅線盗難事件多発

11.10 ＮＨＫ東京テレビジョン実験局、定期実験放送開始

11.22 マッカーサー、吉田首相あて書簡で９分割による電力再編促進を指示

プロ野球初の日本シリーズ開催。28日パ・リーグの毎日オリオンズが日本一に

12.7 池田蔵相、参議院法務委員会で「所得の少ない者は麦本位」と発言。「貧乏人は麦を食え」として問題化。

昭和クイズ100

Q11.「大きな政策の前に多少の犠牲が出るのはやむを得ぬ」「所得の多い者は米本位、所得の少ない者は麦本位というようにいたしたい」（いわゆる「貧乏人は麦を食え」発言）などと放言した吉田茂内閣の大蔵大臣は？

Q12. 4月22日、「平和のホープとして十分誇り得る輝かしい女性」とされる「ミス日本」最初の座を射止めたのは、大阪生まれで京都育ちの18歳の女性だった。3年後、大映の専属俳優としてデビューするこの女性は？

〈解答はＰ238をご覧ください。〉

◉誕生　1.24ジュディ・オング（台湾歌手）、2.9伊集院静（作家）、2.13竹宮恵子（漫画家）、2.20志村けん（タレント）、3.16佐々木譲（作家）、3.31舘ひろし（俳優、歌手）、4.10和田アキ子（歌手）、4.25五代目坂東玉三郎（歌舞伎俳優）、5.13スティーヴィー・ワンダー（米歌手）、5.18東尾修（プロ野球）、8.9池上彰（ジャーナリスト）、8.29八代亜紀（歌手）、11.2由美かおる（女優）、12.3イルカ（歌手）、12.6久石譲（作曲家）

◉流行語　曲学阿世の徒（出典は『史記』。南原繁東大総長らの全面講和論を吉田茂首相が批判）、**アルサロ**（アルバイトサロンの略）、**レッドパージ**（ＧＨＱによる「赤狩り」）、**特需**（朝鮮戦争による軍事物資需要の急増）、**金へん糸へん**（特需に沸いた金属・機械・繊維産業のこと）、**とんでもハップン**（「とんでもない」と「ネバー・ハップン」をつないだ言葉。獅子文六『自由学校』から）、**さかさくらげ**（連れ込み旅館の温泉マークを指して）

◉クロニクル　昭和25年（1950）

1.7 1000円札発行。図柄は聖徳太子

2.1 ソ連、細菌戦責任者として天皇などの戦犯裁判を要求する覚書を発表

2.28 香川県財田村で強盗殺人事件（財田川事件）。4月1日容疑者が逮捕され、自白と血液鑑定を証拠として昭和32年死刑確定。昭和59年再審無罪

3.1 民主自由党と民主党連立派、合同して自由党発足。総裁に吉田茂

3.23 中尊寺（岩手県平泉町）で藤原三代のミイラの調査が始まる

4.21 日本炭鉱単一労組（炭労）結成

前中小企業庁長官の蜷川虎三、京都府知事に初当選

4.22 山本富士子、第1回ミス日本に選出

4.28 民主党野党派・国民協同党・新政治協議会、合同して国民民主党結成。最高委員に苫米地義三ら

5.3 吉田首相、南原繁東大総長の全面講和論を「曲学阿世の徒」の論と批判

5.8 吉田首相、記者会見で講和・基地問題について「米などとの単独講和は事実上すでにできている」と発言

5.30 文化財保護法公布。8月29日施行

6.6 マッカーサー、吉田首相あて書簡で共産党中央委員24人全員の公職追放を指令

6.21 対日講和担当のダレス米国務省顧問来日。マッカーサー・吉田首相らと会談

6.26 マッカーサー、吉田首相あて書簡で「アカハタ」の30日間発行停止を指令。7月18日無期限停止

最高検察庁、ロレンス作・伊藤整訳『チャタレイ夫人の恋人』の押収を指令。7月8日発禁

7.2 京都・鹿苑寺の国宝金閣、同寺徒弟の放火で全焼

7.11 厚生省、明治製薬の抗結核薬「ストレプトマイシン明治」を国産初の検定合格に。政府買い上げを決定

日本労働組合総評議会（総評）結成大会

武装米兵250人、小倉市（現・北九州市）郊外の米軍城野キャンプから脱走。米軍と市街戦

7.15 徳田球一ら共産党幹部9人に逮捕状

7.24 ＧＨＱ、新聞協会代表に共産党員とその同調者の追放を勧告。28日各新聞社・通信社・日本放送協会など言論機関は336人に解雇申し渡し。レッドパージ始まる

8.10 警察予備隊令公布施行。23日約7000人入隊

9.20 米陸軍省、米兵と日本人女性の結婚禁止令を解除

10.1 戦後初の第6回国勢調査実施。総人口8319万9637人

10.13 政府、1万90人の公職追放解除発表

◉値段（東京）　銀行員初任給3000円、米10キロ445円、ラーメン25円、豆腐12円、ビール115円、清酒1.8リットル639円、たばこ（ゴールデンバット）30円、はがき2円、新聞代（1カ月）53円、映画封切り館64円60銭、国鉄初乗り5円、都バス乗車賃（1区間）10円、理髪60円

虫とり

ベーゴマ

懐かしい
子どもの遊び

ベーゴマ、紙芝居、お手玉、馬跳び、……。
たとえ高価な遊び道具がなくても、
路地裏は子どもたちの笑顔であふれていた。

紙芝居

あやとり

お手玉

かごめかごめ

馬跳び

けん玉

めんこ

雪合戦

 イラスト：うゑださと士

独立ニッポン

歴史的瞬間 講和条約に調印する吉田茂首席全権。午前10時からアルファベット順に参加48カ国の代表が署名を済ませた。米サンフランシスコのオペラハウスで。

冷戦のさなか、難題かかえ独立回復

9月8日、それまで他国の占領下にあった日本は、対日講和条約締結によって連合国側との戦争状態を終結、6年ぶりに国際社会への復帰が認められた。

その講和条約案は米英両国による共同草案の形で講和会議に提出されていた。そのうえ連合国軍アメリカの日本からの撤退などを主張するソ連の意見が検討されないまま調印式へと向かったため、参加52カ国のうちソ連、ポーランド、チェコスロバキアの3カ国は条約内容や修正を認めない会議の運営方法、そして中国の不参加などを理由に調印式への参加を拒否。結果、日本と西側諸国だけとの「片面講和」となった。

なお、満州事変以来15年間にわたって日本軍に侵攻されるという大戦最大の戦争被害国でもあった中国には、中華人民共和国の誕生によって北京と台湾という「二つの中国」が出現、加えて朝鮮戦争に中華人民共和国義勇軍が参戦したことなどから講和会議に招かれもしなかった。またインドは、アメリカ主導の条約案に不満を示し不参加を表明した。

◉**無視** 4月に連合国軍最高司令官及び国連軍司令官を解任されたばかりのマッカーサーは講和条約会議の式場に招待されなかった。将軍は「おそらく誰かが忘れたのだろう」と言った。そうではなく、トルーマン米政府は将軍を無視したのだった（ウィリアム・マンチェスター『ダグラス・マッカーサー』による）。

◉吉田首相は後世の批判を予想し ひとり安保条約に署名した

敗戦後、日本国内に駐留する米軍に国内の基地を提供することを取り決めた日米安全保障条約が、講和条約とともにアメリカとの間で締結された。日米安保条約は5カ条からなり、条約上、駐留米軍は日本の防衛の義務を負うことなく、極東の防衛のために日本国内の基地を使用できることとなった。それは、朝鮮戦争で日本がアメリカの補給基地になることを意味した。また、日本が外国の教唆、干渉による内乱と騒擾を鎮圧するために要請した場合にも駐留米軍が出動するという条項が含まれていた。発効は翌昭和27年4月28日。

独立の日　昭和27年4月28日の条約発効を受けて、日本は正式に独立を果たした。東京・上野広小路の商店街では日の丸を掲げた。写真：共同通信社

もう一つの条約　講和条約署名後の9月8日夕方、米サンフランシスコの金門橋近くにある米軍基地プレシディオで日米安全保障条約に調印する吉田茂。安保調印は未来ある政治家にとってマイナスになると考えた吉田は、一人で署名した。後方右から2人目はダレス米全権。

全面講和か片面講和か　東京・有楽町のガード下に貼られていたポスターの中には「我ら完全独立を闘い取らん」のスローガンも見える。講和をめぐって吉田内閣と与党は「多数講和（片面講和)」、社共両党は「全面講和」を唱え、国論を二分するかたちとなった。

☞ **◉国会決議と世論調査**　講和条約と日米安保条約を審議するための臨時国会は昭和26年10月10日に召集され、10月26日、衆議院で講和は307対47、安保は289対71で可決された。なお、朝日新聞が昭和26年9月に行った世論調査では「片面講和」支持が45.6％で、「全面講和」賛成は21.4％もあった。

Playback 26

《民間ラジオ放送》

ＮＨＫの独占だったラジオ放送。電波三法の施行で民放 70 社が開局申請。16 社に仮免許が与えられると、街では多くのラジオが売れた。

《国鉄桜木町の大惨事》

4 月 24 日午後、横浜・桜木町駅付近を走行中の電車のパンタグラフに切れた架線がからまり発火、先頭の 2 両が炎に包まれ 106 人が亡くなった。

《パチンコブーム》

いっとき下火になったパチンコだが、昭和26年にブームが再燃。東京都内のパチンコ店は1000軒近くになり、パチンコ台も増産された。

◉マッカーサー元帥、突然の解任

敗戦直後から日本に「君臨」し続け、数々の改革を推進したマッカーサー連合国軍最高司令官が4月11日、トルーマン米大統領によって解任された。マッカーサーは、前年6月に始まった朝鮮戦争で、いったんは釜山近くまで敗走した韓国・国連軍を奇跡の「仁川上陸作戦」によって立て直し、反撃に転じさせた。中国軍が参戦すると、マッカーサーは中国東北部への爆撃を主張、戦争を限定的にとどめたい大統領と対立し解任される。マッカーサーは4月16日、後任のリッジウェイ中将への引き継ぎを終え夫人と帰国。多くの日本人がその離任を惜しんだ。

◉話題の本　無着成恭『山びこ学校』、獅子文六『自由学校』、マーク・ゲイン『ニッポン日記』、安田徳太郎『人間の歴史』、源氏鶏太『三等重役』、森正蔵『戦後風雲録』、峠三吉『原爆詩集』、「昭和文学全集」（角川書店）、「現代世界文学全集」（新潮社）

に初出動
10.24 社会党、講和・安保両条約をめぐり左右両派に分裂。昭和30年再統一
10.25 戦後初の民間航空機、日航の「もく星」号が東京～大阪～福岡間に就航
10.26 衆議院で講和・安保両条約を承認。11月18日参議院も承認
11.28 旅券法交付。12月1日施行。ＧＨＱ、旅券発給の権限を日本政府に移譲
12.18 全三越従業員組合、東京3店で解雇反対48時間スト。「三越にはストもございます」と話題に

昭和クイズ100

Q13. 日本初の総天然色映画は「カルメン故郷に帰る」。当時のフィルムは感度が低く、撮影に大きな光量を必要としたため、現場は大変な酷暑。「私は殺されてしまうかも」と考えたというカルメンを演じた女優は？

Q14. この年、山形県の山村に暮らす中学生たちの生活を赤裸々に綴った作文集（無着成恭編）が発売された。ベストセラーになり、映画化もされるほどのブームになったこの本は？

〈解答はＰ238をご覧ください。〉

◉誕生　1.1 高橋源一郎（作家）、夢枕獏（作家）、1.24 五輪真弓（歌手）、2.1 中村雅俊（俳優）、2.9 あだち充（漫画家）、3.3 竹中平蔵（経済学者）、3.4 山本リンダ（歌手）、4.2 岡本綾子（プロゴルフ）、忌野清志郎（ミュージシャン）、5.3 三宅裕司（タレント）、6.6 堺正章（タレント）、7.5 藤圭子（歌手）、9.2 いしいひさいち（漫画家）、10.7 桐野夏生（作家）、11.5 天地真理（歌手）、12.13 浅田次郎（作家）、12.23 笑福亭鶴瓶（落語家）

◉流行語　**社用族**（会社の交際費で楽しむ人びと。太宰治の小説から生まれた流行語「斜陽族」をもじる）、**ＢＧ**（ビジネスガールの略。女性事務員を指す和製英語）、**逆コース**（再軍備論や右翼政治家の追放解除など復古的風潮）、**老兵は死なず**（連合国軍最高司令官を解任され帰国したマッカーサーの言葉）、**エントツ**（タクシーメーターを倒さず煙突のように立てて走ること）、**南京虫**（流行したスイス製婦人用小型時計）、**チラリズム**（女剣劇の立ち回りで乱れた裾の奥がちらりとのぞくさま）

◉クロニクル　昭和26年（1951）

1.20 吉田首相、自由党大会で「講和後の主権は束縛されず、再軍備は国民の自由」と所信表明
1.21 社会党大会で平和3原則と再軍備反対を決議
1.24 山口県麻郷村（現・田布施町）八海で老夫婦殺害される（八海事件）。容疑者の自白で4人を共犯として起訴。昭和43年最高裁で共犯の4人に無罪判決
日教組、「教え子を再び戦場に送るな」の運動を決定
2.16 警察予備隊、追放解除された元軍人約300人の幹部採用を決定
3.4 インドのニューデリーで第1回アジア競技大会開催。日本から83人出場
3.21 日本初のカラー映画、木下恵介監督「カルメン故郷に帰る」（松竹）公開
4.1 琉球臨時中央政府樹立。初代行政主席に比嘉秀平
4.16 マッカーサー元帥離日。衆参両院で感謝決議案を可決。羽田空港までの沿道に約20万人が見送り
4.19 田中茂樹、第55回ボストンマラソンに2時間27分45秒で優勝
4.24 横浜・桜木町で走行中の国鉄車両から出火。ドアが開かず106人焼死（桜木町事故）
4.－ 手塚治虫、光文社の雑誌「少年」に『アトム大使』連載開始。昭和27年4月号からタイトルが『鉄腕アトム』に
5.5 政府、児童憲章制定を宣言
5.16 世界保健機関（ＷＨＯ）、日本加盟を承認。6月21日国際労働機関（ＩＬＯ）・国連教育科学文化機関（ユネスコ）も日本加盟を承認
6.7 文化財保護委員会、第1次新国宝181件を決定し発表
7.31 戦後初の民間航空会社、日本航空設立
8.16 吉田首相、臨時国会で「講和後の米軍駐留は日本から希望」と説明
8.22 講和会議全権委員6人任免。首席全権に吉田首相
9.1 名古屋の中部日本放送・大阪の新日本放送（現・毎日放送）開局。民間ラジオ放送始まる。
9.4 米サンフランシスコで対日講和会議開催（～8日）。52カ国参加
9.8 対日講和条約・日米安全保障条約調印。講和条約は日本を含む49カ国が調印。昭和27年4月28日発効
9.10 黒澤明監督「羅生門」、ヴェネチア国際映画祭でグランプリ受賞
9.30 東京・両国のメモリアルホール（旧国技館）で日本初のプロレス試合。10月28日力道山が初登場
10.21 警察予備隊、山口県錦川上流地域の台風災害救助

◉値段（東京）　大卒初任給7047円、米10キロ558円75銭、ラーメン30円、豆腐10円、ビール127円、清酒1.8リットル540円33銭、たばこ（ゴールデンバット）30円、はがき5円、新聞代（1カ月、）220円、映画封切り館80円、国鉄初乗り10円、都バス乗車賃（1区間）15円、理髪95円

《上野動物園の猿山》

東京・上野動物園は、明治15年（1882）3月に開園した日本で最も古い動物園である。サル山は昭和6年（1931）10月、昭和初期の大改造計画の一環として、千葉県の房総半島にある鋸山をモデルにつくられた。

サル山の内部は空洞で、これまでに数回、内部の鉄骨の補強やコンクリートの補修が行われたが、形は完成当時のまま。当初はカニクイザルやアカゲザルを飼育していた。しかし、寒さに弱く、死亡するものが相次いだため飼育を中止。その後、昭和23〜25年に宮崎県と鹿児島県屋久島から12頭のニホンザルを搬入した。これが当時のサル山群の基礎となっている。

イラスト：板垣真誠

「もく星」号墜落の謎

大破した「もく星」号 機体は原形をとどめないほど損壊、破片が広範囲に散乱して衝突の激しさをうかがわせた。

さまざまな憶測を呼んだ占領下の事故

4月9日午前7時42分、乗員4人、乗客33人を乗せ、豪雨の東京・羽田空港を飛び立った大阪・伊丹経由福岡行きの日本航空旅客機「もく星」号が離陸から約30分後に消息を絶った。一時は静岡・舞阪沖を漂流、あるいは米軍により全員が救助されたなどの情報があったが、10日の朝日新聞夕刊は〈遭難機・三原山で発見〉〈全員の死亡を確認〉と、破片が散乱する写真付きで報じた。

戦後初の旅客機として前年10月25日に一番機「もく星」号を就航させた日航は、同年7月に設立されたばかりの新企業。「もく星」号の乗客には財界・著名人も多く、三鬼隆八幡製鐵所（現・新日鐵）社長をはじめ、日立製作所や石川島重工業（現・ＩＨＩ）の役員、さらに人気漫談家の大辻司郎らが乗っていた。

三原山の中腹で見つかった機体の散乱状況から、空中爆発ではなく山腹に衝突したことがわかった。「もく星」号は、米国マーチン社（現・ロッキード・マーチン社）で製造された２０２型双発プロペラ機。なぜ、そんな低空飛行をしていたのか。事故の原因は解明されずにさまざまな憶測を呼んだ。

◉困難をきわめた遺体の収容 「もく星」号の残骸が発見されたのは三原山の東斜面。砂礫と溶岩だらけの事故現場まで車が入れる道がなかったため、救助隊は林の立ち木を切って急ごしらえの担架をつくり、遺体をかついで現場から御神火茶屋まで約6キロの山道を運んだ。

散乱する機体の破片　三原山の東斜面。「もく星」号の残骸は、斜面に対して縦に幅約100メートル、長さ約1000メートルの帯状に散乱していた（矢印）。

◉飛び交うさまざまな原因説

標高758メートルある伊豆大島・三原山の中腹約610メートル地点で見つかった機体の散乱状況から、空中での爆発ではなく、山腹に衝突したことが判明。しかし、そんな低空飛行をしていた理由は？

政府は「航空事故調査会」を立ち上げ、調査を進めた。「機体不良説」「高度計故障説」「パイロット泥酔説」「空中衝突説」「管制ミス説」など、さまざまな原因説が飛び交ったものの、事故当時の日本はまだ占領下にあったため、米軍からの協力が満足に得られず、真相解明は不十分なまま打ち切られた。

回収された計器類　三原山から回収された「もく星」号の計器類。高度計（手前左２つ）がどちらも衝突地点よりも高い、高度7000フィート以上を指していたことから、計器の故障も事故原因として考えられた。

◉松本清張執念の遺作　『日本の黒い霧』など現代史の暗部に斬り込んだ推理作家・松本清張は「もく星」号事件をテーマに『「もく星」号遭難事件』『風の息』そして遺作となった『一九五二年日航機「撃墜」事件』の３作を書き上げた。

Playback 27

《トロリーバス運行開始》

5月20日、東京都内で初めてトロリーバスが運行を始めた。架線から取った電気で走るバスだが、現実は軌道のない鉄道だった。

《新丸ビル完成》

新丸ノ内ビルヂング（通称・新丸ビル）の着工は昭和12年だったが、戦争で中断。昭和26年に建設が再開され翌年11月に完成した。

《明神礁が出現》

伊豆諸島・青ヶ島南方海底での噴火により新島が出現。操業中の漁船の船名にちなんで「明神礁」と命名したが、翌年9月の大爆発で消えた。

初の世界チャンピオン　チャンピオンのダド・マリノ（米国）を判定で破り、トレーナーに抱き上げられ喜ぶ白井義男。東京・後楽園球場特設リングで

◉白井義男、日本人初の世界チャンピオンに

「攻撃こそ最大の防御」が常識だったボクシング界で、白井義男は、防御重視の「打たせず打つ」スタイルで日本人初の世界王者になった。その勝利は、戦争の爪あとが残る日本人の心に夢と希望を与えた。白井勝利のかげには連合国軍総司令部（GHQ）勤務の生物学者アルビン・R・カーン博士の存在が大きい。カーン博士は「打たれたら打ち返す」日本選手の精神主義とも言える肉弾戦法を否定し、「打たせないで打つ」という新しいボクシング術を白井に教え込んだ。この合理的な練習法と戦法によって、白井は世界チャンピオンの座をつかんだ。

◉**話題の本**　野間宏『真空地帯』、壺井栄『二十四の瞳』、川端康成『千羽鶴』、武田泰淳『風媒花』、吉川幸次郎・三好達治『新唐詩選』、火野葦平『花と龍』、吉田満『戦艦大和の最期』、カフカ『変身』

行と北海道拓殖銀行は商業銀行に転換
12.2　閣議で在日米軍用試射場に石川県の内灘砂丘を使用すると決定
12.7　昭和26年11月25日以来行方不明だった作家・鹿地亘が帰宅。8日、在日米軍諜報組織のキャノン機関に拉致監禁されていたとの声明発表
12.10　国際柔道連盟、日本の加盟を承認
12.20　東京・青山に日本初のボウリング場開業。1ゲーム150円
12.25　文藝春秋新社、『アンネの日記』日本語版を刊行

この年　ラジオ受信契約者数1000万件突破。

昭和クイズ100

Q15. ＮＨＫが子ども向けに放送したラジオドラマ「新諸国物語」が人気を集めた。第1部「白鳥の騎士」、第2部「笛吹童子」、第3部「紅孔雀」。その「紅孔雀」映画版で、主人公・那智の小四郎を演じた俳優は？

Q16. 戦後、資源に乏しい日本に合った交通システムとして昭和26年に川崎市で運転を開始。翌年5月20日から東京都内でも運行。架線からとった電気で走る車両で、軌道のない鉄道と言われたバスは？

〈解答はＰ２３８をご覧ください。〉

◉誕生◉　1.17坂本龍一（作曲家）、1.23太田幸司（プロ野球）、1.28三浦友和（俳優）、2.19村上龍（作家）、2.23中島みゆき（歌手）、4.8桃井かおり（女優）、4.10さだまさし（歌手）、5.2夏木マリ（歌手）、5.6向井千秋（宇宙飛行士）、5.12風吹ジュン（女優）、7.2小柳ルミ子（歌手）、7.14水谷豊（俳優）、7.15小池百合子（都知事）、7.20松坂慶子（女優）、9.5草刈正雄（俳優）、10.7ウラジーミル・プーチン（ロシア大統領）、12.11秋山治（漫画家）、12.29浜田省吾（歌手）

◉流行語◉　**黄変米**（米に寄生するカビによって黄色く変色した米。ビルマからの輸入米が黄変し問題化）、**火炎びん**（菅生事件・吹田事件などの政治事件でデモ隊と警官隊の衝突で盛んに登場し、その対策として警官隊はジュラルミンの盾を導入）、**忘却とは忘れ去ることなり**（ラジオドラマ「君の名は」の冒頭ナレーション）

◉クロニクル　昭和27年（1952）

2.8　改進党結成、幹事長に三木武夫。6月13日総裁に重光葵
2.14　第6回冬季オリンピック・オスロ大会開催（～25日）。日本は戦後初参加
2.20　東大構内の劇団ポポロ座公演で、学生が私服警官を拘束し、警察手帳を奪う（ポポロ事件）
3.6　吉田首相、参議院予算委員会で「自衛のための戦力は違憲にあらず」と答弁。10日に発言訂正
3.20　黒澤明監督「羅生門」、米アカデミー賞名誉賞（現・国際長編映画賞）受賞
3.22　占領軍が行っていた郵便物・電報・電話の検閲を廃止する法律公布。4月28日施行
4.1　琉球中央政府発足。初代任命主席に比嘉秀平
　ＧＨＱ、神宮外苑の各競技場・両国のメモリアルホール（旧国技館）・帝国ホテルなどの接収を解除
4.9　日本航空機「もく星」号、伊豆大島・三原山に墜落。乗員乗客37人死亡
4.10　ＮＨＫラジオ、ドラマ「君の名は」放送開始（～昭和29年4月8日）。昭和28年松竹で映画化
4.28　対日講和条約・日米安全保障条約発効。日本の独立回復。ＧＨＱ・極東委員会・対日理事会など廃止
　公職追放令廃止。岸信介ら約5700人が自動的に追放解除
5.1　独立後初のメーデー。皇居前広場でデモ隊と武装警官隊が衝突。死者2人、1232人検挙（血のメーデー事件）
5.7　財閥商号使用禁止令廃止。旧財閥名を冠した会社名の復活が相次ぐ
5.19　白井義男、プロボクシング世界フライ級で日本人初の世界チャンピオンに
6.23　日本政府、国連に加盟申請書を提出。9月18日ソ連の拒否権発動で否決
7.1　羽田空港、米軍から返還され東京国際空港業務開始。昭和33年6月全面返還
7.31　保安庁法公布。警察予備隊と海上警備隊を統合して総理府に保安庁を新設。10月15日保安隊発足
8.28　吉田首相、衆議院を「抜き打ち解散」。党内で対立する鳩山派の選挙準備が整わぬうちの総選挙を目論む
9.17　青ヶ島南方で海底噴火、明神礁が出現
11.27　池田勇人通産相、衆議院で「中小企業の倒産・自殺もやむなし」と発言し、28日衆議院で不信任案可決。29日辞任
11.－　不二家、ミルキーを全国発売。1箱10円
12.1　長期信用銀行法に基づく日本長期信用銀行設立。日本興業銀行も同様の銀行に再転換。日本勧業銀

☞ **◉値段（東京）**　大卒初任給8905円、小学校教員5850円、巡査6900円、米10キロ620円、豆腐12円、ビール130円（3月）、清酒1.8リットル574円33銭、たばこ（ゴールデンバット）30円、はがき5円、新聞代（1カ月）280円、映画封切り館122円、国鉄初乗り10円、パーマネント387円

昭和 **28**

街頭テレビがやってきた

1953 年

街頭テレビに黒山のひとだかり　東京・有楽町に設置された街頭テレビ前に集まった大観衆。この日はボクシング世界チャンピオン戦が放送された。昭和28年10月27日。

民放・日本テレビが火付け役

昭和20年代後半、都心の駅前広場などに設置された街頭テレビの前は人びとで群れていた。新宿では人が道路にまであふれ、都電が動けなくなった。テレビはスタート早々に人々を熱くさせた。

2月1日、NHK（日本放送協会）東京テレビジョンがまず本放送を開始。午後2時、志村正順《せいじゅん》アナウンサーの第一声「JOAK・TV、こちらはNHK東京テレビジョンであります」が放送された。銀座の街頭テレビの前には数百人が集まり、「目で見るラジオだ」と嘆声が聞こえた（2月2日付朝日新聞）。8月28日午前11時20分には半年ほど遅れて民放の日本テレビも放送を開始。しかし、当時、テレビ受像機はあまりにも高価だった。安いものでも14万円。当時、大卒の初任給が1万円あまりの時代だから約1年分にあたる。そうしたとき、テレビの普及に大いに効果があったのが街頭テレビだった。日本テレビは各地の盛り場に大型受像機を設置。人びとは大相撲に熱中、プロレスラーの力道山がアメリカのシャープ兄弟を空手チョップでめった打ちするに及んで、テレビ熱は最高潮に達した。

◉テレビの値段は？　14インチ・テーブル型テレビ受像機の値段（メーカー発表の平均価格）＝1953年12月・14万2600円／1955年1月・12万4000円／1956年1月・9万7000円／1957年1月・8万1000円／1958年1月・7万6000円（『放送50年史』日本放送協会編から）

◉テレビ草創期の風景

NHKのテレビ実験放送は、昭和5年（1930）から始まっていた。二十数年を経て本放送が始まり、高価なテレビも、街頭テレビや景品となって、次第に日常生活にとけ込んでいった。

貸しテレビ　テレビ受像機はサラリーマンの年収より高価だったため、とうとう貸テレビまで登場した。

テレビに群がって　茶箱などで急ごしらえでつくられた台に載せたテレビを食い入るように見る人びと。

プロレス中継は超満員　空手チョップの力道山や元横綱の東富士らが熱闘を繰り広げたプロレスリング国際大会の中継映像を見ようと、東京・新橋駅西口広場に設置された街頭テレビの前には1万2000人が押しかけた。

特等品はテレビ　東京・蒲田駅西口の商店街でテレビが当たる中元福引大売り出しが始まった。昭和28年7月。

☞ **◉受信契約数の推移**　昭和28年2月（放送開始時）866件／昭和28年度1万6779件（普及率0.1％）／昭和29年度5万2882件（普及率0.3％）／昭和30年度16万5666件（普及率0.9％）／昭和31年度41万9364件（普及率2.3％）／昭和32年度90万8710件（普及率5.1％）／昭和年33度198万2379件（普及率11.0％）（『放送50年史』日本放送協会編から）

Playback 28

《奄美群島が本土復帰》

戦後、沖縄とともに米軍の統治下にあった奄美群島が12月25日、8年ぶりに日本に返還された。

《立体映画公開》

新手の映像メディア、テレビへの対抗策としてハリウッドが考案した「立体映画」が日本で公開。観客は紙眼鏡を手に鑑賞した。

《日本初のスーパー開店》

東京・港区青山にスーパーマーケット「紀ノ国屋」がオープン。開店当初は外国人などが対象で、庶民には高根の花だった。

◉大学野球の黄金期

天覧試合　東京・神宮球場で行われた早慶戦２回戦を、天皇・皇后が観戦した。昭和25年11月６日。

戦前から日本の野球界では学生野球がプロ野球をしのぐ花形だった。戦後も、昭和21年5月にはいち早く東京六大学野球連盟のリーグ戦が復活し、春は東京・上井草球場と接収解除になった後楽園球場を使っての1回戦制のリーグ戦で、秋には神宮球場に戻り天皇賜杯をめぐって熱戦がくり広げられた。これらと歩調を合わせるように東都大学、関西六大学（旧・連盟）も再開。戦争が終わってまだ間もなく、その日の生活がままならない時代なのに、敗戦国・日本でいち早く芽吹いた野球のたくましさには驚かせられる。

◉話題の本　井上靖『風林火山』、菊田一夫『君の名は』、アンネ・フランク『光ほのかに・アンネの日記』、ボーボワール『第二の性』、知里真志保『分類アイヌ語辞典』、サン＝テグジュペリ『星の王子さま』

T）総会で準加盟国仮加入を承認される
10. ― 赤色の委託公衆電話機、東京都内に登場。「赤電話」と呼ばれる
11.3 吉田首相、衆議院予算委員会で保安隊は「戦力なき軍隊」と答弁
11.28 東京・青山に紀ノ国屋開店。国内初のスーパーマーケット
12.1 映画「君の名は」第2部が公開され、この冬、女性がショールを頭から首に巻き付ける「真知子巻き」が流行
12.24 奄美群島返還の日米協定調印。25日発効し日本に復帰

昭和クイズ100

Q17. 昭和28年、戦争で休止していたシアトル～バンクーバー航路に氷川丸が再就航。この客船には戦前、来日した人気映画スターが帰国時に乗船した。さて、世界の喜劇王と呼ばれたその映画スターは？

Q18. 「菊の紋章が鎖につながれている」「アメリカの“米”の文字をイメージさせるデザイン」など、図案が巷で騒がれ、国会でも話題にのぼった紙幣は何円札？

〈解答はP238をご覧ください。〉

◉誕生◉ 1.9宗茂・宗猛（マラソン）、1.29テレサ・テン（台湾・歌手）、2.4山下達郎（歌手）、2.6髙村薫（作家）、2.13栗本薫（作家）、2.23中嶋悟（F1レーサー）、3.3ジーコ（ブラジル・サッカー）、4.6ジャネット・リン（米フィギュアスケート）、4.7甲斐よしひろ（歌手）、5.6トニー・ブレア（英元首相）、5.16北の湖敏満（元横綱）、5.17島田陽子（女優）、9.15竹下景子（女優）、11.22中田喜子（女優）、11.28松平健（俳優）、12.5小林幸子（歌手）、12.9落合博満（プロ野球）

◉流行語◉ **八頭身**（頭8つ分の身長。伊東絹子のミスユニバース3位入賞で「理想の体形」と話題に）、**さいざんす・おこんばんは**（コメディアンのトニー谷のセリフ）、**むちゃくちゃでござりまするがな**（コメディアンの花菱アチャコが連発）、**ドミノ理論**（インドシナ半島の共産主義化が将棋倒しのように波及するのを防ぐ、というダレス米国務長官の発言から）

◉クロニクル 昭和28年（1953）

1.10 政府、外国軍用機が北海道上空に侵入すれば、在日米軍の協力を得て排除すると声明
1.26 早稲田大山岳部遠征隊、南米最高峰アコンカグア（6960メートル）に登頂
2.1 NHK、テレビ本放送を開始。1日4時間。受信料200円で契約は866件
2.27 韓国、日本海の竹島の領有権を主張。7月14日、日本の外務省が「竹島は日本の領土」と発表
2.28 吉田首相、衆議院予算委員会で西村栄一（右派社会党）の質問に「バカヤロー」と発言
3.5 スターリン重体の報道をきっかけに東京証券市場で軍需株を中心に大暴落（スターリン暴落）
3.14 衆議院解散（バカヤロー解散）
3.23 中国からの引き揚げ船再開。第1船「興安丸」が京都・舞鶴港に入港
3.30 皇太子、英エリザベス2世戴冠式出席のため横浜港出港。10月12日帰国
4.2 日米友好通商航海条約調印。10月30日発効
4.3 沖縄民政府、土地収用令を公布。武装兵出動をともなう軍用地の強制収容続発
4.5 日本婦人団体連合会結成。会長に平塚らいてう
4.20 山田敬蔵、ボストンマラソンで2時間18分51秒の世界新記録で優勝
6.2 閣議で石川県内灘村の米軍試射場の永久接収・無期限使用を決定。13日地元の反対住民らが座り込み（内灘闘争）。15日、米軍が試射開始
6.25 梅雨前線により九州地方に豪雨（～29日）。死者行方不明1013人。28日、関門トンネル浸水で鉄道不通
7.16 伊東絹子、ミスユニバース世界大会で3位入賞。「八頭身」が流行語に
7.30 力道山、日本プロレスリング協会結成
8.18 日本テレビ放送網、関東一円に街頭テレビを設置開始。28日、本放送開始（民放初）
8.23 NHKテレビ、プロ野球ナイターを初めて実況中継
9.1 長距離電話、東京・名古屋・大阪間で即日通話に
9.6 仏映画「禁じられた遊び」公開
9.10 俳優や監督の引き抜き防止のため、大手映画5社が協定（五社協定）
9.29 日米行政協定改定調印。米軍人・軍属の公務外犯罪は日本に裁判権があることを明記。10月29日発効
10.6 第3次日韓会談開始。日本側久保田貫一郎代表の「日本の朝鮮統治は朝鮮人に恩恵を与えた」発言（15日）などから21日決裂
10.23 日本、関税および貿易に関する一般協定（GAT

◉値段（東京） 大卒初任給9200円、米10キロ680円、豆腐12.75円、ビール107円、清酒1.8リットル513.33円、たばこ（ゴールデンバット）30円、はがき5円、新聞代（1カ月）280円、国鉄初乗り10円、都バス乗車賃（1区間）15円、パーマネント386円、理髪140円

RICHARD WIDMARK
リチャード・ウィドマーク
1914年ミネソタ州生まれ、2008年没。「折れた槍」(54)、「ゴーストタウンの決斗」(58)、など、悪のにおいを漂わせた役で人気に。

典型的な西部劇ヒーローとして人気を二分したランドルフ・スコット(左)とジョエル・マクリー。最初にして最後の共演作となった「昼下りの決斗」(62)出演後、二人は引退。スコットは75年にカムバックした。

JAMES STEWART
ジェームズ・スチュアート
1908年ペンシルベニア州生まれ、97年没。アメリカの良心を演じ続けてきたが、「折れた矢」(50)で西部劇に新境地。

ブロマイドにみる西部劇スター

戦いに敗れた日本人は、次々に公開されるアメリカ製西部劇にとりつかれた。ひょっとして無敵のガンマンに、チャンバラ映画の痛快なヒーローを見ていたのかもしれない。

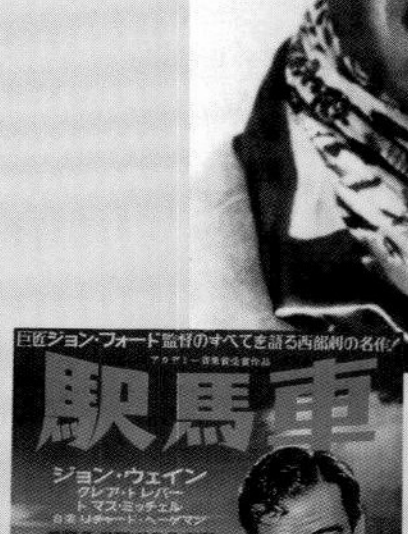

「駅馬車」のポスター。

JOHN WAYNE
ジョン・ウエイン
1907年アイオワ州生まれ、79年没。ライフルを手にした姿がぴったり。男くささのなかに、純情さも。「駅馬車」(39)、「赤い河」(48)など。

JEFFREY HUNTER
ジェフリー・ハンター
1926年ルイジアナ州生まれ、69年没。50年代から60年代にかけて西部劇に主演、準主演。「捜索者」「誇り高き男」(ともに56)など。

ALAN LADD
アラン・ラッド
1913年アーカンソー州生まれ、64年没。「シェーン」(53)でおなじみの西部劇スター、「誇り高き反逆者」(58)では息子との共演も果たした。

GLENN FORD
グレン・フォード
1916年カナダ生まれ、2006年没。多彩な役をこなした一方、「去り行く男」(56)、「カウボーイ」(58)など西部劇の秀作も多い。

HENRY FONDA
ヘンリー・フォンダ
1905年ネブラスカ州生まれ、82年没。「荒野の決闘」(46)のワイアット・アープ役が印象的。ほかに「丘の一本松」(36)など。

BURT LANCASTER
バート・ランカスター
1913年ニューヨーク州生まれ、94年没。独立プロを設立。ゲーリー・クーパーを招いた西部劇「ヴェラクルス」(54)での演技は秀逸。

AUDIE MURPHY
オーディ・マーフィ
1924年テキサス州生まれ、71年没。「命知らずの男」「テキサスから来た男」(ともに50)など、出演作は西部劇が圧倒的に多い。

KIRK DOUGLAS
カーク・ダグラス
1916年ニューヨーク州生まれ、2020年没。「OK牧場の決斗」(57)の賭博師ドク・ホリデー役で知られ、自らも「赤い砦」(55)を製作。

「シェーン」(53)で見せた、アラン・ラッド(中央)0.6秒の早撃ち。西部劇俳優ナンバーワンとうわさされた。

GARY COOPER
ゲーリー・クーパー
1901年モンタナ州生まれ、61年没。B級西部劇ヒーローからトップスターの座へ。「真昼の決闘」(52)、「友情ある説得」(56)など。

◉あのスターも西部劇に出演

ROCK HUDSON
ロック・ハドソン
1925年イリノイ州生まれ、85年没。ロマンチック・コメディーなどでおなじみだが、スターになるまでは「怒りの河」(51)などに脇役で出演。

TYRONE POWER
タイロン・パワー
1914年オハイオ州生まれ、58年没。39年にファン投票で"ハリウッドのキング"に選ばれた美男スター。西部劇は「狙われた駅馬車」(51)など。

MARLON BRAND
マーロン・ブランド
1924年ネブラスカ州生まれ、2004年没。数々の問題を起こした演技派。独立プロを興し、自ら西部劇「片目のジャック」(60)を監督した。

CLARK GABLE
クラーク・ゲーブル
1901年オハイオ州生まれ、60年没。「ある夜の出来事」(34)、「風と共に去りぬ」(39)などのイメージが強いが、「ながれ者」(56)など西部劇にも出演。

昭和 **29** 1954 年

映画は娯楽の王様だった

七人の侍　土砂降りの雨の中、攻撃してくる野武士に立ち向かう農民たち。黒澤明監督は複数カメラを駆使して撮影。東宝・昭和29年。©1954 TOHO CO.,LTD.

羅生門のポスター　大映・昭和25年、監督・黒澤明。

カツドウ屋から映画人へ 日本映画に世界が注目

黒澤明監督「七人の侍」の撮影現場には外国人記者が取材に押しかけた。きっかけは昭和26年に黒澤作品「羅生門」がヴェネチア国際映画祭でグランプリ（金獅子賞）を受賞したことだった。続けて溝口健二監督「西鶴一代女」「雨月物語」が同国際映画祭で国際賞と銀獅子賞、衣笠貞之助監督「地獄門」もカンヌ国際映画祭でグランプリを受賞。特筆すべきもう一本は「ゴジラ」で、日本の特撮技術の優秀さを海外に知らせた。この怪獣映画は米メジャー系配給網で最初に公開された日本映画でもあった。

昭和29年の日本映画界最大の話題は、戦時下の企業統合で製作を中止した日活の製作再開である。再開にあたって日活が映画各社から俳優やスタッフを引き抜いたため、引き抜かれた松竹・東宝・大映・新東宝・東映は、引き抜き防止目的の「五社協定」を強化。そのため、俳優たちは彼らの人格権を無視した協定に猛反発。専属契約延長を拒み、フリーの道を選ぶ俳優が続出した。

◉**東映２本立て体制**　東映はこの年１月から新作２本立て体制をスタート。一本はスター主演の本編で、もう一本は「東映娯楽版」と銘打った１時間弱の中編映画だった。こうした中編映画を、松竹では「シスター映画」、東宝では「ブラザー映画」と呼んでいたという。

◉力道山とプロレスブーム

必殺!空手チョップ　昭和29年（1954）の世界タッグ選手権で米国のシャープ兄弟に負けた力道山は、昭和31年に雪辱を果たすべく遠藤幸吉（左奥）と組んで再び兄弟に挑み、空手チョップの連打で王座を奪取した。

テレビ放送の始まりが爆発的なプロレスブームを呼んだ。大相撲出身の元関脇・力道山がアメリカでのレスリング修行を経て、日本プロレスリング協会を設立。アメリカからシャープ兄弟を招聘し、2月19日、東京・蔵前の国技館で初の国際試合を開催した。この試合の模様がテレビ中継されると、街頭テレビの前に人びとは釘付けになった。ブラウン管の中で、劣勢になった力道山が対戦相手に空手チョップを見舞うと形勢は一変、かつて敵国人だったアメリカ人レスラーがマットに沈む。この壮快感がプロレスブームを一気に盛り上げたのだった。

ブームの起爆剤となった一戦　昭和29年2月19日、力道山・木村政彦組は初来日した世界タッグ選手権保持者のシャープ兄弟に挑戦。プロレスの爆発的な人気と、ヒーロー力道山の誕生を決定づける初の国際試合となった。

◉プロレス観戦記　「場内は無論超満員。国際試合らしく外国人客の姿もチラホラ、英語のアナウンスもまじり、白い肌と浅黒い肌が戦う。けとばし合いは激しさの度を加え、見物席は興奮し、殺気立つ。『殺してもいいぞ』『殺しちゃえ』ブッソウな声援が飛ぶ。『この調子でまた戦争やられちゃあ、たまらないわね』と隣席の女性」（「週刊朝日」昭和29年2月28日号）。

Playback 29

《洞爺丸転覆》

国鉄青函連絡船「洞爺丸」が9月26日、台風15号による暴風雨と波浪のため、函館港外の七重浜沖で転覆し沈没。死者行方不明1155人。

《近江絹糸で人権スト》

紡績生産高、国内6位の近江絹糸で社長一族による前近代的な労務管理に反発した労働者たちが新組合を結成しストへ。「人権スト」と呼ばれた。

《造船疑獄で指揮権発動》

計画造船をめぐる構造汚職が一大疑獄に。政官界有力者の逮捕が佐藤栄作自由党幹事長におよびかけると犬養健法相（写真中央）は指揮権を発動、捜査は挫折。

旅の名残の「桜島」 昭和29年の正月、山下清は鹿児島を訪れていた。大好きな富士山にも似た雄大な桜島の姿を、千葉の八幡学園に戻ると1カ月かけて完成した。

日本のゴッホいまいずこ?

かつての特異児童山下清君

消息絶って二年余

油絵の大作二つを残し

お手柄の二米兵判る

きょう表彰 本紙掲載の写真から

二重橋事件

◉山下清が見た昭和ニッポン

1月6日、朝日新聞に「日本のゴッホいまいずこ?」の見出しが躍った。その4日後の1月10日、鹿児島県谷山町（現・鹿児島市）付近を歩いていた山下清を高校生が発見し、朝日新聞鹿児島支局へ連れて行った。ルンペンを自認し、北は仙台から南は屋久島まで、のんびりと日本各地を放浪していた清は突如、時の人となった。彼の言行は「アサヒグラフ」や「週刊朝日」をはじめとするマスコミに取り上げられ、ますます人気を博し、その作品と人柄は日本中の人々の心をとらえていった。

◉話題の本 伊藤整『文学入門』『女性に関する十二章』『火の鳥』、ローゼンバーグ夫妻『愛は死をこえて』、三島由紀夫『潮騒』、佐藤弘人『はだか随筆』、木下順二・鶴見和子編『母の歴史』、武田泰淳『ひかりごけ』、山本周五郎『樅の木は残った』

まる

8.13 映倫、映画と青少年問題対策協議会設置。青少年・成人向き映画を選定

9.6 黒澤明監督「七人の侍」と溝口健二監督「山椒太夫」、ともにヴェネチア国際映画祭で銀獅子賞

9.23 第五福竜丸の久保山愛吉無線長死亡。水爆実験による初の死者

9.26 台風15号（洞爺丸台風）により青函連絡船「洞爺丸」が転覆。死者行方不明1155人

11.3 特撮怪獣映画「ゴジラ」（本多猪四郎監督）公開

11.24 自由党新党準備会派・改進党・日本自由党の保守3派、合同して日本民主党結成。総裁に鳩山一郎

12.10 第1次鳩山内閣成立

12.22 政府、憲法第9条について「現憲法のもとでも自衛権は保有しており、自衛隊は合憲」と発表

昭和クイズ100

Q19. 大戦後、復興を急ぐイタリアは、外国映画の入場料収益でイタリアを舞台にした映画づくりを奨励。そうしてできた、日本でも大ヒットしたヘプバーン主演の映画は？

Q20. “かみつき”を武器に力道山に立ち向かった外国人レスラーの一人、やすりで歯を磨くパフォーマンスなどで恐れられた銀髪の吸血鬼レスラーの名前は？

〈解答はP238をご覧ください。〉

◉誕生◉ 1.6 中畑清（プロ野球）、1.19 松任谷由実（シンガーソングライター）、2.18 ジョン・トラボルタ（米俳優）、4.1 林真理子（作家）、4.7 ジャッキー・チェン（香港俳優）、4.14 大友克洋（漫画家）、7.29 秋吉久美子（女優）、8.16 ジェームズ・キャメロン（カナダの映画監督）、9.21 安倍晋三（元首相）、10.20 中島常幸（プロゴルフ）、12.7 古舘伊知郎（アナウンサー）

◉流行語◉ **死の灰**（放射性降下物。「第五福竜丸」被曝事件から）、**水爆マグロ**（死の灰を浴びたマグロ）、**空手チョップ**（力道山の得意技）、指揮権発動（造船疑獄に対する犬養法相の対応から）、**シャネルの5番**（来日したマリリン・モンローが「ベッドで何を着てますか？」と問われ答えた香水名）、**ロマンスグレー**（経済力・包容力を持つ、白髪交じりの中年男性。飯沢匡の同名小説から）

◉クロニクル 昭和29年（1954）

1.1 50銭以下の小銭を廃止

1.2 皇居一般参賀に38万人。転倒事故で死者17人（二重橋事件）

1.7 アイゼンハワー米大統領、一般教書で「沖縄の米軍基地は無期限に保持」と発言

1.20 東京で営団地下鉄（現・東京メトロ）丸の内線・池袋〜お茶の水間開業。戦後初の地下鉄開業

2.1 米女優マリリン・モンロー、夫の野球選手ジョー・ディマジオと来日

2.2 日本航空初の国際線定期便・東京〜サンフランシスコ線の運航を開始

2.8 東京地検、造船会社3社を一斉捜索（造船疑獄の発端）

2.19 東京・蔵前国技館で日本初のプロレス国際大会。タッグマッチで力道山・木村政彦組が米のシャープ兄弟に挑戦

2.− 大阪市東区法円坂町で遺跡の発掘調査始まる。昭和36年難波宮跡と確認

3.1 米、マーシャル諸島ビキニ環礁で水爆実験。第五福竜丸が放射線被曝

3.8 日米相互防衛援助（ＭＳＡ）協定調印。5月1日発効

3.11 政府、防衛庁設置法案・自衛隊法案を国会に提出

3.16 読売新聞、第五福竜丸の水爆被曝をスクープ。この日から東京・築地市場などで放射性物質に汚染されたマグロが発見され廃棄処分に

4.21 犬養健法相、造船疑獄で指揮権発動。佐藤栄作自由党幹事長の逮捕は許諾されないまま事件を幕引き。22日法相辞職

4.27 米映画「ローマの休日」公開。6週間で約34万人の観客動員

4.− 小学校新入児童数が前年より約55万人増加（第1次ベビーブーム）

6.2 参議院で防衛庁設置法案・自衛隊法案を可決
近江絹糸労組、組合の承認と外出・宗教・結婚・通信の自由など22項目を会社側に要求。4日スト突入。9月16日組合側勝利で妥結

6.29 東京・日本橋の白木屋で「ヘプバーン・スタイル審査会」開催

7.1 防衛庁・自衛隊発足。防衛秘密保護法施行

7.5 キングレコードから春日八郎の「お富さん」発売。40万枚のヒット

7.11 日本文化放送（現・文化放送）、初の深夜放送を開始、午前2時まで

8.8 原水爆禁止署名運動全国協議会結成

8.10 吉田首相、自由党全国支部長会議で「指揮権発動に対する流言飛語に耳を貸すな」と演説し批判集

☞ **◉値段（東京）** 大卒初任給1万140円、米10キロ765円、かけそば25〜30円、豆腐15円、ビール125円、清酒1.8リットル515円、たばこ（ゴールデンバット）30円、はがき5円、新聞代（1カ月）330円、映画封切り館100円、国鉄初乗り10円、都バス乗車賃（1区間）15円、パーマネント392円

力道山

二つの祖国を持った日本最強の男

昭和のひと

写真：朝日新聞社

民間テレビ局第1号の日本テレビは、1953年夏の放送スタートと同時に、新宿、渋谷などの繁華街53カ所に街頭テレビを設置。この新メディアは、〝プロレスラー力道山〟というビッグ・スターを生み出した。

戦後まもなく、ボクサー白井義男に夢を託したように、日本人はこんどもまた、強敵アメリカ人レスラーたちを〝空手チョップ〟で打ち倒す力道山の姿に、快哉を叫んだものである。

角界出身の彼は、関脇の座にあった昭和25年9月に、突然力士を廃業。断髪式をやらずに自宅の台所で庖丁を使って〝マゲ〟を切り落とした。親方との不和や角界の因習に対する不満が原因だったといわれる。

プロレスの世界に入ったのは翌昭和26年、進駐軍の慰問で来日したプロレスラー、ボビー・ブランズに誘われたためらしい。デビュー戦は9月30日、まだ〝黒タイツ〟ではなく、黒いパンツ姿でブランズを相手に10分一本勝負を戦った。結果はさんざんだった。

翌年、力道山はプロレス修行のため渡米、ホノルルを皮切りに米本土を転戦する。戦績は、260試合戦って、負けは5試合だけという好成績。約1年後に帰国した。

帰国後、日本プロレスリング協会を設立した力道山は、NWA世界タッグ・チャンピオンのシャープ兄弟（ベン&マイク）を招聘。昭和29年2月19日、わが国初の国際試合を開催。柔道出身の木村政彦とコンビを組み、シャープ兄弟と対戦した。この試合がテレビ中継されると、街頭テレビの前は群衆であふれ、プロレスブーム誕生のきっかけをつくりだした。

鉄人ルー・テーズ、スピーディーな攻撃技で魅せた覆面レスラー・ミスターX、かみつきを武器にした金髪の吸血鬼ブラッシー、恐怖の四の字固めの魔王ザ・デストロイヤー……。さまざまな外国人レスラーたちが力道山の空手チョップの洗礼を浴びた。

そうした数多い勝負の中で特筆されるのが、力道山のパートナーだった木村政彦と戦った、昭和29年12月22日の日本選手権試合である。

マスコミは、「柔道が勝つか、相撲が勝つか」とはやしたてた。結果は力道山が勝ち、〝日本最強の男〟になるわけだが、その裏にはさまざまな思惑が取りざたされた。

力道山は、試合前に木村から「引き分けにしてほしい」と八百長の申し入れがあったと暴露。木村は「事前の合意事項である」と主張。また、試合中の木村による力道山への急所蹴りの有無など、いくつかの点で試合後も遺恨をのこす結果となった。それだけではない。この試合の狙いについても、プロレスチャンプの座を日本人の元へ取りもどそうとの〝陰謀〟が木村サイドにあったとみる人たちもいた。

力道山が亡くなったとき、新聞は出生地を長崎県大村市と報じたが、実は、現在の北朝鮮（朝鮮民主主義人民共和国）、咸鏡南道洪原郡竜源面新豊里が彼の生地といわれる。本名は金信洛。幼いころから朝鮮相撲に強く、今でいうスカウトの形で日本に渡った。もっとも北朝鮮の「統一新報」は「強制的に日本へ連行された」（1984年3月9日）と報じている。

つまり〝朝鮮人〟の力道山をいつまでもチャンピオンの座に居続けさせるわけにはいかない。一日も早くプロレス界から追放し、真の日本人チャンピオンをつくるという狙いがあったようだ。しかし、試合の勝者は力道山だった。そこでこんどは、相撲界から横綱東富士を転向させ、さらなる力道山追い落としを画策した。

このときすでに力道山は、敗戦後の日本復興の精神的な支柱として強固な地位を日本人の中に築いていた。日本人の誰もが、彼を「アメリカたたきの英雄」とみていた。

しかし、力道山の祖国・北朝鮮の見方はちがう。彼がアメリカ人レスラーに空手チョップを見舞うのは、「朝鮮で戦争を起こし、無辜の同胞を殺戮するアメリカ人に、スポーツで朝鮮人の鉄拳を思い知らせてやりたい」（前出『統一新報』紙）という彼の強い祖国愛からでたものだったと。が、力道山が亡くなったいま、真相は霧の中である。

昭和 30 1955 年

「55年体制」スタート

新党結成大会　自由民主党結党大会は、東京・お茶の水の中央大学講堂で行われた。演壇の背景に日の丸を挟んで、立党宣言と綱領が大書して掲げられていた。

保・革ともに政界再編の潮流

昭和30年から38年間にわたる保・革対立の構造「55年体制」は、10月の「左派社会党」と「右派社会党」の統一による「日本社会党」結成と、それに続く11月の鳩山一郎の「日本民主党」と吉田茂の流れをくむ「自由党」の統一による「自由民主党」結成によってスタートした。

当時の国民の一致した願いは、二度と悲惨な戦争はしたくない、少しでも豊かな生活を享受したいという「平和と繁栄」の追求だった。そこで生まれた二大政党制だったが、その後の38年間、一度も政権交代は起こらず、社会党は万年野党の座から抜け出ることはなかった。

「憲法改正」を党是に軍隊の復活を目指した自民党と、「憲法9条擁護」と再軍備反対を唱えた社会党。両党が重視したのは「憲法」と「軍事」である。しかし、政権交代は一度も実現せず、自民党が総選挙で憲法改正に必要な3分の2の議席を得たこともなかった。そして平成5年（1993）、自民党の分裂により議席が過半数を割って下野。「55年体制」は終わりを告げるのだった。

◉5つのP　8月16日付「朝日新聞」夕刊のコラム〈今日の問題〉は、戦後日本の世相を代表するのは5つのPと指摘。最初の2つは①ピカドン（原爆とその後遺症）と②パンパン（進駐軍向け慰安婦から売春婦に転じた女性）で、戦争と敗戦の後遺症。次の2つが③パチンコと④プロレス（庶民のささやかな楽しみ）。最後のPは世相の悪化を示したヒロポン。

◉家電時代の幕開け

電気洗濯機の実演販売　販売員の実演を説明付きで見ながら共同購入を考える村人たち。新潟県の農村、南蒲原郡今町（現・見附市）。「アサヒグラフ」昭和30年8月31日号から。

数年越しの緊縮予算で、産業は元気がなく、国民の財布は寂しかった。すべてがデフレのせいと諦めていたとき、天の恵みか、秋は未曽有の大豊作。造船ブームもやってきて、神武以来の好景気が到来。庶民にも空前の豊かな時代が訪れた。

昭和30年は「電化元年」とも呼ばれ、家電製品が量産体制に入り、庶民の手にも届くものとなる。なかでもテレビ・電気洗濯機・電気冷蔵庫は、耐久消費財の上位3位を占め「三種の神器」と呼ばれた。

松下電器の広告　この頃の雑誌には電化製品の広告が非常に多く、「電化」は夢のライフスタイルだった。松下電器（現・パナソニック）のイメージキャラクター「ミセス・ナショナル」は女優の高峰秀子。

◉三白景気から三黒景気へ　昭和29年春ごろ、デフレの影響で一般産業が不振だったとき、砂糖・硫安・セメント業界が比較的好調で「三白景気」と呼ばれた。昭和30年に入るころから代わって鉄鋼・造船・車両など今日でいう重厚長大産業が上向き始める（車両の代わりに石油を入れる場合も）。これを「三黒景気」と呼んだ。これらの産業が神武景気を牽引した。

Playback 30

《マンボブーム》

キューバのピアニスト、ペレス・プラードが考案したマンボ。ルンバにキューバンリズムを加えたもので、ダンスホールは大賑わいだった。

《赤電話》

5月に初の料金前納式の赤色の公衆電話が登場。通称「ダルマ」と呼ばれるもので、店頭などに置く卓上タイプと、電話ボックスに設置するタイプとがあった。

《砂川闘争》

米軍立川飛行場拡張をめぐって反対闘争が起こり、地元農民と支援の学生・労組員が警官隊と衝突。写真は抗議のため自宅前に座り込んだ母子２人。

◉栃若黄金時代

上　横綱栃錦
左　横綱若乃花

近代相撲の祖、″マムシ″栃錦と″土俵の鬼″若乃花（初代）。小兵ながら圧倒的強さと人気を誇った二人は、大相撲史上最高のライバルとも評された。最初の戦いは昭和26年夏場所で、若乃花が掛け投げで勝利。このとき、敗れた栃錦は「上位にもう一人、ちっちゃいのが上がってきた。うかうかしてはいられない」と漏らしたという。一方、若乃花は「わしと同じように小さな先輩が頑張っている。早く追いつきたい。そのことだけを考えていた」と話したそうだ。二人は現役時代に35回対戦、戦績は栃錦の18勝16敗1不戦勝だった。

◉**話題の本**　遠山茂樹・今井清一・藤原彰『昭和史』、正木ひろし『裁判官』、石川達三『不安の倫理』、望月衛『欲望』、渡辺一夫『うらなり抄』、唐木順三『中世の文学』、『世界大百科事典』（平凡社）、新村出編『広辞苑』、諸橋轍次『大漢和辞典』、ヘンリー・ミラー『セクサス』

の日本の加入が正式に発効

9.19　原水爆禁止署名運動全国協議会と原水爆禁止世界大会日本準備会が統合し、原水爆禁止日本協議会（原水協）結成。理事長に安井郁

10.13 左右両派社会党統一、日本社会党結成。委員長に鈴木茂三郎、書記長に浅沼稲次郎

11.15 自由党と日本民主党の保守合同で自由民主党結成。昭和31年4月5日鳩山一郎を初代総裁に選出

12.19 原子力基本法・原子力委員会設置法公布。昭和31年1月1日原子力委員会発足

昭和クイズ100

Q21. 高度経済成長が始まった昭和30年、東京湾を埋め立てて千葉県に出来た、大浴場と演芸場をメーンに、遊園地、潮干狩り場、ボウリング場、人工スキー場、結婚式場などがそろった総合レジャーランドは？

Q22. 朝の都会の駅。進入してくる電車はすでに超満員。そんな電車に乗るのはひと苦労だった。そこへ現れたのが、乗客を車内につめ込むためだけにラッシュ時に雇われた学生アルバイト。彼らは何と呼ばれたか？

〈解答はP238をご覧ください。〉

◉誕生◉　1.18ケビン・コスナー（米俳優）、1.26所ジョージ（タレント）、3.6春風亭小朝（落語家）、4.5鳥山明（漫画家）、5.9掛布雅之（プロ野球）、5.25江川卓（プロ野球）、5.30十八代目中村勘三郎（歌舞伎俳優）、6.1千代の富士（大相撲）、6.26具志堅用高（プロボクシング）、7.1明石家さんま（タレント）、8.20アグネス・チャン（歌手）、10.18郷ひろみ（歌手）、10.28ビル・ゲイツ（米実業家）、12.16松山千春（歌手）、12.20野田秀樹（劇作家）

◉流行語◉　**スモッグ**（英語の煙と霧をつないだ新語。東京に頻繁に発生し流行語に）、**ノイローゼ**（独語の医学用語。ノイローゼが原因とみられる自殺が続いたことから）、**マンボ・スタイル**（マンボ音楽とともにリーゼントヘアや細いズボンのスタイルが流行）、**ビキニ・スタイル**（露出度の高いセパレート水着。米国のビキニ海域での水爆実験のように過激ということから）、**最低ネ・最高ネ**（舟橋聖一『白い魔魚』から。品性の程度をさす）

◉クロニクル　昭和30年（1955）

1.28　厚生省、ヒロポンなど覚醒剤対策で覚醒剤問題対策推進本部設置を決定

2.15　重要無形文化財保持者（人間国宝）の第1次指定25件30人を告示

3.2　横浜の中学生、プロレス遊びで頭を殴られ死亡。この頃、プロレスごっこによる事故が頻発

3.8　米軍、東京湾の防潜網の撤去開始。4月5日から4年ぶりに自由航行復活。11月には長崎・佐世保港でも撤去開始

3.22　宝塚歌劇団の天津乙女ら20人、ハワイ公演に出発。戦後初の海外公演

4.1　ラジオ東京テレビ（現・ＴＢＳ）開局

4.6　最高裁、昭和23年発生の帝銀事件・平沢貞通被告の上告棄却。死刑確定

4.12　日本民主党の三木武吉総務会長、「保守合同は政局安定の絶対条件、鳩山首班に固執しない」と記者団に語る

4.14　ＮＨＫテレビ、「私の秘密」放送開始（〜昭和42年3月27日）

4.23　通産省、四日市・徳山・岩国の旧日本軍燃料廠の払い下げ決定。その後の石油コンビナートの核となる

5.8　東京・砂川町で立川基地拡張反対総決起大会。砂川闘争始まる

5.11　修学旅行生を乗せた国鉄宇高連絡船「紫雲丸」、濃霧のため貨車運航船と衝突し沈没。死者168人

5.24　天皇、蔵前国技館で大相撲観戦

5.26　在日本朝鮮人総連合会（朝鮮総連）結成
田中耕太郎最高裁長官、松川事件などの裁判批判を非難。「外部の雑音に迷うな」と裁判所長官合同会議で訓示

6.21　日米原子力協定仮調印。11月14日ワシントンで日米原子力協定調印。米が濃縮ウランを貸与

6.22　最高裁、三鷹事件（昭和24年）の上告棄却。竹内景助被告の死刑、被告11人の無罪確定。竹内は昭和42年獄死

7.8　労働省婦人少年局、「売春白書」発表。全国の公娼50万人と推定

7.29　共産党、第6回全国協議会（六全協）開催

8.6　第1回原水爆禁止世界大会、広島で開催

8.7　東京通信工業（現・ソニー）、国内初のトランジスタラジオを発売。1万8900円

8.23　岡山大学医学部、森永乳業製の粉ミルクを飲んで死亡した乳児から砒素を検出（森永砒素ミルク中毒事件）。患者1万2000人、死者130人

9.10　関税および貿易に関する一般協定（ＧＡＴＴ）へ

☞ **◉値段（東京）**　銀行員初任給5600円、米10キロ765円、豆腐15円、ビール113円、清酒1.8リットル520円、たばこ（ゴールデンバット）30円、新聞代（1カ月）330円、映画封切り館133円、国鉄初乗り10円、パーマネント395円

「バレエびんせん」（モデル・松島トモ子） 松島は昭和30年代に圧倒的人気を誇った少女スター。「少女」1月号（発行年不明）。

表紙2冊 昭和30年（1955）、「なかよし」（講談社）と「りぼん」（集英社）が創刊された。写真右の「なかよし」（表紙モデル・小鳩くるみ）は昭和30年6月号。同左の「りぼん」（同・浅野寿々子）は昭和32年1月号。

「ブローチにもなる花のかみかざり」 この頃からおしゃれ用品が人気を集める。「なかよし」昭和34年3月号。松島啓介画。

少女雑誌のふろく

昭和30年（1955）、少女雑誌「なかよし」「りぼん」が創刊された。戦前からある「少女倶楽部」などに加えて新しい雑誌が増えるにつれ、出版社はふろくに力を入れるようになり、人気の挿絵画家や漫画家たちが競ってふろくを制作するようになった。

中原淳一「花言葉枝折」 挿絵画家の中原が西洋の香り漂うふろくを手がけるようになって、それまでのふろくのイメージは一変。「少女の友」（実業之日本社）昭和8年10月号。
©JUNICHI NAKAHARA／ひまわりや

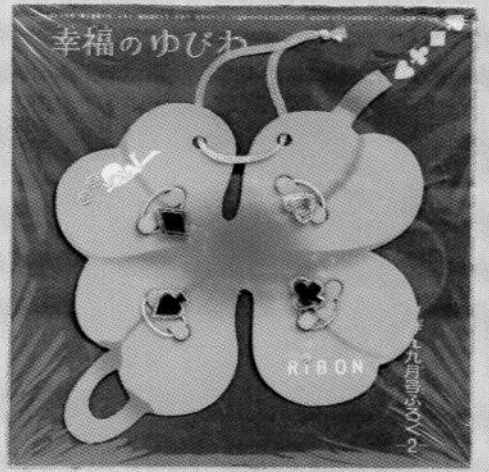

「幸福のゆびわ」「りぼん」昭和36年9月号。

倉金章介「あんみつ姫お面」「少女」（光文社）昭和26年11月号。

「あんみつ姫星まつりちょうちん」「少女」昭和26年7月号。

雑誌の立ち読みをする子どもたち。昭和32年、沖縄で。 写真：朝日新聞社

「新型手芸ブック」 須藤重画。この時代、手芸はぜいたくな趣味だった。「少女倶楽部」（講談社）昭和13年8月号。

「組み立て式の飾り羽子板」「少女倶楽部」昭和8年1月号。講談社設計部作、廣瀬貫川画。

内藤ルネ「おじょうさんバッグ」 内藤は、少女のかわいさを新しいタッチで描いた。「少女ブック」（集英社）昭和 37 年 2 月号。

内藤ルネ「進級おめでとうセット」「少女ブック」昭和 37 年 3 月号。

藤井千秋「少女愛唱歌曲集」 少女に人気の歌 9 曲の歌詞と楽譜などが掲載されている。「少女の友」昭和 25 年 4 月号。

藤井千秋「ブック型小物入れ」「少女」昭和 33 年 1 月増刊号。

牧美也子「花のフランス人形」「なかよし」昭和 37 年 1 月号。

田村セツコ「年賀状」「少女ブック」昭和 30 年代後半。作者蔵。

田村セツコ「ひまわりブローチ・においぶくろ」「少女クラブ」（講談社）昭和 37 年 8 月号。

勝山ひろし「少女小説のご本」 芝居の絵と語りの文章を組み合わせた絵物語。「少女」昭和31年1月号。

松本晶美「美画筆立て」「少女」昭和26年10月号。

水森亜土「クリスマスカード」「りぼん」昭和 49 年 12 月号。

弥生美術館 日本でも数少ない挿絵の美術館。少女雑誌のふろくも多数所蔵している。
〒 113-0032 東京都文京区弥生 2-4-3 ☎ 03-3812-0012 ◉開館時間：10 ～ 17 時（入館は 16 時 30 分まで）◉休館日：月曜日、展示替え期間中、年末年始◉入館料：一般1000円／大・高校生900円／中・小学生500円（併設の竹下夢二美術館も観覧可）◉アクセス：東京メトロ千代田線根津駅または同南北線東大前駅下車徒歩 7 分

松本かつぢ「クルミちゃん型カレンダー」 クルミちゃんは、少女ものキャラクターグッズの元祖。「少女」昭和 26 年 1 月号。

松本かつぢ「隣組かるた」 太平洋戦争開戦前夜ならではのふろく。「少女の友」昭和 16 年 1 月号。

協力：弥生美術館（クレジットのない作品すべてを所蔵）／写真：中山かつみ

“タフガイ”石原裕次郎現る

「**海の野郎ども**」（日活・昭和32年、新藤兼人監督）から。すらりとした長い足、何をやってもサマになった裕次郎。ハリウッドのアクション・スターの呼び名〝タフガイ〟がニックネームともなった。©日活

型破りな存在感に、若者は熱狂した

日本人離れしたスタイルと不良っぽい雰囲気で、彗星のごとく現れた石原裕次郎。実兄・石原慎太郎の芥川賞受賞作『太陽の季節』の撮影が始まると、当時慶應義塾大学の学生だった裕次郎は、気ままにロケに顔を出しては学生の言葉遣いやふるまいを役者たちにアドバイスしていた。そんなとき、主役の遊び仲間の役者の数が足りなくなり、ちょっと映画に出てみないかと声がかかった。これが裕次郎映画デビューのきっかけだった。

経験ゼロなのに少しも物怖じしない。裕次郎にしてみれば、日ごろやっていることを地でやればいいわけだが、それがかえって新鮮だった。裕次郎は続けて慎太郎原作の「狂った果実」で初主演。このとき歌手デビューもしている。とにかくとんとん拍子でスターダムをのぼりつめ、戦後日活映画の屋台骨を支える大きな存在となった。

デビュー当時〝太陽族〟が社会問題化し

◉カメラマンが注目　「太陽の季節」撮影時、プロデューサーの水の江滝子にベテラン・カメラマンが裕次郎を捉えていたファインダーをのぞかせて、「ごらんよ、阪妻（戦前の伝説的大スター・阪東妻三郎）いるよ！」と言ったという。カメラマンはそのとき、新しいスターの誕生を予見していたわけだ。

「**嵐を呼ぶ男**」（日活・昭和32年、井上梅次監督）のポスター。昭和32年12月、裕次郎を一躍スターダムに押し上げた作品。ドラムをたたきながら「おいらはドラマー………」と歌い始めるシーンが印象的だった。©日活

たが、その矢面に立たされたひとりが裕次郎だった。彼はつねにさまざまな事象の先頭にいた。のちに日活から独立し、石原プロモーションを設立して製作した「黒部の太陽」では映画界のタブーを打破。晩年はテレビ映画「西部警察」の凄まじいアクションで茶の間をわかせた。

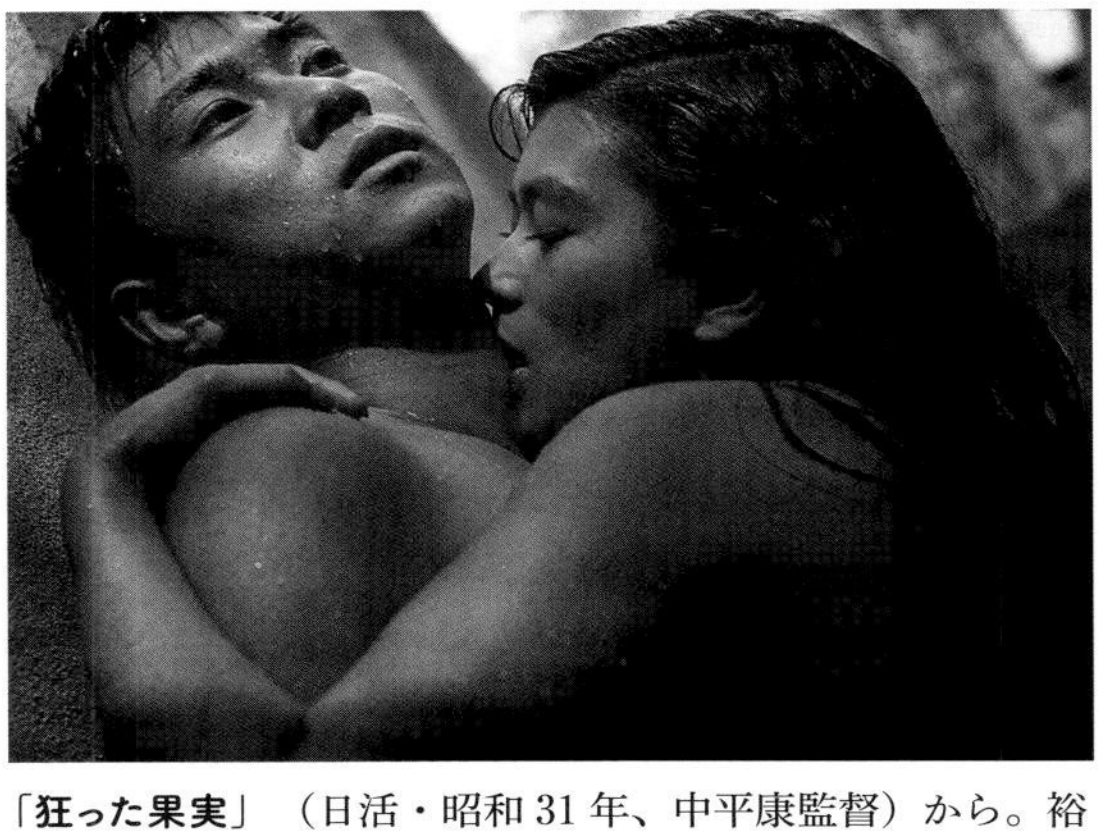

「**狂った果実**」（日活・昭和31年、中平康監督）から。裕次郎の初主演作。後に夫人となる北原三枝との初共演作。撮影はキスシーンから始まったが、北原のファンだった裕次郎は、アガってガタガタ震えたという。© 日活

◉石原まき子が語る裕次郎　「裕さんはとても強い人でした。裕さんの半生は、苦悩を笑顔の下に隠し、激流にあらがいながら、川上に向かって力の限り泳ぎ続けた日々でもありました。そんなところが多くの人に愛されたのではないでしょうか」（朝日新聞出版「石原裕次郎シアター」創刊のことばから）

Playback 31

《東海道本線全線電化》

米原～京都間が電化され、東海道本線・東京～神戸間の全線電化が完成。これにより東京～大阪間の所要時間は8時間から7時間半に短縮された。

《深夜喫茶》

この年、深夜あるいは明け方まで営業している深夜喫茶が東京や大阪で大流行したが、警察や親たちは「非行の温床」と渋い顔だった。

《世界卓球で荻村伊智朗優勝》

東京で4月2～11日に開催された世界卓球選手権大会で、日本代表の荻村伊智朗が男子シングルスなど4種目で優勝。

テレビ生産　昭和31年、テレビが急速に普及し、ＮＨＫによると全国のテレビ受信契約数は約30万件。値段は14インチで8万5000円。川崎の家電工場で試験中のテレビ画像には大相撲が映っていた。

◉神武景気

昭和31年の『経済白書』に「もはや戦後ではない」と書かれた好景気の到来。それは初代天皇・神武以来のものとされ「神武景気」と呼ばれた。この年から高度経済成長期が幕を開け、日本経済はめざましい発展を遂げていく。発端は昭和25年から約4年間続いた朝鮮戦争による米軍への物資補給や破損した兵器類の修理などを請け負った〝特需〟によるものだった。耐久消費財〝三種の神器（テレビ・冷蔵庫・洗濯機）〟が出現し売れていく。この神武景気は昭和31年末から後退し、翌年6月頃に終焉。その後の日本は〝なべ底不況〟に向かっていく。

◉**話題の本**　石原慎太郎『太陽の季節』、石川達三『四十八歳の抵抗』、三島由紀夫『金閣寺』、谷崎潤一郎『鍵』、五味川純平『人間の條件』、室生犀星『杏っ子』、幸田文『おとうと』、深沢七郎『楢山節考』、五味康祐『柳生武芸帳』、柴田錬三郎『眠狂四郎無頼控』、江藤淳『夏目漱石』、フランクル『夜と霧』

38年まで）
10.19 モスクワで日ソ共同宣言調印。日ソ間の戦争状態終結・日本人抑留者の全員帰国を約束。領土問題の解決は先送り。12月12日発効
11.8 第1次南極観測隊（永田武隊長）、観測船「宗谷」で東京港を出港。昭和32年1月29日、南極オングル島に上陸し「昭和基地」を建設
11.19 米原～京都間の電化完成で東海道本線全線電化
12.18 国連総会で日本の国連加盟案を全会一致で可決
12.23 石橋湛山内閣成立
12.26 ソ連からの集団帰国者1025人を乗せた興安丸、京都・舞鶴港入港

この年 船舶建造高175万総トンで世界一に

昭和クイズ100

Q23. 4月14日からNHKテレビで始まった子ども向け人形劇で、果物や野菜、動物を擬人化したキャラクターたちが繰り広げる作品のタイトルは？

Q24. 日本人登山家の登頂成功で、国内に登山ブームを巻き起こすきっかけとなった、ヒマラヤにそびえる世界第8位（8163メートル）の高峰は？

〈解答はP238をご覧ください。〉

◉誕生◉ 1.1役所広司（俳優）、2.5大地真央（俳優）、2.23野口五郎（歌手）、2.26桑田佳祐（ミュージシャン）、3.13佐野元春（ミュージシャン）、4.8泉麻人（コラムニスト）、4.12田中康夫（作家、政治家）、5.2秋元康（作詞家）、7.9トム・ハンクス（米俳優）、8.25岡田武史（サッカー）、9.7長渕剛（ミュージシャン）、10.18マルチナ・ナブラチロワ（旧チェコスロバキア・プロテニス）

◉流行語◉ **もはや戦後ではない**（『経済白書』に用いられて流行）、**太陽族**（小説『太陽の季節』とその映画化に影響された無軌道な若者を指す。大宅壮一の造語）、**ドライ**（「さばさばした」の意）、**神武景気**（「神武天皇即位以来の好景気」の意）、**一億総白痴化**（大宅壮一が低俗番組ばかりのテレビを批判して）、**マネービル**（ボディービルをもじった日興証券のCMから）、**何と申しましょうか**（プロ野球解説者・小西得郎の口ぐせ）

◉クロニクル　昭和31年（1956）

1.3 伊豆大島の三原山が噴火。昭和25年以来の大規模なもの
1.23 芥川賞に一橋大生・石原慎太郎の『太陽の季節』
1.31 猪谷千春、イタリア・コルティナダンペッツォで開催の第7回冬季オリンピック大会スキー回転競技で銀メダル獲得。冬季五輪で日本人初のメダル。この大会でトニー・ザイラー（オーストリア）がアルペンスキー3種目の金メダルを独占
1.－ 東京・四谷に日本初の分譲マンション「信販コーポラス」が完成。分譲価格400万～700万円
2.6 新潮社、「週刊新潮」創刊（2月19日号）。出版社による初の週刊誌
2.29 鳩山首相、参議院予算委員会で「自衛のためなら敵基地を侵略してもよい」と発言、ただちに取り消す
3.22 日米相互防衛援助（ＭＳＡ）協定に基づく防衛生産のための日米技術協定調印
4.3 茅誠司・平塚らいてう・湯川秀樹ら、原水爆実験中止を要請する勧告文を米英ソ首脳に発送（平和アピール7人委員会）
4.5 前年結成の自民党臨時党大会、初代総裁に鳩山一郎を選出
4.30 三菱重工業長崎造船所で海上自衛隊の護衛艦「はるかぜ」（1700トン）完成。戦後初の軍用艦艇の建造
5.1 新日本窒素肥料水俣工場附属病院が類例のない疾患発生を水俣保健所に報告。水俣病の公式確認
5.9 日本登山隊（槙有恒隊長）の今西壽雄隊員、ヒマラヤ・マナスル（8163メートル）の初登頂に成功
5.17 映画「太陽の季節」公開。石原裕次郎がデビュー。以後「狂った果実」などで太陽族ブームが起こる
5.24 売春防止法公布。施行は昭和32年4月1日
6.15 棟方志功、第28回ヴェネチア・ビエンナーレ版画部門でグランプリ獲得
7.1 中央気象台を改組して気象庁発足
7.2 共産党、昭和26年制定の綱領改定を機関紙アカハタに発表。前年の「六全協」の流れで武装闘争路線を撤回し、平和革命方針に転換
7.17 経済企画庁、『経済白書』を発表。「もはや戦後ではない」と技術革新による発展を強調
8.10 日本原水爆被害者団体協議会（被団協）結成
8.－ 太陽族映画の上映を拒否する映画館続出。映倫が成人向け指定映画の鑑賞制限の徹底を約束
9.24 東大生産技術研究所の糸川英夫教授ら、カッパ・ロケット第1号の発射に成功
10.1 邦画5社、テレビへの劇場映画提供を打ち切って専属俳優のテレビ出演を制限（五社協定、昭和

◉値段（東京） 大卒銀行員初任給（第一銀行）5600円（ほかに5000円前後の調整手当あり）、ラーメン40円、豆腐15円、ビール113円、清酒1.8リットル520円、たばこ（ゴールデンバット）30円、新聞代（1カ月）330円、映画封切り館100円、国鉄初乗り10円、パーマネント529円

昭和 32 1957年

南極観測隊、極地へ

氷海を進む宗谷 揚錨機《ようびょうき》を使って、向かって左への方向転換を試みる南極観測船「宗谷」。写真提供：三田安則（元「宗谷」乗組員）

南極に「日の丸」がはためいた

1月下旬、日本の観測船「宗谷」が南極大陸のアフリカ側にあるリュツォーホルム湾にたどり着き、湾内のオングル島に永田武観測隊長らが上陸し、「昭和基地」と名付けた。米ソ両国や西欧諸国にだいぶ後れを取ったが、ようやく自前での南極観測に日本もとりかかることになった。

昭和26年、国際協力によって極地を中心に地球を大規模に調査するための「地球観測年」（昭和32年7月〜昭和33年12月）が設けられることになった。日本も参加を呼びかけられたが、まだ敗戦の痛手から立ち直ったばかりで要請に応じられる状況にはない。そんなとき、うちひしがれた日本国民に夢と希望を与える有意義な壮挙であると考えた朝日新聞記者の矢田喜美雄は参加実現に向けて奔走。朝日新聞も昭和31年1月の紙面で南極観測参加を公表するとともに1億円の寄附と一般からの募金を呼びかけた。その結果、政府も動き、国の事業に決定。人と物資を運ぶ砕氷船には、海軍特務艦、復員船などに使われた「宗谷」を改造して使用することになった。南極観測はついに個人の募金や企業団体の資金や物資面での協力により国民的事業として動き出した。

◉宗谷の変遷　南極観測船「宗谷」は、北海道〜樺太（サハリン）間の宗谷海峡から命名された砕氷船。ソ連船として発注建造され、昭和13年（1938）に進水したが、日米開戦直前のため引き渡されず、耐氷型貨物船「地領丸」、旧日本海軍の特務艦、引き揚げ船、海上保安庁の灯台補給船などを経て昭和31年、初代南極観測船となった。

新潟から集団入店　昭和31年3月、東京都世田谷区の桜新町商店街で、新潟県内の中学を卒業した53人の集団入店式が行われた。就職先の商店街を案内される一行。

奄美大島から船で　昭和30年8月、日本郵船の千歳丸で奄美大島から東京港に着き、船上から東京の街を眺める中卒の少年少女たち。

◉集団就職と「金の卵」

生まれ育った土地と家族に別れを告げ、夢にまで見た都会へやってきた少年少女たち。まだ幼さの残る「金の卵」たちの表情は希望にあふれていた。集団就職は昭和29年（１６５４）頃、東京のある商店街が合同で求人斡旋を依頼したことから始まったとされる。働き口のない地方から人手不足の大都市へ。若い労働力を学校、地域単位で送り込むこのシステムは一気に広がった。ピークは東京オリンピックが開かれた昭和39年。全国で延べ３００本の専用列車が、８万人近い中卒の就職者を運んだ。

◉最後の就職列車　昭和50年（1975）3月24日の朝5時過ぎ、東京・上野駅の18番ホームに臨時急行「八甲田54号」が到着。青森・岩手両県の中卒就職者358人を乗せた最後の「就職列車」だった。このときの18番ホームは現在欠番となっている。

10.－ 東京・八重洲の大丸、「奥さま、お嬢さまの3時間の百貨店づとめ」というキャッチフレーズでパートタイムを募集。以後、パートタイムという言葉が普及
11.1 日本原子力発電発足。昭和35年、茨城県東海村に発電所着工
12.1 日本ヘリコプター輸送、全日本空輸と改称。昭和33年3月極東航空と合併し、国内ローカル定期航路を統合
12.6 東京で日ソ通商条約調印
12.7 立教大学の長嶋茂雄、プロ野球・読売巨人軍と正式契約。背番号3
12.8 日本輸出石油（社長・山下太郎）、サウジアラビアと油田開発協定に調印。昭和33年2月アラビア石油設立
12.11 100円硬貨発行。表に鳳凰の図柄

昭和クイズ100

Q25. 戦前、「東京市飛行場」建設のため埋め立てが開始されたが、戦後の高度成長期に急増したゴミの最終処分場として転用されたこの地は、一般になんと呼ばれたか？

Q26. 南極近くの氷海に閉じ込められ、航行不能となった日本の南極観測船「宗谷」を救ってくれたソ連の砕氷船の船名は？

〈解答はP238をご覧ください。〉

◉誕生◉ 1.19 柴門ふみ（漫画家）、2.4 石破茂（政治家）、2.9 ラモス瑠偉（ブラジル出身・サッカー）、3.19 尾崎亜美（歌手）、3.23 浅田彰（経済学者）、5.8 かたせ梨乃（俳優）、6.1 山下泰裕（柔道）、7.17 大竹しのぶ（俳優）、8.11 孫正義（経営者）、8.18 名取裕子（俳優）、9.16 東国原英夫（タレント、政治家）、10.10 高橋留美子（漫画家）、11.25 岡田彰布（プロ野球）、12.17 夏目雅子（俳優）

◉流行語◉ **よろめき**（不倫の意。三島由紀夫『美徳のよろめき』から）、**ストレス**（心身のひずみやゆがみ。ストレス学説の提唱者・カナダのセリエ教授が来日）、**有楽町で逢いましょう**（フランク永井のヒット曲から）、**才女**（原田康子、有吉佐和子、曾野綾子ら若い女性作家の活躍から）、**デラックス**（トヨタ自動車のクラウン・デラックスから）

◉クロニクル 昭和32年（1957）

1.25 南極観測船「宗谷」、南極接岸に成功。29日第1次観測隊がオングル島に公式に上陸し、観測基地を「昭和基地」と命名
2.25 岸信介内閣成立
2.28 ソ連の砕氷船オビ号、氷海に閉じ込められた「宗谷」を救出
3.－ 千葉県柏市に日本住宅公団の光ケ丘団地完成。「ニュータウン」という言葉が使われ始める
初の女性週刊誌「週刊女性」、河出書房から創刊。8月に主婦と生活社から再発刊
4.14 日本医師会、会長に武見太郎を選出。昭和57年まで25年間在任
4.25 政府、参議院内閣委員会で「攻撃的核兵器の保有は違憲」との統一見解を発表
5.7 岸首相、参議院内閣委員会で「自衛権の範囲内なら核兵器の保有も可能」と答弁。13日予算委員会で訂正発言
6.1 富士精密（現・日産自動車）、小型乗用車「プリンス・スカイライン」（1484cc）発売
6.5 米、沖縄に民政長官に代えて高等弁務官制度導入
6.6 東京都奥多摩町の小河内ダム貯水開始
6.16 岸首相訪米。21日アイゼンハワー米大統領との共同声明で日米新時代を強調し、新安保条約検討のための委員会設置・在日米軍削減などで合意
7.1 東京都の人口851万8622人、ロンドンを抜き都市人口世界一に
7.15 プロ野球・国鉄の金田正一投手、対中日戦で日本球界初の通算2000奪三振を記録
7.25 九州南西部に集中豪雨（～26日）。長崎県諫早市を中心に死者行方不明者992人（諫早豪雨）
8.1 第12次ソ連帰国船「興安丸」、舞鶴に入港
ダイハツ工業、小型三輪自動車「ミゼット」発売。19万8000円～
8.27 茨城県東海村の日本原子力研究所のＪＲＲ-1型原子炉、臨界に達し日本初の「原子の火」がともる
岡山・鳥取県境の人形峠に原子燃料公社の出張所開設。本格的なウラン探鉱始まる
9.20 糸川英夫東大教授ら、秋田・道川海岸で国産ロケット１号機カッパ４Ｃ型発射実験
9.23 大阪・京阪電鉄千林駅前にスーパー「ダイエー」の前身といえる１号店開店。昭和37年商号を「主婦の店ダイエー」と変更
10.1 日本、国連総会で安保理事会の非常任理事国に初選出
10.4 インドのネルー首相来日。8日東京・上野動物園で、昭和24年に同国が日本に贈った象のインディラと対面

◉値段（東京） 国家公務員初任給9200円、銀行員初任給1万2700円、小学校教員8000円、米10キロ800円、かけそば30～35円、ビール113円、清酒1.8リットル520円、たばこ（ゴールデンバット）30円、はがき5円、新聞代（1カ月）330円、映画封切り館150円、国鉄初乗り10円、理髪150円

路地裏で遊んだめんこ

めんこシート　子どもたちは、複数枚をシートに印刷しためんこを駄菓子屋で買い切り離して使った。

映画や野球、大相撲のスターなど、
子どもたちのヒーローを厚手の紙に刷り込んだ「めんこ」。
関西「べったん」、名古屋「しょうや」、仙台「バッタ」など、
地域ならではの呼び方で、男の子たちは遊んだ。

若ノ花　栃錦　千代ノ山

大相撲の人気者　テレビが家庭に普及していなかった頃は、そば屋などの店内にあるテレビで大相撲を観戦。

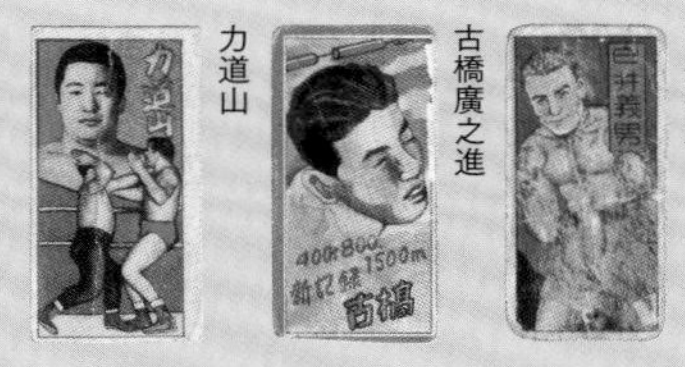

力道山　古橋廣之進　白井義男

スポーツ界から　空手チョップのプロレス。世界記録の水泳。世界チャンピオン生んだボクシングなど。

阪神の藤村富美男　巨人の川上哲治　大映のビクトル・スタルヒン

プロ野球選手　野球少年たちのあこがれは、“赤バット”の川上哲治。戦前からの名プレーヤーも。

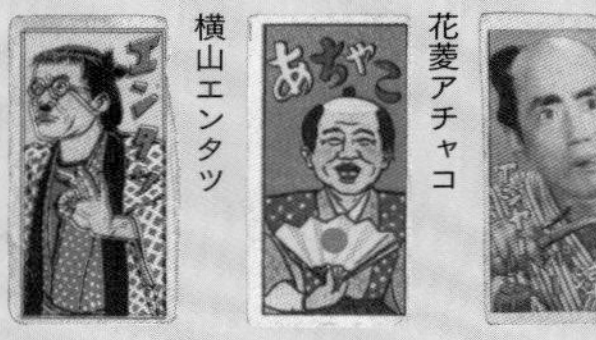

横山エンタツ　花菱アチャコ　伴淳三郎

笑いのスターたち　漫才コンビのエンタツ・アチャコ。浅草の軽演劇で活躍したバンジュンなど。

School　Table　Department Store

ABCのレッスン　街で出会った進駐軍兵士と話せるように、めんこで英語のレッスンを。

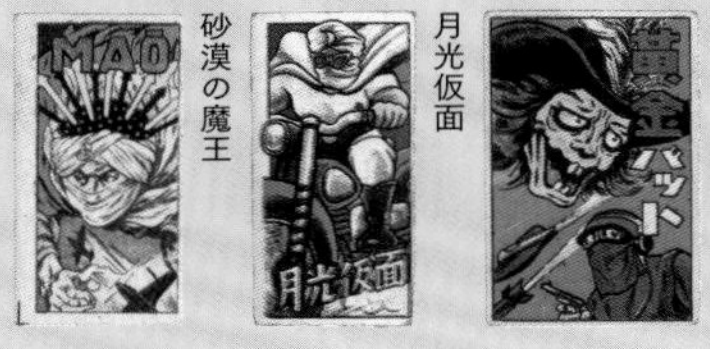

砂漠の魔王　月光仮面　黄金バット

子どもの正義の味方　謎めいた覆面。なびくマフラー。正義のヒーローは、紙芝居や少年誌から生まれた。

美空ひばり　石原裕次郎

人気スター　美空ひばりや石原裕次郎の“丸めん”。昭和を代表する大スターも、めんこの常連に。

ジェーン　ターザン

密林の王者ターザン　密林を舞台に活躍するヒーロー、ヒロインの姿を人型に切り抜いた“型めん”。

「鐘の鳴る丘」　「君の名は」

人気ドラマ　テレビが現れるまで、大人も子どももＮＨＫや民放制作のラジオドラマに耳をそばだてた。

路地裏の勝負　めんこをたたきつけて、地べたの上のめんこを裏返したり、めんこの下に滑り込ませたりして、相手のめんこを手に入れる。ちいさな勝負師の腕の見せどころだ。昭和21年。

ジョン・ウエイン　ランドルフ・スコット　ゲーリー・クーパー

西部劇のガンマン　子どもたちが大好きだった「西部劇」。ゲーリー・クーパーやジョン・ウエインのガンさばきは、とにかく格好良かった。

(451-80=)　(若ノ花)　(拾円札)

めんこの裏にも、ひと工夫　めんこの裏面には、じゃんけん遊びができる絵や、力士の身長・体重などのデータ、ままごと用の紙幣、さらに簡単な計算問題など、さまざまな仕掛けが印刷されていた。

　資料提供：磯貝宏國

昭和 **33**

東京タワーが建った

1958 年

建設中の東京タワー　〃世界一〃を目指して伸びてゆく鉄骨の向こうに夕陽が落ちる。撮影場所は東京湾を挟んで4キロ離れた江東区の豊洲埠頭。当時、途中に視界をさえぎる建物はまったくなかった。昭和33年6月撮影。

〃世界一の高さ〃というふれこみのマンモス・テレビ塔

昭和33年（１９５８）12月、高さ３３３メートルの「東京タワー」が竣工した。正式名称は「日本電波塔」。

昭和28年2月1日、ＮＨＫがテレビ放送を開始すると、半年後に日本テレビ、昭和30年にラジオ東京（現・ＴＢＳ）、さらに昭和34年にはフジテレビ、日本教育テレビ（現・テレビ朝日）、ＮＨＫ教育テレビの3局が開局を予定。そのたびに各局は独自に１５０メートル級のテレビ塔の建設を計画。しかし、このまま増え続けると景観上からも航空法上からも好ましくないため、郵政省などから総合電波塔構想が浮上した。

半径１００キロの関東一円をカバーするには３００メートルを超える高さが必要とされた。そこで、「造るならエッフェル塔（当時高さ３１８メートル）をしのぐ世界一を」とラジオ放送塔の構造設計に実績のあった〃塔博士〃内藤多仲に依頼。内藤は3カ月ほどでスタッフたちと1万枚にもおよぶ設計図を描き上げ、昭和32年6月に建設を開始、約１年半で完成させた。

◉アンテナの取り付け　塔上に30メートルの補助支柱を建て、8つに分けたアンテナ部品を吊り上げる。それらの部品をワイヤロープで吊ったまま塔内で1本のアンテナ（長さ79メートル、重さ約100トン）に組み上げ、これをウインチと滑車を使って333メートルの高さになるまでせり上げる。タワー建設のなかでもとりわけ大仕事だった。

川上のバッティング　“赤バット”で戦後のスターになった巨人の川上哲治。昭和33年打撃不振に陥り、4番打者の座を新人の長嶋茂雄に奪われると、この年の日本シリーズ終了直後に引退を表明した。

天覧試合での長嶋茂雄　昭和34年（1959）、天皇・皇后が初めてプロ野球を観戦した後楽園球場での巨人対阪神戦で、巨人の長嶋は最終回に逆転サヨナラ本塁打を放った。

◉プロ野球の黄金時代

プロ野球にスーパー・ルーキー長嶋茂雄（巨人）がデビューした。長嶋の「背番号3」が、国鉄（現・ヤクルト）の投手・金田正一や西鉄（現・西武）の投手・稲尾和久と対決するたびにスタンドは大きく沸いた。一方で〝弾丸ライナー〟の川上哲治（巨人）が静かにバットを置いたのもこの年。セ・パ両リーグとも6球団ずつの現在の12球団制となり、戦後のプロ野球黄金時代へと突き進んでいく最初の年でもあった。後に監督となる川上率いる巨人の9年連続リーグ優勝と日本一の「V9」を達成するのは15年後のことである。

◉プロ入りまでの長嶋茂雄　昭和11年、千葉県生まれ。佐倉一高時代は無名だったが、立教大学進学後、砂押邦信監督の指導を受けて成長。昭和31年春のリーグ戦では4割5分8厘で首位打者、昭和32年秋には通算8本塁打の東京六大学記録をつくる。昭和33年プロ入りの年には29本塁打、92打点（ともに1位）、打率は3割5厘（2位）を記録し新人王に選ばれた。

Playback 33

《赤線の灯、消える》

売春防止法が４月１日から全面施行され、遊郭、私娼窟、待合、芸者置屋、料亭などが集まる売春地区「赤線」が姿を消した。

《解体される長崎の浦上天主堂》

広島に次ぐ人類史上2番目の原爆投下によって炎上、廃墟と化していた長崎の浦上天主堂が反対の声を押し切って取り壊された。

《特急「こだま」の登場》

11月１日、東京〜大阪・神戸間に特急「こだま」が登場。最高時速 110 キロ。東京〜大阪間を６時間 50 分で結び、日帰り出張が可能に。

◉ロカビリー大旋風

平尾昌章　のちに「昌晃」と改名。体をくねらせながら熱唱するその姿は“和製プレスリー”と呼ばれた。

ロックンロールにヒルビリー（米南部の山岳地帯に伝わる民謡）をミックスした音楽「ロカビリー」は、日本ではこの頃、主にジャズ喫茶で歌われていた。渡辺プロダクションの副社長だった渡邊美佐はこれに目をつけ、60人をスカウトして「日劇ウエスタン・カーニバル」を企画。日劇の〝農閑期〟である2月に行うことになった。これが若者たちに爆発的な人気を呼び、山下敬二郎、ミッキー・カーチス、平尾昌章らが一躍スターダムにのし上がる。ファンのなかには、絶叫する歌手に嬌声をあげ、紙テープを投げ、舞台に駆け上がる娘までいた。

◉**話題の本**　五味川純平『人間の條件』、松本清張『点と線』、遠藤周作『海と毒薬』、大江健三郎『芽むしり仔撃ち』、石坂洋次郎『陽のあたる坂道』、井上靖『氷壁』、坂本藤良『経営学入門』、西堀栄三郎『南極越冬記』、星野芳郎『技術革新』、谷川雁『原点が存在する』、高木彬光『成吉思汗の秘密』

上哲治内野手が現役引退
10.31 ラジオ東京テレビ、BC級戦犯を扱ったフランキー堺主演ドラマ「私は貝になりたい」放送し、芸術祭賞受賞
10.－ フラフープ流行（270円、子ども用200円）
11.1 東京～神戸間に電車特急「こだま」運転開始。東京～大阪間6時間50分
11.27 皇太子妃に正田英三郎（日清製粉社長）の長女・美智子さん内定
11.30 NHKのラジオ受信契約数、1481万3101件で最高を記録。普及率は82.5%
12.1 1万円札を初めて発行。図柄は聖徳太子
12.23 東京タワー完工式。高さ333メートルで、塔としてはエッフェル塔（318メートル）を抜いて世界一
この年 映画入場者、11億2745万人でピークに達する

昭和クイズ100

Q27. 日仏合同で行われた日本海溝学術調査のため、日本郵船の熱田丸に積まれてフランスから横浜港に到着した深海潜水艇の名前は？

Q28. 白いターバンに三日月の紋章、サングラスと覆面をつけ、白いマントを翻しオートバイでやってくる正義の味方が主人公のテレビ映画は？

〈解答はP238をご覧ください。〉

◉誕生◉ 1.30石川さゆり（歌手）、4.18小宮悦子（ニュースキャスター）、7.22原辰徳（プロ野球）、家田荘子（作家）、7.29三屋裕子（バレーボール）、8.23佐藤しのぶ（声楽家）、8.29マイケル・ジャクソン（米ミュージシャン）、8.31日比野克彦（デザイナー）、10.13森昌子（歌手）、12.26原田美枝子（俳優）

◉流行語◉ **イカす**（「しゃれている」の意。石原裕次郎の映画のセリフ）、**ご清潔でご誠実で**（婚約が決まった正田美智子さんが皇太子のお人柄について）、**ミッチー**（美智子さんの愛称）、**神様、仏様、稲尾様**（日本シリーズで連投し、西鉄を逆転優勝へ導いた稲尾和久投手を称賛して）、**団地族**（「週刊朝日」の連載「新しき庶民"ダンチ族"」から）、**神風タクシー**（ノルマに追われて無謀運転をするタクシー）、**ブーム**（はやりものを○○ブームと呼ぶことが流行）、シビれる（「感動する」の意）、**ハイティーン、ローティーン**（十代の若者を指して）

◉クロニクル 昭和33年（1958）

1.30 東大生、東京・本郷で無謀運転のタクシーにはねられて死亡。「神風タクシー」として問題化
2.3 大相撲の初代若乃花幹士、第45代横綱に昇進。栃若時代始まる
2.8 東京・有楽町の日本劇場で第1回日劇ウエスタン・カーニバル開催。ロカビリー人気高まる
2.14 メリーチョコレート、東京の伊勢丹で初めて「バレンタイン・チョコレート」を売り出す
2.24 第2次南極観測隊、悪天候で南極の昭和基地に接岸できず越冬を断念。樺太犬15頭を置き去りに
3.9 関門国道トンネル開通
3.18 文部省、小中学校の道徳教育実施要綱を通達。4月から週1時間実施
3.27 ナンシー梅木、米映画「サヨナラ」で東洋人初のアカデミー賞受賞（助演女優賞）
4.1 売春防止法が全面施行され、赤線街消える
4.5 プロ野球・巨人の長嶋茂雄、公式戦デビュー。国鉄の金田正一投手の前に4打席4三振
4.14 長崎原爆被害のシンボルだった長崎市の浦上天主堂廃墟が解体される
5.24 東京の国立競技場で第3回アジア大会開幕
5.30 BC級戦犯18人、東京・巣鴨拘置所を仮出所。巣鴨プリズン閉鎖
6.14 仏の潜水艇「バチスカーフ」による日仏合同日本海溝学術調査、宮城県沖で始まる
6.20 原水爆禁止を訴える1000キロ平和行進、広島平和記念公園をスタート。8月11日東京着
6.30 東京国際空港（羽田空港）、米国から全面返還される（昭和27年に一部返還）
7.6 年間6場所制となって初の大相撲名古屋場所が始まる
8.21 東京都江戸川区の小松川高校で女子生徒の絞殺死体を発見。9月1日同校生徒の朝鮮人工員（18歳）を逮捕。昭和36年死刑確定。翌年執行
8.25 日清食品、「即席チキンラーメン」を発売
8.28 全国高校野球選手権大会で沖縄から初出場した首里高校チームが持ち帰った「甲子園の土」、植物防疫法に触れるとして那覇港で捨てられる
9.11 藤山愛一郎外相とダレス米国務長官が会談。日米安保条約の改定で合意
9.15 朝日麦酒（現・アサヒビール）、初の缶入りビールを発売。350ミリリットル入り75円。プルタブはなく、缶に穴を開けて飲む
9.16 沖縄の通貨、B円軍票から米ドルへ切り替え
10.4 早稲田実業の王貞治、巨人と契約。背番号「1」
10.21 西鉄ライオンズ、プロ野球日本シリーズで3連敗のあとの4連勝で巨人を破り日本一に。巨人の川

☞ **◉値段（東京）** 大卒初任給1万880円、米10キロ870円、豆腐15円、ビール125円、清酒1.8リットル835円、たばこ（ゴールデンバット）30円、はがき5円、新聞代（1カ月）330円、映画封切り館150円、国鉄初乗り10円、都バス乗車賃（1区間）15円、パーマネント542円、理髪150円

長嶋茂雄

永遠不滅のミスター・ジャイアンツ

昭和のひと

写真：朝日新聞社

長嶋茂雄といえば、超美技とホームランである。かつて、巨人戦があった夜のファンの関心は、勝敗と同時に「長嶋は打った？」だった。ライバルの王貞治はホームランの本数で記録をつくったが、長嶋の場合は打つタイミングの良さと記憶に残る一発でファンの心をとらえた。

昭和34年の天覧試合でのサヨナラ・ホームラン。西鉄と戦った屈辱の昭和33年日本シリーズ、3連勝の後で4連敗を喫した最終戦最終回におけるランニング・ホームラン。さらに、開幕ゲーム、オールスター戦、日本シリーズ、2000試合目、現役最終日、と〝燃える男〟長嶋は、ここぞという見せ場に強く、値千金のホームランを飛ばしたものである。

ホームランばかりではない。安打にしても、ランナーが塁を埋めているチャンスによく打った。こんな話もある。試合中に、長嶋は味方ナインと賭けをすることがあった。次の打席で自分が打てるかどうかだが、賭けたときの長嶋の打率は、ほとんど10割に近かったという。

現役時代に放った安打は2471本。その一本一本がファンを魅了した。一方、729個の三振も、ときにはファンを楽しませることがあった。長嶋は三振するとベースをバットでコツンとたたき、悔しさを表現した。ときには空振りと同時にヘルメットを飛ばすこともあった。あとでわかったことだが、このために長嶋はヘルメットをひと回り大きくし「飛びやすくしていた」というから芸人である。

そして、グラウンド上での伝説の数々。デビューの年、ホームランを打って塁を回るときに一塁を踏み忘れ、取り消しにされた事件はあまりにも有名だ。先行走者を追い越してアウトになったこともあった。

極め付きは〝三角ベース事件〟。一塁から三塁へ進塁中、フライを捕球され、一塁へもどるときに、二塁を経由せずに三塁から一塁へ突っ走った事件である。むろんアウト。誰が見ても明らかなこのチョンボを、長嶋はほかにも2回記録している。まともにもどってもアウトなら、ファンを楽しませてやれといった彼独特のパフォーマンスなのかもしれない。

とにかく、心は一直線。私生活でも、三塁から一塁に疾走するようなエピソードを残している。岩川隆著『キミは長島を見たか』（立風書房）には、「工事中迂回」の看板を見た長嶋がそのまま現場を直進する話が出てくる。「作業車が通れるのなら大丈夫」と、工事現場の穴の開いたマンホールの上を突っ走ったそうだ。こんな長嶋を、かつての巨人軍監督・水原茂氏は、生前こう語っていた。

「実生活のシゲはマンガだ」

たとえば、チームメート全員が引き上げた選手控え室で、ひとり必死に車のキーを探す長嶋。その日はハイヤーで球場入りしたため、初めからキーなどなく、そのことを完全に忘れていたのである。また、関西遠征中、旅館で一足早く食事を終えた長嶋、自分のビールを若い仲間に回して自室へ。そして食事をつづけたナインたちは、デザートのスイカを見てビックリ。あのいちばん美味なところがすくい取られている。先に食事を終えた長嶋が、失敬していったらしい。それでも、憎まれなかったのが長嶋だった。

対戦相手のライバルに慕われたのも長嶋ならではである。特にピッチャーは、彼を慕うあまり接近をさけた。万一、視線が合い、「どう、元気でやってる」なんて声をかけられようものなら、もういけない。次に登板して、長嶋をバッターボックスに迎えたとき、あのやさしい声が甦ってきて、気づいたときには打たれていた。だから、ライバル阪神の村山実投手などはオールスター戦で一緒になっても、ベンチでは決して傍に座らなかったという。長嶋監督の下でプレーをした落合博満選手も言っていた。

「じっと見つめていりゃいいんです。そうすれば、誰もがしあわせになれるんだから……」（玉木正之編著『定本長嶋茂雄』文春文庫）

長嶋は昭和49年、選手生活に終止符を打った。

「小さなボール、一本のバットにかけた17年だったが悔いはない」

これが現役最後の記者会見での言葉だった。

《皇太子ご成婚の馬車列》

4月10日のご成婚当日。この日は前夜からの雨がやみ、午後には25・6度と汗ばむほどの陽気になった。そのため、日傘や手ぬぐいなどで日よけする人が多く見受けられた。

午後2時半すぎに二重橋を渡った皇太子・美智子妃の乗った馬車は、皇居前広場、半蔵門、四谷、神宮外苑を通り、新居となる渋谷・常盤松の東宮仮御所まで列を進めた。8・8キロ、約50分の行列をひと目見ようと53万人が詰めかけ、沿道は日の丸で埋め尽くされた。イラストは、実際にパレードで見られた光景のいくつかをひとつに合わせたものだ。

警備の警官は1万2000人。都電通りは、馬の脚と馬車の車輪がレールと敷石の溝に落ちないように、軌道上に砂がまかれた。

報道合戦も熱を帯び、カメラマンが沿道に列をなし、テレビ局は300メートル規模のテレビカメラ用のレールを敷き移動撮影に力を入れた。またこの日のテレビ中継を見るためにテレビを買う世帯が急増し、ご成婚直前の4月3日にはテレビ受信契約数が200万件を突破。視聴者は全国で1500万人にのぼった。

イラスト：青山邦彦

皇太子ご成婚

「結婚の儀」の正装　束帯《そくたい》（黄丹袍《おうにのほう》）姿の皇太子と十二単（五衣唐衣裳《いつつぎぬからぎぬも》）をまとい、髪型は大垂髪《おすべらかし》の美智子さま。皇居・正殿で。

〝ミッチー〟に日本中が騒然、陶然

軽井沢のテニスコートでの出会いから1年8カ月。民間から初の皇太子妃誕生を国民は熱狂的に迎えた。皇族の結婚相手は皇族か華族に限るという規定が古い皇室典範にはあった。しかし、新憲法のもと貴族制度は廃止され、法的な制限はなくなった。それでも過去の常識の枠を破ることは難しい。動いたのは昭和33年8月15日、両陛下は正田家との交渉を宮内庁長官に許可した。交渉が始まると、正田家は驚き、辞退を再三表明。美智子さんは9月3日、逃げるように欧米へと旅立ってしまう。決め手は皇太子の誠実さだった。結婚は両性の合意のみによって成立するという新憲法を見事に実践したのだった。

皇室会議で婚約が決定すると、両陛下へのあいさつを終えた美智子さんは記者会見に臨んだ。「とてもご誠実で、ご立派で、心からご信頼申し上げ、ご尊敬申し上げていかれる方」という美智子さんの言葉は〝戦後最大のヒロイン〟の誕生を人びとに印象づけた。翌昭和34年4月10日の「結婚の儀」当日、二人を乗せた6頭だての馬車が都心をパレード。沿道はご成婚を祝う53万人の人びとで埋め尽くされた。

◉**外れた天気予報**　成婚の日、都内は快晴。気温は午後3時までに25.6度、平年より12度あまり高く、6月末の陽気。前日の予報は悲観的で、「風がやや強く、晴れたり曇ったり、朝夕にわか雨、気温さがる」であったが、夜明けとともに雨風ともにやみ、9時頃には快晴になった。

◉日本全国ミッチー・フィーバー

とにかく日本中がお祭り騒ぎ。ご成婚にあやかろうと、提灯、絵皿、テニス人形から、美智子さんを真似たマネキンまで登場。「あやかり結婚式」は4月10日のご成婚当日、全国で2万組にのぼった。戦後、これほど明るい話題で盛り上がった日はない。

結婚式場はおおにぎわい　右も左も花婿花嫁だらけ。この日、あやかり組でにぎわう結婚式場。東京・明治記念館で。

結婚式も一時中断　東京・半蔵門の東條会館では23組が挙式。皇居の内堀に面し、馬車列見物には絶好の場とあって、お二人の通過する時刻には式も披露宴も一時ストップ。同会館屋上から馬車列に手を振る花嫁や参列者たち。

花電車　都電をデコレーションした奉祝の「花電車」が東京都内を走った。写真提供：東京都交通局

訪問着もあやかり調　婚約発表5日前の上右の写真で美智子さんが着ていたのと同じ柄の訪問着もお目見え。木札に「正田美智子様。同柄一越縮緬訪問着御誂予約承りの會」と書かれている。値段は8000～1万5000円。名古屋市内のデパートで。

☞ **◉空前の知名度**　朝日新聞社は昭和34年2月、「いまの皇室をどう思うか」の世論調査を実施。ご結婚相手が正田美智子さんであることを知っていた人は94%、お相手が民間人であることについては、よい87%、よくない4%、その他9%。「よい」の理由は「皇室が民間に近づき、親しみがました」30%、「民主的で時代にふさわしい」23%、「優生学上よい」9%など。

Playback 34

《生きていたタロとジロ》

南極観測の昭和基地に約1年、置き去りにされた樺太犬15頭のうち、タロとジロが生存していたというニュースに日本国中は感動の渦に包まれた。

《ザイラー来日》

3年前の冬季五輪で三冠に輝き、映画「白銀は招くよ！」に主演し一躍スターとなったトニー・ザイラーが来日し、国内でもスキーがブームに。

《日本レコード大賞始まる》

この年から歌謡界の祭典「日本レコード大賞」がスタート。第1回は「黒い花びら」を歌った水原弘が新人ながら大賞の栄誉に輝いた。

◉伊勢湾台風の猛威

9月26日18時頃、紀伊半島・潮岬西方に上陸した台風15号は日本列島を横断し、中部地方一帯に大被害をもたらした。特に伊勢湾の高潮による愛知県と三重県の被害が甚大だったことから「伊勢湾台風」の名が付けられた。最大瞬間風速は45・7メートルを記録。枕崎台風（昭和20年）の75・5メートル、室戸台風（昭和9年）の60メートル以上以来の大きな規模の台風だった。死者行方不明者は5098人、被災者は153万人。戦後の自然災害では、東日本大震災（平成23年）、阪神・淡路大震災（平成7年）に次ぐ規模だった。

◉**話題の本**　石川達三『人間の壁』、安本末子『にあんちゃん』、井上靖『敦煌』、大江健三郎『われらの時代』、三島由紀夫『不道徳教育講座』、高見順『敗戦日記』、堀内敬三・井上武士『日本唱歌集』、吉本隆明『抒情の論理』、清水幾太郎『論文の書き方』、パステルナーク『ドクトル・ジバゴ』

11.11 政府、貿易自由化を開始
11.12 食品衛生調査会、「水俣病は有機水銀による中毒性疾患」と結論
11.14 オーストリア出身の元スキー選手で映画スターのトニー・ザイラー来日。スキーブームに
11.19 東京都内に学童擁護員「みどりのおばさん」登場
11.27 安保改定阻止国民会議の第8次統一行動。全学連などのデモ隊、2万人、国会構内に座り込み。排除の警官隊と衝突
12.3 東京陸運局、個人タクシーの営業を初認可
12.14 在日朝鮮人の北朝鮮帰還事業開始

昭和クイズ100

Q29. 「結婚の儀」「朝見の儀」を終えた皇太子と美智子さんは、馬車に乗って皇居を出発。このとき二人が乗った馬車をひく馬の数は？　皇后（香淳皇后）が、自分のときよりも多いと憤慨した話が伝わっている。

Q30. 「週刊新潮」をスポンサーに世界一周早回り記録に挑み、見事73時間9分35秒の新記録を樹立した兼高かおる。この輝かしい実績が縁で起用され、31年間で1586回を数えた旅番組のタイトルは？

〈解答はP238をご覧ください。〉

◉誕生　1.17 山口百恵（歌手）、1.24 前田日明（プロレス）、2.8 山田詠美（作家）、2.16 ジョン・マッケンロー（米テニス）、3.12 やくみつる（漫画家）、3.18 豊川悦司（俳優）、5.8 榊原郁恵（歌手）、5.23 川島隆太（医学者）、7.12 片平なぎさ（俳優）、8.3 田中耕一（化学者）、8.16 マドンナ（米歌手）、9.22 石井竜也（歌手）、10.12 東儀秀樹（雅楽演奏家）、10.21 渡辺謙（俳優）、12.9 春風亭昇太（落語家）

◉流行語　**岩戸景気**（「天照大神が天の岩戸を開けて以来の好景気」の意味で）、**カミナリ族**（爆音を轟かせて走るオートバイの若者）、**黒ブーム**（ヒット曲「黒い花びら」、トニー・ザイラー主演の映画「黒い稲妻」、松本清張『黒い画集』、米国のスパイ機「黒いジェット機」など）、**私の選んだ人を見てください**（天皇の第5皇女清宮さまが20歳の誕生日に結婚相手について語った言葉）、**トランジスターグラマー**（小柄で肉感的な女性のこと）

◉クロニクル　昭和34年（1959）

1.1 メートル法施行。尺貫法廃止
1.14 茨城県東海村の原子力研究所で国産第1号原子炉の起工式
第3次南極観測隊、昭和基地到着。1年間置き去りにした樺太犬15頭のうち2頭（タロ、ジロ）の生存確認
1.26 東京・丸の内周辺でパーキングメーターの使用開始。15分10円。
1.－ この頃から景気拡大期に入る。岩戸景気（昭和33年下期〜昭和36年下期）
2.16 新デザインの100円銀貨、50円穴あきニッケル貨、10円銅貨を発行
2.24 自民党の池田勇人、「月給2倍論」構想を表明。のちの「所得倍増論」
3.9 社会党訪中使節団長の浅沼稲次郎、北京で「米帝国主義は日中両国人民共同の敵」と演説
岸首相、参院予算委員会で「ミサイル攻撃に対して敵基地を攻撃することはあり得る」と答弁
3.17 「少年マガジン」「少年サンデー」創刊
4.10 皇太子明仁親王と正田美智子さん結婚
4.20 東海道新幹線の起工式
修学旅行専用列車「ひので」「きぼう」運転開始
5.25 戦後初の海上自衛隊潜水艦「おやしお」進水
5.26 昭和39年の第18回夏季オリンピック大会の開催地を東京に決定
6.25 天皇・皇后、東京・後楽園球場で初のプロ野球観戦。長嶋茂雄がサヨナラホームラン（巨人5－4阪神）
6.28 江崎玲於奈、エサキダイオードの研究成果発表
7.12 水泳の田中聡子、女子背泳ぎ200メートルで2分37秒1の世界新記録。26日に山中毅が男子自由形400メートルで4分16秒6の世界新記録
7.24 ミス・ユニバースに児島明子が選ばれる。東洋人で初
8.1 日産自動車、小型乗用車「ダットサン・ブルーバード」発売。68万5000円〜69万5000円
9.1 日本最大の日産1500トンの新高炉、八幡製鉄戸畑製造所で操業開始
9.12 小澤征爾、仏のブザンソン国際指揮者コンクールで1位入賞
9.26 台風15号（伊勢湾台風）、中部地方に大被害をもたらす。死者行方不明5098人、家屋全半壊83万3965戸
10.7 萩野昇医師、富山・神通川流域のイタイイタイ病の原因は、岐阜・神岡鉱山の鉱毒と発表
11.1 国民年金制度発足
11.10 秋田沖で、日本初の海底油田採掘

◉値段（東京）　大卒事務初任給1万1297円、米10キロ870円、かけそば35円、豆腐15円、ビール125円、清酒1.8リットル505円、たばこ（ゴールデンバット）30円、はがき5円、新聞代（1カ月）390円、映画封切り館150円、国鉄初乗り10円、都バス乗車賃（1区間）15円、パーマネント533円

昭和 **35** 1960 年

60年安保、デモの人波

デモ、デモ、デモ……　5月20日未明の強行採決で衆議院を通過した新安保条約は、参議院での議決がなくとも、憲法第61条の規定により30日間で自然成立する。自然成立を前にした6月18日、国会には続々とデモ隊が詰めかけた。

戦後最大の民意のうねり

日米安全保障条約の改定をめぐって、全国で「反対」の猛嵐が巻き起こる。新聞やテレビで状況を知るにつけ、多くの国民は居ても立ってもいられない思いにかられていった。そして6月15日、不満と怒りは頂点に達した。全国で580万人が「岸（内閣）を倒せ」「安保反対」などの声をあげ、安保改定阻止の実力行使に立ち上がった。全学連主流派のデモ隊はこの日、国会内に突入し警官隊との間で乱闘になる。そうした争いの中で東大生の樺美智子さんが亡くなるという事件まで発生した。

しかし、岸自民党政権は反対の声を聴くこともなく、条約批准に向けて突き進んだ。19日午前零時、新安保条約はついに自然承認してしまう。そして、新安保条約の批准書が交換され発効した23日、岸首相は閣議で退陣の意思を表明する。改定安保の成立は多くの国民の心に挫折感をもたらした。そんな人々の心に西田佐知子の歌う、暗いムードのヒット曲「アカシアの雨がやむとき」の歌声が染みわたるのだった。「政治の季節」は終わった。世の中はこのときから「経済の季節」へと突き進み始める。

◉**抗議の辞職**　東京都立大学の竹内好教授（中国文学）は5月21日、「岸政府と自民党の暴挙で、日本の議会主義はまったく破壊された。このような情勢下では、もはや公務員として勤めていることは出来ない」と辞表を出した。20日未明の衆議院での自民単独採決への抗議だった。東京工業大学の鶴見俊輔助教授も同月30日、竹内氏とほぼ同じ理由で辞表を提出。

小野に鉄棒　ローマのカラカラ浴場跡で行われた体操競技・男子団体の鉄棒で、つき出しひねりの妙技を見せる小野喬。日本チームは男子団体総合で悲願の初優勝を果たすなど、4個の金メダルを獲得した。

◉ローマ五輪でアベベ快走、小野に鉄棒

第17回オリンピック・ローマ大会は84カ国が参加して8月25日午後4時半すぎに開会した。日本選手団は旗手の体操・小野喬選手を先頭に30番目に入場行進。競技は9月11日までの18日間繰り広げられ、日本は14日目の9月7日、体操男子団体で強豪ソ連を破り、この大会最初の金メダルを獲得した。期待の小野は鉄棒演技が冴えて、個人総合で銀。種目別でも金2、銅2の大活躍、「鬼に金棒、小野に鉄棒」と言われた。また、この大会では、マラソン競技に裸足で走って優勝したエチオピアのアベベ・ビキラが話題を集めた。

閉会式　「君が代」が吹奏され、電光掲示板に「ARRIVEDERCI A TOKYO 1964」（1964年東京でまた会いましょう）の文字が輝く。

☞ **◉アベベ・ビキラ**　世界最高記録で優勝したアベベは、祖国の英雄になった。エチオピアは、かつてムソリーニのイタリアに占領・併合されたことがある。そのイタリアでエチオピア初の金メダルを獲得したのだ。28歳の親衛隊伍長は昇任し、皇帝ハイレ・セラシエから家と車を与えられた。そして、4年後の五輪・東京大会でも初の2連覇を遂げた。

吊り遺体、自衛隊員の銃撃でザイルを切断し収容
10.2 プロ野球セ・リーグで6年連続最下位の大洋（三原脩監督）初優勝。15日、日本シリーズも制し「三原マジック」と評判に
10.7 日本女性登山隊（細川沙多子隊長）、ヒマラヤのデオ・チバ峰（6001メートル）登頂に成功。アジア人女性初のヒマラヤ登頂
10.12 社会党の浅沼稲次郎委員長、東京・日比谷公会堂で演説中に右翼少年に刺殺される。少年は11月2日東京少年鑑別所内で自殺
12.27 閣議で国民所得倍増計画を決定。

昭和クイズ100

Q31. 日活国際会館で開かれた結婚披露宴には、力道山や江利チエミら時代のひとたちが大勢かけつけた石原裕次郎の挙式。同会館の前の舗道はファンで大混雑。交通整理に警察官が出たという。さて、新妻の名前は？

Q32. 東京・日本橋の百貨店本店で極彩色の巨大な天女像が披露された。芸術院会員の佐藤玄々氏が10年がかりで制作。ダイヤモンドや金などを豪華にちりばめた高さ11メートルの天女像が置かれたこの百貨店は？

〈解答はP238をご覧ください。〉

◉誕生◉ 3.21アイルトン・セナ（ブラジル・F1レーサー）、3.28石田衣良（作家）、5.22庵野秀明（アニメ監督）、6.13山田邦子（タレント）、7.27渡嘉敷勝男（プロボクシング）、9.9ヒュー・グラント（英俳優）、10.5黒木瞳（俳優）、10.7氷室京介（ミュージシャン）、10.9福田和也（文芸評論家）、10.12真田広之（俳優）、10.30ディエゴ・マラドーナ（アルゼンチン・サッカー）、11.10川島なお美（俳優）、12.10佐藤浩市（俳優）、12.23宮部みゆき（作家）

◉流行語◉ **声なき声**（安保条約改定国会での岸首相の発言）、全学連（安保反対闘争で外電が伝え世界に知られる）、**だいたい・おおむね**（安保国会で「極東」の範囲をめぐる政府側の答弁）、**低姿勢**（池田勇人内閣のモットー）、**所得倍増**（池田内閣の公約）、**私はウソを申しません**（池田首相の言葉）、**家つき・カーつき・ババぬき**（女性の理想の結婚条件として）

◉クロニクル　昭和35年（1960）

1.19 日米両国、ワシントンで「新安保条約」及び「日米地位協定」に調印
1.29 アラビア石油、クウェート沖海底で第1号油井掘削に成功。日産1000キロリットル
2.7 東京の電話局番が3ケタになる
2.20 東証ダウ（平均株価）、初めて1000円の大台を突破（岩戸景気）
2.23 皇太子夫妻に浩宮徳仁親王（現・天皇）誕生
3.20 大相撲春場所千秋楽で横綱栃錦と若乃花が初の全勝対決。若乃花が勝利
3.28 ローマ法王、カトリック東京大司教の土井辰雄を日本人初の枢機卿に任命
4.28 沖縄で沖縄県祖国復帰協議会結成
4.ー 佐藤ビニール工業所（現・タカラトミー）、ビニール人形「ダッコちゃん」を発売。180円
5.16 東京都世田谷区で尾関雅樹ちゃん（7歳）が誘拐される。19日遺体発見。7月17日本山茂久を逮捕。昭和42年本山の死刑確定
5.20 新安保条約・地位協定を自民党単独で可決。以後、国会は空転状態となり連日国会周辺にデモ
5.24 太平洋沿岸にチリ地震による津波来襲。北海道南岸・三陸沿岸などに大被害。死者行方不明139人
5.28 日本のトキが国際保護鳥に指定される
6.15 安保改定阻止第2次実力行使に全国で580万人参加。国会周辺で右翼がデモ隊を襲撃。全学連主流派デモ隊が国会構内に突入し警官隊と乱闘。東大生・樺美智子死亡、負傷者多数
6.17 東京の新聞7社、「暴力を排し議会主義を守れ」との共同宣言を掲載
6.18 安保改定阻止統一行動で33万人が国会周辺をデモ、徹夜で国会包囲。19日午前0時、新安保条約自然成立
6.23 新安保条約批准書交換、同条約発効。岸首相、閣議で退陣を表明
7.15 岸内閣総辞職。19日池田勇人内閣成立
7.29 山梨県忍野村の農民、米軍・自衛隊の北富士演習場での演習中止を要求し着弾地に座り込み
7.ー 東京芝浦電気（現・東芝）、国産初のカラーテレビ発売。17インチ42万円
8.10 森永製菓、国産初のインスタントコーヒー発売。36グラム入り220円
8.18 京都・広隆寺で国宝弥勒菩薩像の指が折られる。大学生のいたずらが原因
8.25 第17回オリンピック・ローマ大会開催（～9月11日）。日本は体操男子で金メダル4個獲得
9.10 NHKなど11局、カラーテレビ本放送開始
9.24 群馬・谷川岳一ノ倉沢で遭難した登山者2人の宙

◉値段（東京） 大卒初任給1万3327円、米10キロ870円、ラーメン45円、豆腐15円、ビール125円、清酒1.8リットル850円、コーヒー（喫茶店）60円、たばこ（ゴールデンバット）30円、新聞代（1か月）390円、映画封切り館200円、国鉄初乗り10円、都バス乗車賃（1区間）15円

昭和30年代のテレビCM

昭和35年からカラーテレビの本放送が始まったが、昭和30年代はまだ白黒が一般的。名作CMの数々は、たとえ白黒でも、軽快な音楽や個性的なキャラクターで、忘れかけていた記憶を思い出させてくれる。

「♪明る～いナショナル」
ナショナル家電製品（松下電器産業、現・パナソニック）
昭和30年代、ミキサーの広告に使用したトマト坊やを基にナショナル坊やが誕生。このテーマソングは長くCMに使われた。写真提供：パナソニック

「何はなくとも江戸むらさき」
江戸むらさき（桃屋）上「国定忠治」編 下「駅長」編
喜劇役者・三木のり平をキャラクターにしたアニメCMは昭和33年に第1作の放送が開始された。のり平亡き後は彼の長男・小林のり一が声を担当。写真提供：桃屋

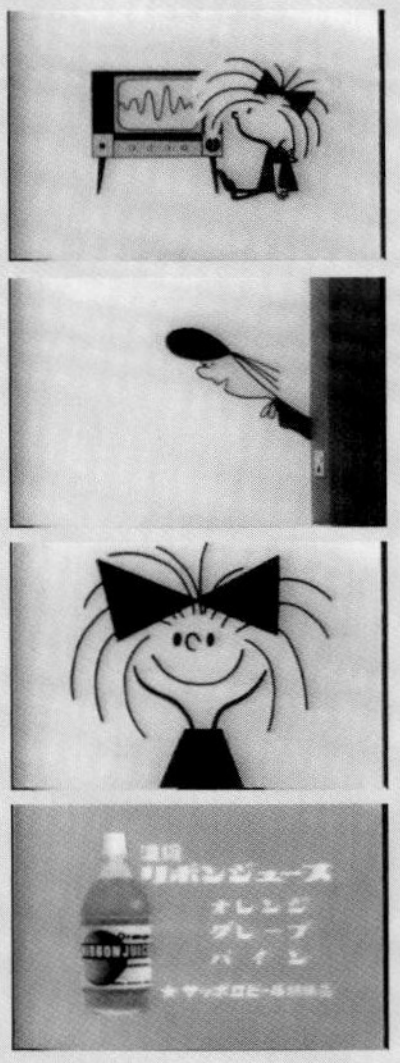

「♪リボンちゃ～ん」
リボンジュース（日本麦酒、現・ポッカサッポロフード&ビバレッジ）「濃縮リボンジュース」編
リボンちゃんのCMが流れ出したのは昭和33年の春から。濃縮リボンジュース、リボンコーラ、リボンシトロンのCMなどにも登場した。写真提供：ポッカサッポロフード&ビバレッジ

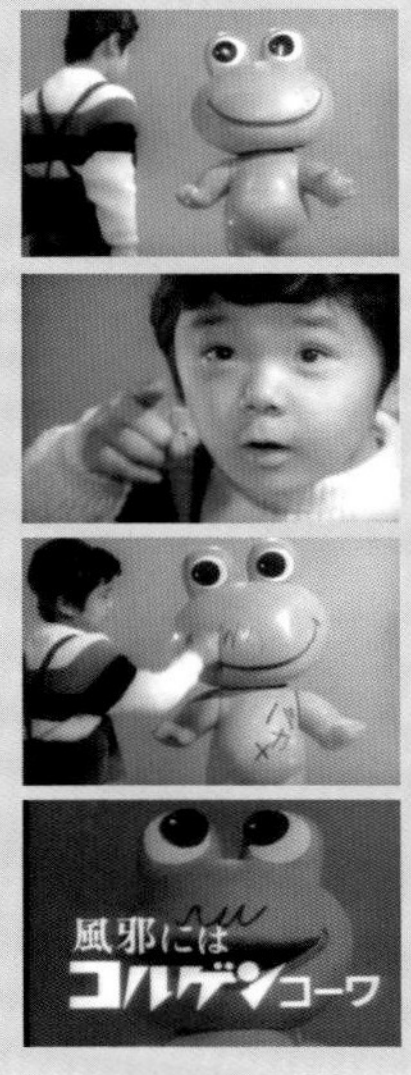

「おめぇ、へそねーじゃねえか」
コルゲンコーワ（興和）
昭和39年から放送された風邪薬のCM。テレビ初出演の子役・保積ぺぺがカエルの人形に言う「おめぇ、へそねーじゃねえか」のセリフが大流行した。写真提供：興和

「トリスを飲んでハワイへ行こう!」
トリス（壽屋、現・サントリー）
作家の開高健や山口瞳、イラストレーターの柳原良平らが在籍した壽屋宣伝部による昭和36年の名作広告。「トリスを飲んでハワイへ行こう!」の名コピーは山口が考案した。写真提供：サントリー

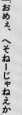

昭和 36

若大将、がんばって！

1961 年

〝若大将〟田沼雄一　すき焼き屋の老舗「田能久」の長男・田沼雄一（加山雄三）はスポーツマンで喧嘩も強く、人から頼まれたら嫌とは言えない性格。「大学の若大将」（1961年・東宝、杉江敏男監督）では水泳部に所属。©TOHO CO.,LTD.

高度成長期の夢かなえるスーパーマン

二枚目スター上原謙の息子・加山雄三に、邦画各社は早くから映画界入りを打診していたが、当時の加山は、俳優になることに執着していなかった。そんな彼が映画界入りを真剣に考えるようになるのは、慶應大学4年のとき。一般企業への就職を考え、大企業から会社案内を取り寄せていたという。

しかし、就職するには成績が心もとなかった。考えたのは縁故採用。「ボクの周りには重役をしている父親の会社に就職した友人が多かった。……だが、ボクのオヤジの実業界での実績はゼロだ。オヤジの資産は〝俳優〟。これはボクが俳優になるきっかけをつかむには役立つだろう」（朝日新聞1960年10月3日夕刊）。そこで加山は映画各社を研究し、全国の一等地に劇場を持ち、封切館の数が多い東宝を選んだ。初任給は5万円。年間6本契約で出演料は1本10万円。しかし、俳優は会社と1年契約で、永続的な保障はない。そこで将来の保障を得るために給料で東宝の株を買い求めた。デビュー作「男対男」の谷口千吉監督にこんなことを言っていた。

「スターになれなかったら、宣伝でも営業でもいいから、サラリーマンとして働かせてほしい」

◉俳優＆歌手・加山雄三　大学卒業後の昭和35年に「男対男」でスクリーン・デビュー。昭和36年7月には“若大将”シリーズ第1作「大学の若大将」が公開され大ヒット。音楽活動にも熱心で自ら作曲した「君といつまでも」（昭和40年）は300万枚を超える大ヒットとなり、全米でも「Love Forever」のタイトルで発売された。

◉柏鵬時代、到来

横綱同時昇進を決めた一番　昭和36年秋場所千秋楽。12勝3敗で柏戸（右）、大鵬（左）、明武谷が並び優勝決定戦になり、大鵬が優勝。場所後、柏戸と大鵬が横綱に同時昇進し、“柏鵬時代”が始まる。

相撲の基本形を表す三段構えを披露する両横綱

昭和36年の秋場所後、一挙に二人の横綱が誕生した。一直線に攻める「剛」の柏戸は、竹を割ったような性格で負け方も豪快だった。その一方、攻めを受けながらもしぶとく残す「柔」の大鵬は、逆に闘志を内に秘め、不利なときでも有利になるまで我慢する相撲だった。相撲の取り口も性格もまったく異なるニューヒーローの誕生だけに大人も子どもも熱狂。本場所での通算取り組み成績は、大鵬21勝、柏戸16勝。ただし大関までは大鵬の分が悪く、柏戸の7勝、大鵬の3勝だった。この柏鵬時代は柏戸が引退する昭和44年まで9年間続いた。

◉戦後のライバル力士　1950年代は「栃若時代」を築いた栃錦と若乃花。続いて「柏鵬時代」の柏戸と大鵬。1990年代には貴乃花と曙。その後、千代の富士が現れると北の湖、双羽黒、小錦らが立ち向かった。2000年代はやはり白鵬で同じモンゴル出身の朝青龍が一番のライバルだった。

Playback 36

《日本最古の市電車両が勇退》

京都市電の北野線が7月で運行を終了。京都の市電は狭軌と広軌が並存していたが、北野線は最後まで明治時代からの狭軌の車両を使っていた。

《足かけ3年もロードショー》

12月23日初日の70ミリミュージカル映画「ウエスト・サイド物語」は、73週にわたり、足かけ3年も長期ロードショー公開された。

《レジャーブーム到来》

高度経済成長下、労働時間の短縮や所得の上昇で庶民層にも余暇を楽しむ余裕が生まれた。富士山にも大勢の登山客が増え、警察官も出動。

尾崎行雄 鳩胸を伸ばし、重みのある球を投げる尾崎。

◉甲子園を沸かせた「怪童」尾崎

柴田勲 切れのいい速球で法政二高を優勝へ導いた柴田。

第43回全国高校野球選手権大会が開催された甲子園球場で、世紀のライバル対決が準決勝で繰り広げられた。地元・浪商の尾崎行雄。神奈川・法政二高の柴田勲。前年夏とこの年の春の大会では法政二高が浪商を連破していて、この大会に勝てば、夏・春・夏と3連覇が実現する。試合は法政二高が2点を取るが、最終回に浪商が土壇場で追いつき延長戦へ。結果は11回に浪商が尾崎の犠打などで2点を奪い勝利。「優勝よりも、柴田くんを打ったことのほうが嬉しい」と雪辱を果たした尾崎の浪商は決勝で和歌山・桐蔭を降し優勝した。

◉**話題の本**　岩田一男『英語に強くなる本』、南博『記憶術』、松本清張『砂の器』『影の地帯』、水上勉『雁の寺』、坂本藤良『日本の会社』、小田実『何でも見てやろう』、阿部進『現代子ども気質』、住井すゑ『橋のない川・第1部』、伊藤整『「純」文学は存在し得るか』、柳田國男『海上の道』、大江健三郎『セヴンティーン』、里見弴『極楽とんぼ』

11.14 通産省、出光興産に山口県徳山、三菱化成工業に岡山県水島の各石油コンビナート設立認可の方針を決定。以後、全国各地に石油コンビナートの建設が進む

11.29 児童扶養手当法公布、昭和 37 年1月1日施行。貧困母子家庭などの子どもに 1 人月 800 円を支給

12.2 パリで第３回世界柔道選手権大会が開かれ、オランダのヘーシンクが優勝。日本人以外の選手で初の優勝

12.12 右翼や旧軍人らによる政府要人暗殺計画が発覚。13 人逮捕（三無事件）

昭和クイズ100

Q33. 昼休みに撮影所内で乗っていたゴーカートが塀に激突。1 週間後、21 歳の若さで亡くなった新人スターは？　米俳優トニー・カーチス似だったことから“トニー”と呼ばれていた。

Q34. パリで開かれた第 3 回世界柔道選手権大会の準々決勝、準決勝、決勝で日本勢を次々と破り、日本の王座を奪ったオランダの柔道選手は？

〈解答はＰ２３８をご覧ください。〉

◉誕生　1.3 柳葉敏郎（俳優）、2.28 田原俊彦（歌手）、3.4 浅野温子（俳優）、3.13 島田雅彦（作家）、3.19 いとうせいこう（作家）、5.5 馳浩（プロレス）、6.9 マイケル・J・フォックス（米俳優）、7.1 ダイアナ（英元皇太子妃）、カール・ルイス（米陸上競技）、7.8 三谷幸喜（脚本家）、8.4 バラク・オバマ（米元大統領）、8.31 杏里（歌手）、9.18 中井貴一（俳優）、10.22 石橋貴明（タレント）、11.12 ナディア・コマネチ（ルーマニア・体操）、11.19 メグ・ライアン（米俳優）

◉流行語　**プライバシー**（三島由紀夫『宴のあと』が裁判に）、**アンネ**（月経の意。アンネ・フランクの名をとった新発売の生理用品から）、**地球は青かった**（人類初の宇宙飛行士ガガーリンの言葉）、**不快指数**（気象用語から）、**レジャー**（海外旅行、スキーや登山がブームに）、**わかっちゃいるけどやめられない**（植木等「スーダラ節」の歌詞から）、**申しわけない**（坂本九のギャグから）、**東洋の魔女**（連勝の日紡貝塚バレーボール部を称して）、**巨人・大鵬・卵焼き**（子どもの好きなもの。転じて大衆の志向を皮肉を込めて）

◉クロニクル　昭和36年（1961）

1.20 東京地検、マルキ・ド・サド著『悪徳の栄え（続）』の発行元・現代思潮社社主と訳者・澁澤龍彦を猥褻文書販売・同目的所持で起訴。昭和 44 年罰金刑の有罪確定

2.1 「中央公論」昭和 35 年 12 月号に掲載された深沢七郎の『風流夢譚』に抗議する右翼少年、中央公論社の嶋中鵬二社長宅を襲って夫人と家政婦を殺傷。７日中央公論社は同作品掲載について謝罪文を発表

2.14 日活俳優の赤木圭一郎、東京・調布の撮影所でゴーカート運転中に塀に激突。21 日死亡

3.15 有田八郎元外相、三島由紀夫の『宴のあと』をプライバシー侵害として告訴。昭和 39 年東京地裁はプライバシー権を認め、原告勝訴の判決。昭和 41 年和解

3.28 東京都清掃局、路上のゴミ箱を撤去し各家庭のゴミ容器を定時に収集すると決定。４月４日ポリ容器への転換を開始

4.3 ＮＨＫテレビ、朝の連続テレビ小説第１作「娘と私」放送開始。８日「夢であいましょう」放送開始

4.12 国民年金特別会計法施行。13 日から国民年金保険料の徴収始まる

4.− 若者の間で睡眠薬遊び流行

6.12 英マン島の国際オートバイレースに出場した本田技研チーム、125cc・250cc の両クラスで優勝。オートバイの輸出急増へ

6.21 小児まひ患者、1 月以来 1000 人を突破。厚生省、生ワクチン 1300 万人分緊急輸入を決定。7 月 20 日全国で投与開始

6.30 トヨタ自動車、大衆車「パブリカ」発売

7.8 東宝「大学の若大将」公開。加山雄三主演“若大将シリーズ”第１作

7.21 東京・産経ホールの中村八大リサイタルで、坂本九「上を向いて歩こう」を発表。その後、ＮＨＫテレビ「夢であいましょう」でも歌われ大ヒット

9.1 日本赤十字社、「愛の献血運動」を開始

9.25 日本航空、東京〜札幌間に国内線初のジェット旅客機コンベア 880（124 人乗り）を就航

10.2 大相撲の柏戸と大鵬、そろって横綱に昇進。柏鵬時代の到来

東京・大阪・名古屋の各証券取引所が株式市場第二部を新設、発足

10.15 ヨーロッパ遠征の女子バレーボールの日紡貝塚チーム（大松博文監督）、24 戦全勝で帰国。ソ連誌が“東洋の魔女”と称し話題に

11.1 国立国会図書館、新築開館。蔵書 240 万冊

◉値段（東京）　大卒初任給 1 万 4817 円、米 10 キロ 870 円、ラーメン 50 円、かけそば 40 円、ビール 125 円、清酒 1.8 リットル 880 円、たばこ（ゴールデンバット）30 円、はがき 5 円、新聞代（1 カ月）390 円、映画封切り館 200 円、国鉄初乗り 10 円、都バス乗車賃（1 区間）15 円、理髪 200 円

昭和 37 1962 年

国産旅客機YS-11が初飛行

念願の初飛行　8月30日、日本航空界念願の翼YS-11の1号機（試作機）が愛知県の名古屋空港を飛び立った。脚が下りないなどの初期トラブルが続出したが、3年後には定期路線に就航した。

航空禁止が解けて完成した〝悲願の翼〟

8月30日、名古屋空港から伊勢湾上空に向けて飛び立ったYS—11の飛行試作機は、約56分間にわたる試験飛行に成功するものの、ここに至る道のりは決して平坦なものではなかった。

太平洋戦争に敗れた日本は、GHQ（連合国軍総司令部）によって航空禁止が告げられ、日本中のすべての航空機が破壊され、航空機メーカーは解体された。まさに羽をもがれた鳥のような状態になった。

しかし、朝鮮戦争により日本の航空機産業は米軍機の修理などで息を吹き返す。昭和27年には講和条約締結により航空機製造禁止の一部が解かれた。昭和31年、通産省から国産民間機計画が出されると、翌昭和32年4月には（財）輸送機設計研究協会が設立され、各メーカーや戦前の航空業界を支えた技術者らが参集。その中には戦闘機ゼロ戦の開発スタッフ・堀越二郎、隼の太田稔、紫電改の菊原静男、飛燕の土井武夫

◉**参加メーカー**　輸送機設計研究協会に参加したのは新三菱重工業（現・三菱重工）、川崎航空機、富士重工業（現・SUBARU）、新明和工業、日本飛行機、昭和飛行機の機体メーカー6社と、住友金属（現・住友精密工業）、島津製作所、日本電気、東京芝浦電気（現・東芝）、三菱電機、東京航空計器製造所の材料・部品メーカー6社。

182機生産　YS-11は特殊法人・日本航空機製造によって開発・製作され、全部で182機が生産された。飛行機としての需要はまだあったが、製造するほど赤字がでるため、昭和48年に生産終了となった。写真は新三菱重工（現・三菱重工）小牧工場で組み立て中の機体。

らがいた。彼らに木村秀政を加えた〝五人のサムライ〟で基本計画案が作成され、最初の飛行試験へ向けた研究・製造が始まるのである。ちなみに「ＹＳ」の名は「輸送機設計研究協会」の「輸送機」と「設計」の頭文字からとったものである。

五人のサムライ　初飛行に立ち会った“五人のサムライ”。左から、土井武夫（川崎航空機）太田稔（富士重工）、堀越二郎（新三菱重工）、木村秀政（日大）。菊原静男（新明和工業）は写っていない。写真は、朝日新聞社『日本の航空史』下巻から。

◉**聖火輸送**　昭和39年8月、「YS-11」1号機と2号機は運輸省（現・国土交通省）の型式証明を取得。フラッグシップキャリアの日本航空がアテネから空輸してきた1964年東京オリンピックの「聖火」を、全日空にリースされたYS-11の2号機で全国各地へと空輸した。

◉深刻なスモッグ被害

スモッグ発生　高濃度の大気汚染、スモッグが立ち込めた東京・丸の内界隈。

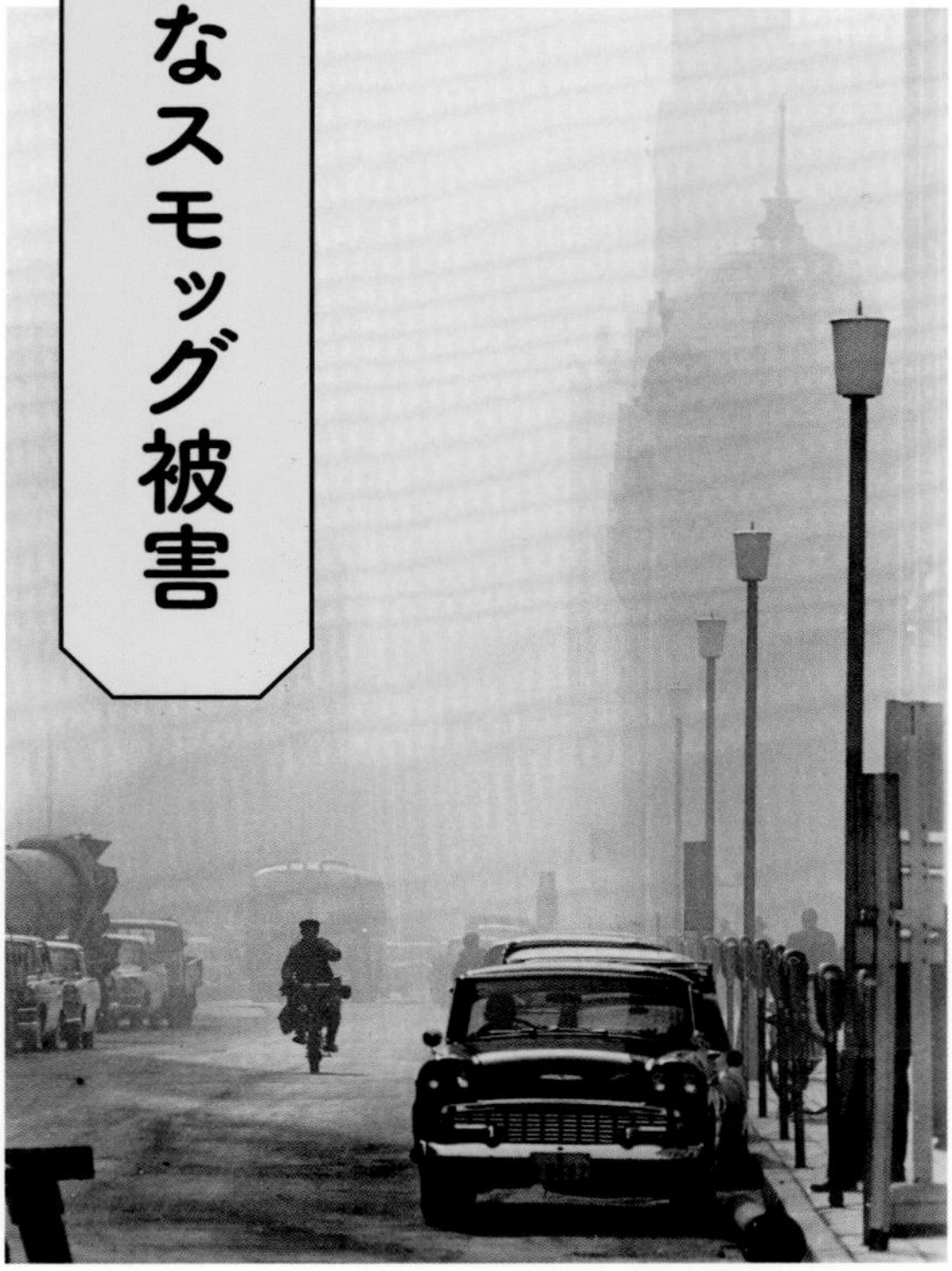

活発な経済活動によりフル稼働する工場。そして輸送手段として急増するトラックや乗用車。その結果、垂れ流されたばい煙や排気ガスが人びとの健康を蝕み始める。その要因とも言えた〝スモッグ〟という言葉は「スモーク（煙）」と「フォッグ（霧）」を合わせた造語で、20世紀初頭のイギリスに登場した。スモッグは、呼吸器系疾患の原因となるため、日本はばい煙等排出規制法を12月に施行。マスコミも煙霧で視界を遮られた電車や自動車がのろのろ走る様子や、動物園のシロクマやハククチョウが薄汚い灰色になった姿をひんぱんに報道した。

Playback 37

《巨大タンカー日章丸進水》

長崎・佐世保の造船所で世界一のマンモスタンカー日章丸（13万9000トン）が進水。一度に14万キロリットルの石油を運ぶことができた。

《王の一本足打法》

プロ野球・巨人の王貞治がこの年7月から独特の一本足打法を採用しホームランを量産。初のセ・リーグ本塁打王を獲得した。

《女子大生亡国論》

文学部を中心に大学に女子大生が急増。この状態を一部の学者が「大学の花嫁学校化」「学校全体の学力低下」などと問題視して話題になった。

◉**話題の本**　高橋和巳『悲の器』、安部公房『砂の女』、星野芳郎『マイ・カー』、会田雄次『アーロン収容所』、梶山季之『黒の試走車』、黒岩重吾『脂のしたたり』、松本清張『風の視線』、黄小娥『易入門』、浅野八郎『手相術』、山口清人・久代『愛と死のかたみ』、谷崎潤一郎『瘋癲老人日記』、ジョイ・アダムソン『野生のエルザ』

空港で初飛行に成功
9.3　防衛庁、米から供与の地対空ミサイル「ナイキ・アジャックス」92発を横浜米軍埠頭から陸揚げ
9.12　茨城県東海村の原子力研究所で「国産1号炉」が臨界に達する
9.19　自民党の松村謙三衆議院議員が訪中、北京で周恩来首相と会談。日中関係正常化で合意
9.20　三重県の鈴鹿サーキット完成。全長5859メートル
9.26　福岡県の若松〜戸畑間に東洋一の吊り橋となる若戸大橋（2068メートル）が開通
12.19　首都高速道路1号線の京橋〜芝浦間開通

昭和クイズ100

Q35. 7月1日の参院選に全国区から出馬し得票数116万5022票のトップ当選を果たした自民党の新人議員は？　NHKテレビ「私の秘密」にレギュラー出演して全国的な知名度があった、初の“タレント議員”です。

Q36. 日ソ協会の招きで来日した人類最初の宇宙飛行士の名前は？　彼の言葉として知られているのは「地球は青かった」だが、実際には「空はとても暗かった。一方、地球は青みがかっていた」だったという。

〈解答はP238をご覧ください。〉

◉誕生　1.15 石原良純（俳優）、2.1 布袋寅泰（ミュージシャン）、3.9 木梨憲武（タレント）、3.10 松田聖子（歌手）、3.18 豊川悦司（俳優）、4.3 千住真理子（バイオリン奏者）、4.6 谷川浩司（将棋）、6.6 是枝裕和（映画監督）、6.27 トニー・レオン（香港俳優）、7.3 トム・クルーズ（米俳優）、7.11 藤井フミヤ（歌手）、11.11 デミ・ムーア（米俳優）、11.19 ジョディ・フォスター（米俳優）、12.31 俵万智（歌人）

◉流行語　**人づくり**（池田首相の所信表明演説から）、**無責任時代・ハイそれまでよ・スイスイ・C調**（いずれもクレージーキャッツの映画・テレビ・歌から）、**吹けば飛ぶよな**（村田英雄のヒット曲「王将」の歌詞から）、**残酷物語**（イタリア映画「世界残酷物語」から）、**あたり前田のクラッカー**（テレビ番組「てなもんや三度笠」の生CMから）、**青田買い**（刈り取り前の米を先買いする「青田買い」を求人難の企業の採用競争にたとえて）

◉クロニクル　昭和37年（1962）

2.1　東京都の人口（夜間の常住人口）、推計で1000万人突破。世界で最初の1000万都市
2.8　南極観測推進本部、「昭和基地は閉鎖、日本の南極観測事業は一応休止する」と発表
3.1　NHKのテレビ受信契約者数、1000万件を突破
3.19　ケネディ米大統領、沖縄は日本の一部とする声明と沖縄の行政改革に関する行政命令を発表
3.31　教科書無償法公布。昭和38年度から順次計画が進められ昭和44年度に無償給与達成
4.18　日経連、求人難から採用試験期日（従来は10月1日以降）の申し合わせ中止を決定。「青田買い」の傾向強まる
4.20　日本アート・シアター・ギルド（ATG）発足。東京の日劇文化・新宿文化など全国で10館。第1回配給のポーランド映画「尼僧ヨアンナ」公開
4.27　愛知・京都の老人2人、プロレスのテレビ中継の流血シーンでショック死
5.3　東京の国鉄常磐線三河島駅構内で脱線した貨物列車に、国電の下り電車と上り電車が相次いで衝突。死者160人（三河島事故）
5.5　神奈川県横須賀市で酔った私服の米兵5人、この日未明に職務質問をした警官のピストルを奪い射殺
5.6　TBS系で上方コメディー「てなもんや三度笠」（朝日放送制作）放送開始
5.17　大日本製薬、西独でサリドマイド系睡眠薬の催奇形性が問題になっていることをうけイソミンなどを自主的に出荷停止。9月13日製薬5社が類似薬の販売を停止し製品回収
5.29　大相撲、ハワイで初の海外巡業
6.2　ばい煙の排出等規制法公布。12月1日施行
6.10　国鉄北陸本線の北陸トンネル開通。日本最長の全長13.87キロ。工費78億8000万円
7.3　チェコスロバキアのプラハで第15回世界体操選手権大会（〜8日）。日本は男子団体で初優勝
7.10　世界最大のタンカー「日章丸」（13万9000トン）、佐世保重工業佐世保造船所で進水
7.11　参議院で公明政治連盟の議員15人が「公明会」を結成。院内交渉団体に
8.6　国際学連大会出席の全学連代表、モスクワの「赤の広場」でソ連の核実験に抗議するデモを行い3人逮捕
8.12　堀江謙一、小型ヨットで日本人として初めて太平洋単独横断に成功。5月12日兵庫・西宮を出港し94日間で米サンフランシスコ港に入港した
8.19　第44回全国高校野球選手権大会で作新学院優勝。初の春夏連続優勝
8.30　戦後初の国産旅客機YS-11、愛知・小牧（名古屋）

◉値段（東京）　大卒初任給1万7130円、ラーメン50円、かけそば40円、豆腐20円、ビール115円、清酒1.8リットル610円、たばこ（ゴールデンバット）30円、はがき5円、新聞代（1カ月）390円、映画封切り館200円、国鉄初乗り10円、都バス乗車賃（1区間）15円、パーマネント724円

植木等

大マジメな〝日本一の無責任男〟

昭和のひと

写真：朝日新聞社

植木等をスターダムに押し上げた歌、〽わかっちゃいるけどやめられねえ……と歌う「スーダラ節」（青島幸男作詞、萩原哲晶作曲）に出会うまでの植木は、二枚目歌手気取りで、甘いラブソングを歌っていた。ギターは教則本頼りの自己流でも、歌の方は声楽家の平山美智子にクラシックの発声法を勉強した彼である。

歌いたかったスローバラードとはまるで違う、「これが歌か」と思えるような「スーダラ節」の譜面を渡されたときの植木は、大変なショックだった。誰に相談できるわけでもなく、父・徹之助さんのところにいった。

クリスチャンから得度し浄土真宗の住職をつとめた父は、かつて部落解放運動に取り組み、戦時中は反戦的言動で治安維持法にふれ収監されたこともあった闘士である。息子・等の前で仏像の頭を物差しでたたき、「これはただの木製、拝んでも役にもたたん。大切なのは阿弥陀の心との結びつきだ」と教えた僧侶でもある。

歌のことなど門外漢の父は、「スーダラ節」の詞に目を通してこう言った。「この歌には人間の弱さを言いあてた人類永遠不滅の真理がある」。さらに、「いいかげんなお前のような者に企画してくれるだけでもありがたいこと。迷うほどの値打ちがお前にあると思うのか。もったいない」。これで植木の心は決まった。

昭和36年（１９６１）の夏に発売したこの歌はまたたくまに大ヒット。つづいて出した「ドント節」や「ハイ、それまでヨ」もヒットし、植木は翌年暮れの紅白歌合戦に、クレージー・キャッツのメンバーをバックに初出場を果たす。映画界も、この人気男を見過ごすわけがない。まず大映が「スーダラ節・わかっちゃいるけどやめられねえ」（62年）を映画化した。

話題作となったのは東宝・古沢憲吾監督の「ニッポン無責任時代」（62年）である。この世はすべて〝タイミングにC調に無責任〟という男が企業社会で巻き起こす痛快サラリーマン・コメディーだ。それまでの東宝のお家芸だった〝社長シリーズ〟といった〝サラリーマンもの〟とは違う。会社大事と真面目に働き、出世街道を這い上がっていくサラリーマンとはまるで対照的、自由奔放な〝無責任男〟平均《たいらひとし》が植木の扮した役どころだった。

時代は、東京オリンピックを控え、日本が経済大国へと前進していく最中だった。そうしたときに、真面目な働き蟻たちを嘲笑するかのようなこの映画は、「喜劇駅前温泉」と二本立てで、この年の東宝作品では黒澤明監督の「椿三十郎」に次ぐ興行成績を記録した。

できあがったばかりの映画を見た、植木の率直な感想がふるっている。「すごいヤツがいる。あの男には、とてもついていけない」だった。

よく知られた話だが、植木自身は酒もマージャンもやらない。女房子どもの待つ家に帰ることがいちばんのストレス解消法という真面目人間である。当時、中学生だった長男の広司くんが、父親の無責任演技をテレビで見て、「将来、父さんみたいになる。遊んでてカネになるから」と話したことに愕然、決して気楽な稼業ではないことを話して聞かせたという。

しかし、植木といえば〝無責任〟であり〝C調〟と評価が世の中に定まっていた。植木をストーブのテレビCMに登場させた東京ガスでは、製品の性能などの説明をいっさい植木にはさせていない。製品まで無責任と思われてはまずいという配慮からだった。

映画は１９６０年代に30本ほど量産されたものの、作品のパワーは徐々にだがダウン。原因は破天荒な無責任ぶりが薄れ、現実からの飛躍感がなくなり、コメディーとしての面白さを失っていったためだ。これは植木の責任外、製作側の問題であろう。

植木等が「スーダラ節」を歌ったのは34歳のときだった。このころ、彼は自分のやりたいことと、世間の求めるものとが違うことを、いやというほど思い知らされたという。そして平成5年（１９９３）、紫綬褒章の受章が発表になったとき、植木はこう言って喜んだ。

「イヤイヤやっていた歌や映画の役柄を国が認めてくれた。通行手形をもらった感じです」

昭和38 1963年

テレビアニメ「鉄腕アトム」始まる

手塚治虫　「鉄腕アトム」のセル画を見る手塚治虫。「アサヒグラフ」昭和38年12月20日号から。

ストーリー漫画の原点

漫画家・手塚治虫の本名は手塚治。昭和3年、明治節にあたる11月3日に大阪府豊能郡豊中町（現・豊中市）で生まれたことから「治」と名付けられたという。東京出身の母の影響で関西弁を使えなかったため、小学校低学年のころは、いじめの対象にされた。それを救ったのが、好きで描いていた〝漫画〟だった。最初の漫画は小学校3年のときに描いた「ピンピン生チャン」だという。加えて、同級生の影響で昆虫や科学的なことに興味を持つようになり、ペンネームに「治虫」と「虫」をつけたのもそのせいだった。

漫画家デビュー作は、子ども向け「少国民新聞」（現・毎日小学生新聞）に昭和21年1月から3カ月間掲載された4コマ漫画「マアチャンの日記帳」。長編作品はストーリー漫画の原点とも言われ、ベストセラーとなった『新寶島』（昭和22年）である。代表作の空想科学冒険漫画「鉄腕アトム」は、その前身とも言える「アトム大使」がまず連載され、翌27年からこの作品の登場人物〝アトム〟を主人公として雑誌「少年」（光文社）誌上で連載が始まった。テレビアニメとして放送されるのは、昭和38年1月1日からである。

◉**テレビ版**　初のテレビアニメ「鉄腕アトム」は、昭和38年1月1日～昭和41年12月31日にフジテレビ系で放送（モノクロ・一部カラー、全193話）。カラー版は昭和55年10月1日～昭和56年12月23日に日本テレビ系で放送（全52話）。さらに「ASTRO BOY 鉄腕アトム」が平成15年（2003）～平成16年にフジテレビ系で放送（全50話）。

東京駅での見送り　新婚カップルや見送り客でごった返すホーム。首都圏からの新婚旅行客は当時、伊豆半島の入り口、沼津駅や熱海駅で降りていった。

日南海岸の遊園地　遊園地の「こどものくに」も、新婚旅行らしきカップルの姿ばかりが目立つ。写真提供：宮崎交通

◉新婚旅行ブーム始まる

昭和30年代後半の東京駅下りホームは、万歳三唱する男性たちと花束を手にした女性たち、そして彼らに見送られる新婚カップルの姿でにぎわっていた。大正あるいは昭和初期あたりから始まったとされる新婚旅行、昭和30年代を過ぎたころから一般化していく。それは、見合い結婚よりも恋愛結婚が増え始めたことも一因と言える。

行く先は全国の有名観光地で、伊東温泉や熱海、鬼怒川、伊香保、箱根、別府などの温泉地が多かった。昭和天皇の第5皇女・清宮（島津）貴子夫妻や今の上皇夫妻が旅行した宮崎県の日南海岸は特にブームになった。

◉ことぶき周遊券とことぶき入場券　昭和 34 年（1959）に新婚旅行客しか利用できない周遊券「ことぶき周遊券」が発売された。当初は 1 等または 2 等を 601 キロ以上乗車する場合に限られたものの、国鉄運賃が 20％引き、私鉄運賃が 10％引きなどの特典があった。また昭和 42 年には「ことぶき周遊券」購入と同時に見送り人用の入場券 10 枚がつくようにもなった。

Playback 38

《“三八豪雪”が列島を襲う》

この年の1月、本州の日本海側を中心に記録的な積雪があり、死者行方不明165人を出すなど各地に深刻な被害をもたらした。

《黒四ダム完成》

関西圏に安定した電力供給を行うため、富山県立山町の黒部川上流に関西電力の黒部川第4発電所（通称・黒四ダム＝貯水量2億トン）が完成した。

《初の原子力発電》

10月26日、茨城県東海村にある日本原子力研究所の動力試験炉が日本初の原子力発電に成功。これを記念して、この日が“原子力の日”となった。

◉日本全国工事中

東京・日本橋　昭和38年夏、お江戸日本橋をまたぐ、首都高速道路都心環状線の高架橋の工事が行われた。

地下鉄の工事現場　営団地下鉄（現・東京メトロ）日比谷線の工事で掘り返される東京都港区の元広尾商店街の道路。昭和37年7月。

昭和37年に成立した新産業都市建設促進法により、全国13地域（のち15地域）が「その地方の開発発展の中核となるべき地域」に選ばれ、税法上の優遇措置や公共事業の優先配分などが講じられることになった。その一番の狙いは、都市と地方の格差是正にあり、全国各地で道路建設や舗装・改良工事が始まった。さらに翌年に迫った東京オリンピック成功を合言葉に首都高速道路と地下鉄工事が都内各所で進み、都心の道路はどこも工事だらけに。その一方で、路面電車が廃止になり、自動車の普及で大気汚染が進むなど深刻な問題も発生した。

◉話題の本　占部都美『危ない会社』、林周二『流通革命』、堀江謙一『太平洋ひとりぼっち』、大松博文『おれについてこい！』、松本清張『時間の習俗』、松下幸之助『物の見方・考え方』、柴田錬三郎『図々しい奴』、玉井美智子『交換日記』、林房雄『大東亜戦争肯定論』、山口瞳『江分利満氏の優雅な生活』、司馬遼太郎『龍馬がゆく』、野坂昭如『エロ事師たち』

死者 161 人（鶴見事故）
11.23 初の日米間衛星中継受信実験が成功。ケネディ米大統領暗殺事件を報道
12.7 東京地裁、原爆被害者が国に損害賠償を求めた訴訟で「原爆投下は国際法違反だが、個人に賠償請求権はない」と判決
12.8 プロレスラーの力道山、東京・赤坂のナイトクラブで暴力団員に刺される。15 日死亡
12.9 鹿児島県内之浦町で東大生産技術研究所の鹿児島宇宙空間観測所開所式。11 日ラムダ 2 型 2 号機の打ち上げに成功

昭和クイズ100

Q37. この年のベストセラー小説、陰謀家というマイナスイメージの強い徳川家康を、平和を希求した努力家という視点で綴った新聞連載小説『徳川家康』の作家は？

Q38. アメリカで日本の坂本九のヒット曲が「スキヤキ」のタイトルで発売され、「ビルボード」誌のヒット・チャートで第 1 位にランクインした曲の日本語タイトルは？

〈解答はＰ238をご覧ください。〉

◉誕生 2.17 マイケル・ジョーダン（米プロバスケットボール）、3.26 京極夏彦（作家）、3.27 クエンティン・タランティーノ（米映画監督）、4.14 今井美樹（歌手）、5.11 浜田雅功（タレント）、5.29 片山右京（Ｆ１レーサー）、6.3 唐沢寿明（俳優）、6.9 ジョニー・デップ（米俳優）、8.1 若田光一（宇宙飛行士）、8.9 ホイットニー・ヒューストン（米歌手）、9.8 松本人志（タレント）、11.4 リリー・フランキー（作家）、12.9 雅子妃（皇后）、12.18 ブラッド・ピット（米俳優）

◉流行語 **三ちゃん農業**（農村の働き手がじいちゃん、ばあちゃん、かあちゃんばかりになった様を称して）、**シェー**（赤塚不二夫『おそ松くん』から）、**カギっ子**（核家族・夫婦共働きで、子どもが家の鍵を持つ日常）、**およびでない**（植木等のギャグ）、**ハッスル**（米キャンプ帰りの阪神タイガースの選手から広まった）、**小さな親切**（茅誠司東大総長の卒業式の告辞で）、**ナンデアル・アイデアル**（植木等が出演した洋傘のＣＭから）、**バカンス**（東レのサマーウエア「バカンス・ルック」から）

◉クロニクル　昭和38年（1963）

1.1 フジテレビ、初の国産連続テレビアニメ「鉄腕アトム」放送開始
1.23 北陸地方中心に日本海側に記録的豪雪（三八豪雪）
1. − キヤノン、大企業で初の完全週 5 日制を実施
2.10 門司・小倉・八幡・戸畑・若松の 5 市合併、政令指定都市・北九州市が発足。人口 105 万人
2.16 熊本大学水俣病研究班、水俣病の原因を新日本窒素工場の排水と結論づける
2.28 名古屋高裁、「昭和の巌窟王」と呼ばれた吉田石松の再審で無罪判決。3 月 5 日無罪確定
3.31 村越吉展ちゃん（4 歳）、東京都台東区入谷で誘拐される。昭和 40 年服役中の小原保が犯行を自供し、遺体発見。昭和 46 年死刑執行
4.7 ＮＨＫテレビ、大河ドラマ第 1 作「花の生涯」の放送開始
5.4 埼玉県狭山市で行方不明だった女子高生の遺体発見（狭山事件）。23 日埼玉県警、被差別部落出身の青年を別件逮捕。昭和 39 年浦和地裁は暴行・殺人などで死刑判決。被告は無罪を主張し上告。昭和 52 年最高裁で無期懲役刑が確定
6.5 関西電力の黒部川第 4 発電所（通称・黒四ダム）完成。ダムの高さ 186 メートル
6.15 坂本九の「上を向いて歩こう」、アメリカで「スキヤキ」のタイトルで発売され「ビルボード」誌ヒットチャートの 1 位に
7.5 ロンドンの国際捕鯨委員会で年間捕獲量 1 万頭（うち日本は 4100 頭）、シロナガスクジラとザトウクジラ捕獲は全面禁止と決定
7.15 日本初のハイウエー、名神高速道路の尼崎〜栗東間 71.4 キロ開業
8.17 沖縄の離島連絡船みどり丸、強風で転覆。死者行方不明 112 人
藤田航空のヘロン機、八丈島離陸直後に八丈富士の山腹に激突。死者 19 人
9.1 国鉄、自動列車停止装置（ATS）を使用開始
9.5 東京・地下鉄銀座線京橋駅で電車内の時限爆弾が爆発、乗客 10 人重軽傷（草加次郎事件）
9.12 最高裁、松川事件（昭和 24 年）の検察側再上告を棄却。被告 17 人全員の無罪確定
NHK、女性事務職員を指す「BG」（ビジネスガール）を放送禁止用語に。以後、週刊誌「女性自身」が募集した「OL」（オフィスレディー）の使用が広まる
11.1 大蔵省、偽札の横行に対し多色の新 1000 円札発行。肖像は伊藤博文
11.9 福岡県大牟田市の三井三池三川鉱で炭塵爆発事故。死者 458 人で戦後最大の炭鉱事故
国鉄東海道本線・鶴見〜新子安間で二重衝突事故。

◉値段（東京） 大卒初任給 1 万 8930 円、米 10 キロ 975 円、ラーメン 55 円、かけそば 40 円、豆腐 20 円、ビール 115 円、清酒 1.8 リットル 645 円、たばこ（ゴールデンバット）30 円、はがき 5 円、新聞代（1 カ月）390 円、映画封切り館 350 円、国鉄初乗り 10 円、パーマネント 814 円、理髪 280 円

ドモンジョ来日
昭和34年開催のフランス映画祭のために来日したフランス人女優ミレーヌ・ドモンジョ。前年に公開した「お嬢さん、お手やわらかに！」（1958）でファンが急増した。 写真：朝日新聞社

ミレーヌ・ドモンジョ
Mylène Demongeot
1938年フランスのニース生まれ。17歳で映画界入り。愛らしいお色気で、バルドーを追う女優として注目された。日本にもファンは多い。

シルヴィー・ヴァルタン
Sylvie Vartan
1944年ブルガリアのイスクレッツ生まれ。フランス人の父とパリに移住。シャンソン「アイドルを探せ」（1963）は日本を含む世界中でヒット。

マリー・ラフォレ
Marie Laforêt
1941年フランスのスーラック生まれ。アラン・ドロン、モーリス・ロネと共演したデビュー作「太陽がいっぱい」（1960）のヒロイン役でスターダムへ。

外国映画の女性たち

教科書の間にはさみ込んだり、
机の引き出しの片隅にそっとしまったりしたブロマイド。夢見るような可憐な乙女が、
大人の色香をにおわせた美女が、
ぼくだけにそっと微笑んでくれた。

「殿方ご免遊ばせ」のポスター
ブリジット・バルドー主演。1957年フランス映画。

ブリジット・バルドー
Brigitte Bardot
1934年パリ生まれ。愛称“ＢＢ（ベベ）”。セクシャルな肉体と、闘牛士、実業家、俳優、歌手たちとの恋の噂でも大いに話題をふりまいた。

クラウディア・カルディナーレ
Claudia Cardinale
1939年チュニジアのチュニス生まれ。“MM（モンロー）”“BB（バルドー）”に対抗して“CC”の愛称で親しまれた。「刑事」（1959）、「ブーベの恋人」（1963）など。

クリスチーネ・カウフマン
Christine Kaufmann
1945年ミュンヘン生まれ。“戦後西ドイツ最大の清純スター”。「隊長ブーリバ」（1962、米）で共演したトニー・カーチスとの結婚に世界中のファンはガックリ！

ミリー・パーキンス
Millie Perkins
1938年ニュージャージー州パサイク生まれ。「アンネの日記」（1959）のアンネ役で人気をつかんだが、惜しいことに話題作はこれ1作に終わった。大きな瞳が魅力的。

ジーン・セバーグ
Jean Seberg
1938年アイオワ州マーシャルタウン生まれ。「悲しみよこんにちは」（1958）でのヘアスタイル“セシルカット”が話題に。「勝手にしやがれ」（1960）にも出演。

ナタリー・ウッド
Natalie Wood
1938年サンフランシスコ生まれ。子役からハリウッドのトップ女優へ。「草原の輝き」「ウエスト・サイド物語」（いずれも1961）などヒット作は多い。

スザンヌ・プレシェット
Suzanne Pleshett
1940年ニューヨーク生まれ。トロイ・ドナヒューと共演の「恋愛専科」（1962）でファンを虜にした典型的美人女優。ドナヒューと結婚したが、半年で離婚。

アン・マーグレット
Ann Margret
1941年ストックホルム生まれ。5歳で渡米。「ラスベガス万才」（1963）で見せた歌えて踊れるキャラクター、元気の良さでスターダムへ。

キャロル・リンレイ
Carol Lynley
1942年ニューヨーク生まれ。可憐なマスクでアイドル・スターに。出演作は「ゆきすぎた遊び」（1959）、「ポセイドン・アドベンチャー」（1972）など。

サンドラ・ディー
Sandra Dee
1942年ニュージャージー州ベヨウン生まれ。トロイ・ドナヒューと共演した「避暑地の出来事」（1959）で青春スターとしての地位をつかんだ。

ジャクリーヌ・ササール
Jacqueline Sassard
1940年フランスのニース生まれ。デビュー前、米映画「悲しみよこんにちは」（1958）に主演の話があったが、英語が話せずご破算に。イタリア映画「芽ばえ」（1957）でデビュー。長い黒髪と大きな瞳でファンの心を奪った。

カトリーヌ・スパーク
Catherine Spaak
1945年パリ生まれ。ナポリ沖の島を舞台にした「太陽の下の18才」（1962）に主演。海辺のテラスでツイストを踊る、まぶしい彼女の肢体にファンが急増。

ロミナ・パワー
Romina Power
1952年ロサンゼルス生まれ。父はタイロン・パワー。離婚した母とローマに移住し、映画界へ。清純な娘役が多い。

イヴェット・ミミュー
Yvette Mimieux
1942年ロサンゼルス生まれ。フランス人の父とスペイン系の母との間に生まれ、雑誌のカバーガールから女優の道へ。コニー・フランシスらと共演した「ボーイハント」（1960）などが代表作。

「太陽はひとりぼっち」のポスター
モニカ・ヴィッティ主演。1961年イタリア映画。

モニカ・ヴィッティ
Monica Vitti
1931年ローマ生まれ。「情事」（1959、ミケランジェロ・アントニオーニ監督）、「太陽はひとりぼっち」（1961）でのアンニュイな雰囲気が話題に。

東京オリンピック開幕

選手入場　開会式の開始は、10月10日午後1時50分。入場国の最初はオリンピック発祥の地ギリシャで、開催国の日本は一番最後の入場だった。

高度経済成長の波にのった一大イベント

昭和39年10月10日から東京で開催された第18回オリンピック競技大会は、敗戦から見事に立ち直った復興・日本の姿を世界にアピールした大会だった。東京〜新大阪間を4時間で結ぶ東海道新幹線が開通し、東京モノレールの開業。さらに東京国際空港（羽田）や首都高速、名神高速道路の整備など、昭和30年ごろから始まった高度経済成長の波に乗って開催された一大イベントでもあった。

開会式の日の前日の東京は、台風接近の影響で雨に見舞われていたものの、当日の朝は一変。ＮＨＫの北出清五郎アナウンサーの「世界中の秋晴れを、全部東京に持ってきたような素晴らしい秋日和であります」の言葉通り見事に晴れ上がった。東京五輪には93の国と地域から５１５２人の選手が参加。20競技１６３種目でメダルが争われた。日本選手団は、重量挙げ・三宅義信の日本人金メダリスト第一号に始

◉チェコの名花　女子体操は“チェコの名花”チャスラフスカ一色だった。女子個人総合で優勝。種目別でも、平均台、跳馬で優勝した。この世界的ヒロインは、1968年の“プラハの春”で共産党批判の「二千語宣言」に署名。1989年の“プラハの秋”まで、周りからの白眼視を受け続けた。

東洋の魔女が頂点に　女子バレーボール決勝は日本とソ連が全勝で対決。2セットを連取した日本は、第3セットも14対13でマッチポイントに。最後はソ連のオーバーネットで優勝を決めた。日本はその圧倒的な強さから〝東洋の魔女〟と呼ばれた。

まり、体操、レスリング、柔道、ボクシング、女子バレーボールなどで金メダル16個、ほかに銀メダル5個、銅メダル8個を獲得。感動的だったのが閉会式で、整然とした隊列の開会式とは異なって、各国の選手たちが入り乱れて入場。国際親善の雰囲気を大いに盛り上げた。

裸足の王者再び　マラソンで2時間12分11秒2の世界最高記録をマーク、五輪史上初の連覇を達成した。この大会はシューズを履いて走ったが、アベベが〝裸足の王者〟と脚光を浴びたのは前回のローマ五輪だった。

◉閉会式　ＮＨＫの土門正夫アナウンサーの実況。「……あの秩序正しく華麗であった開会式も素晴らしかった。だが今夜、ここに繰り広げられた、国境を忘れ、人種を忘れ、渾然一体となって、ただ同じ人間として笑い、親しみ、別れを惜しむ人びとの群れ。素晴らしい、ただ素晴らしいとしか言いようのない、涙がにじんでくるような瞬間であります」

Playback 39

《みゆき族現れる》

東京・銀座みゆき通りに、男性は膝丈のズボンにサンダル、女性は三角に折ったスカーフ、ロングスカート。フーテン・バッグと呼ばれる紙袋などを抱えた若者がたむろした。

《外国人が伝統の土俵に》

相撲界に吹き込んだ新風。ハワイ出身、19歳の外国人力士・高見山が初土俵を踏んだ。陽気な性格から引退後も多くのファンに愛された。

《東海道新幹線開業》

戦前からの鉄道マンの夢だった“夢の超特急”東海道新幹線が開業。10月1日午前5時45分から国鉄総裁によりテープカットが行われた。

◉ミロのヴィーナスに大行列

ヴィーナスを見つめる観衆　上野の国立西洋美術館は、フランスの至宝をひと目見ようと集まった観衆で埋め尽くされ、行列は上野公園内を長くのびた。

荷ほどきされるヴィーナス　ミロのヴィーナスは厳重な警戒の下、国立西洋美術館へと運ばれ慎重に開梱された。

フランス・パリのルーヴル美術館が所蔵している女神像「ミロのヴィーナス」が国外へ出されるのは初めてのことだった。東京オリンピック開催を祝っての貸し出しで、東京の国立西洋美術館と京都市美術館でそれぞれ1カ月あまり公開され、延べ172万人が鑑賞した。この女神像は1820年にエーゲ海のミロス島で農夫によって発見されたもので、白い大理石に彫られた上半身裸の高さ200センチ余りの像。紀元前2世紀頃の古代ギリシャの掉尾を飾る芸術品として評価され、フランス国王ルイ18世に贈られたあと、ルーヴル美術館へ収められた。

◉**話題の本**　北杜夫『楡家の人びと』、大江健三郎『個人的な体験』『ヒロシマ・ノート』、柴田翔『されどわれらが日々』、サトウハチロー『おかあさん』、大宅壮一『炎は流れる』、黒岩重吾『廃墟の唇』、本多勝一・藤木高嶺『カナダ・エキスモー』、高橋和巳『我が心は石にあらず』、高見順『死の淵より』、大佛次郎『パリ燃ゆ』

12日）。22カ国参加

11.12 米原潜シードラゴン、佐世保入港。初の原潜寄港。核兵器の持ち込みに通じると反対運動起こる
全日本労働組合会議など、全日本労働総同盟（同盟）結成。組織人員146万人、会長に中地熊造

11.15 競走馬シンザン、菊花賞を制し三冠馬に

11.17 公明党結成。委員長に原島宏治

12.1 日本特殊鋼、会社更生法適用を申請し、事実上の倒産。12日サンウェーブ工業も同法適用を申請。この年の倒産は4212件で戦後最高

12.17 日銀総裁に宇佐美洵（三菱銀行頭取）就任

昭和クイズ100

Q39. 〽波をちゃぷちゃぷちゃぷちゃぷかきわけて……と、パンチのきいたテーマ曲が流れると、夕食前のひととき、子どもたちがテレビに釘付けになった人形劇は？　1224回放送され、視聴率40％台のこともあった。

Q40. 1時間の生放送中に、ニュース、ゲストを招いてのインタビュー、歌などで構成した主婦向け“ワイドショー”の草分けともいえる番組がNETテレビ（現・テレビ朝日）で放送を開始した。その司会者は？

〈解答はP238をご覧ください。〉

◉誕生　1.1増田明美（マラソン）、3.21江國香織（作家）、5.6荒木大輔（野球）、6.9薬師丸ひろ子（俳優）、6.22阿部寛（俳優）、7.15柱谷哲二（サッカー）、7.19近藤真彦（歌手）、7.24吉本ばなな（作家）、9.2キアヌ・リーブス（米俳優）、9.7アンディ・フグ（スイス格闘家）、10.5橋本聖子（スケート）、11.1西原理恵子（漫画家）、12.18ブラッド・ピット（米俳優）、12.28山口香（柔道）

◉流行語　**ウルトラC**（体操競技で並はずれて難しい技）、**おれについてこい**（女子バレーボール監督・大松博文の著書から）、**コンパニオン**（東京オリンピックに登場。巨人・長嶋の結婚でも話題に）、**東京砂漠**（水不足で給水制限）、**OL**（BG＝ビジネスガールが売春婦と誤解されるとして新たに作られた女性社員をさす和製英語）、**みゆき族**（東京・銀座のみゆき通りにたむろする若者）、**過密**（過密社会、過密都市、過密人口、過密ダイヤ等々）、**不定愁訴**（第一製薬の広告から）、**トップレス**（乳房が露出した水着）

◉クロニクル　昭和39年（1964）

1.－ 藤子不二雄『オバケのQ太郎』、「少年サンデー」に連載開始

3.24 ライシャワー駐日米国大使、少年に右太ももを刺され負傷。その後、輸血から血清肝炎にかかり、売血の「黄色い血」が問題化

3.28 東京大学卒業式での大河内一男総長による告辞原稿「太った豚になるよりは痩せたソクラテスになれ」（J・S・ミル）の一節が話題に

4.1 日本、国際通貨基金（IMF）8条国に移行。28日経済協力開発機構（OECD）に加盟し、開放経済体制へ
海外渡航自由化
NETテレビ（現・テレビ朝日）、「木島則夫モーニング・ショー」を放送開始。ワイドショー番組の草分け

4.8 東京・上野の国立西洋美術館で「ミロのヴィーナス特別公開」開催。5～6月は京都市美術館でも

6.16 新潟地震起こる（M7.5）。死者26人、家屋全半壊8600戸。昭和石油の原油タンクが爆発。液状化現象が注目される

6.19 日米を結ぶ太平洋横断海底ケーブル開通。池田勇人首相とジョンソン大統領が初通話

6.23 熊本県小国町の下筌ダム建設反対派の拠点「蜂ノ巣砦」を強制撤去

7.1 母子福祉法公布。各都道府県に母子相談所設置

7.3 工業整備特別地域整備促進法公布。8月鹿島など6地域を指定
憲法調査会、改憲論・改憲不要論を併記した最終報告書を池田首相に提出

7.20 警察庁、トップレス水着の着用に軽犯罪法適用を決め、全国警察本部に通達

7.24 「月刊ガロ」創刊。12月号から白土三平『カムイ伝』連載開始

7.25 国鉄、山陽本線・広島～小郡間の電化工事を完成し、全線電化。10月1日開業

7.31 本田技研、国産初のレーシング・カー「ホンダF1」で西ドイツ・グランプリに出場

8.6 異常渇水のため、東京で水不足が深刻に。17の区で1日15時間断水の第4次給水制限を実施。この頃、「東京砂漠」の呼称生まれる

9.9 池田首相、国立がんセンターに入院。25日院長が病状を「前がん状態」と説明（実際は喉頭癌）。10月25日辞意を表明

9.17 東京の浜松町～羽田空港間に東京モノレール開業

10.1 東海道新幹線開業。東京～新大阪間4時間

10.10 第18回オリンピック東京大会開会（～24日）

11.8 東京・代々木でパラリンピック東京大会開会（～

☞ **◉値段（東京）**　大卒初任給2万654円、米10キロ975円、かけそば50円、ラーメン70円、豆腐25円、ビール115円、清酒1.8リットル690円、たばこ（ゴールデンバット）30円、新聞代（1カ月）390円、映画封切り館350円、国鉄初乗り10円、タクシー初乗り100円、理髪320円

昭和 40

1965 年

日韓基本条約締結

汚れた太極旗　日韓基本条約に反対する韓国の学生運動は、学生の焼身自殺や軍隊の学園乱入などにより、一層激しさを増した。写真は、汚れた国旗・太極旗をかざして条約に抗議するソウル・東国大学の学生たち。写真：桑原史成

日韓双方ともに国内騒然

韓国との国交正常化交渉が佐藤栄作内閣の登場で急進展。昭和40年6月22日、東京の首相官邸で日韓基本条約の正式調印が朴《パク》正《チョン》熙《ヒ》韓国政権との間で行われた。これにより、明治43年（1910）に結ばれた日韓併合条約の無効化（第2条）や、大韓民国政府が朝鮮半島における唯一の合法的な政府（第3条）であることなどが確認された。同時に漁業協定や在日韓国人の法的地位協定、文化財・文化協定、請求権・経済協力協定なども結ばれた。請求権・経済協力協定では、日本は韓国に対して無償3億ドル、有償2億ドルの経済援助を行うと約束。これによって日本は、韓国に対する賠償問題は終わったとの立場をとることになる。

条約締結直後、韓国では「反日」「屈辱外交反対」の声が起こり、日本でも9月頃からこの条約により日米韓3国による軍事同盟化を危惧する声があがった。しかし、政府・自民党は強行突破をはかる。社会党は不信任決議案を連発し、採決にあたっては〝ノロノロ作戦〟で徹底抗戦したが、船田中衆議院議長の〝職権裁決〟により、最後は1分足らずで起立多数により日韓基本条約は承認された。

◉日韓基本条約と北朝鮮　北朝鮮は日韓条約に一貫して反対、同条約は「徹頭徹尾侵略的で売国的な詐欺文書」であると非難。北朝鮮は1991年1月から始まり現在中断中の「日朝国交正常化会談」を「歴史上初の、完全な平等と相互信頼の原則に基づいた政府間公式会談」と位置付けている。

◉大手私鉄で24時間スト

スト決行に道路は渋滞　足を奪われた通勤客にトラックを用意する鉄道会社も現れた。写真は増えたトラックなどで渋滞した大阪府豊中市の国道。

大手10社を含む全国の私鉄185社が4月28日始発から24時間の全面ストに突入。午前中だけで全国で1000万人を超す通勤・通学客の足が奪われた。しかし、利用者に怒りの表情はみられず、多くの通勤客の声は「文句言ったって仕方ないでしょう」と多くが賃上げの必要性を理解している様子だった。それでも、ストのあおりで都内の道路は大混乱。通勤客の運転する自家用車などであふれ、警視庁交通情報センター開設以来の記録的な交通マヒに。警視庁は各署の交通警官をフル動員したものの、ほとんどお手上げの状態だったという。

◉私鉄ストと団地族　東京付近では一、二の規模を誇る千葉県松戸市の常盤平団地では、住人で構成する“ドライバーズクラブ”の車約120台を利用するほか、団地内にいつも駐車している車約800台ほどの所有者に協力を呼びかけ、相乗りでそれぞれの場所まで運んだという。

Playback 40

《ベ平連》

米軍の北ベトナム爆撃に憤った作家・小田実が「ベトナムに平和を!」を目標に集った反戦組織。正式名称は〝ベトナムに平和を!市民連合〟。

《アイビールック》

若い男性の間で流行したファッション。ボタンダウンシャツにレジメンタルタイ、金ボタンのブレザー、細身のズボンが標準的スタイル。

《「夢の島」から大量のハエ》

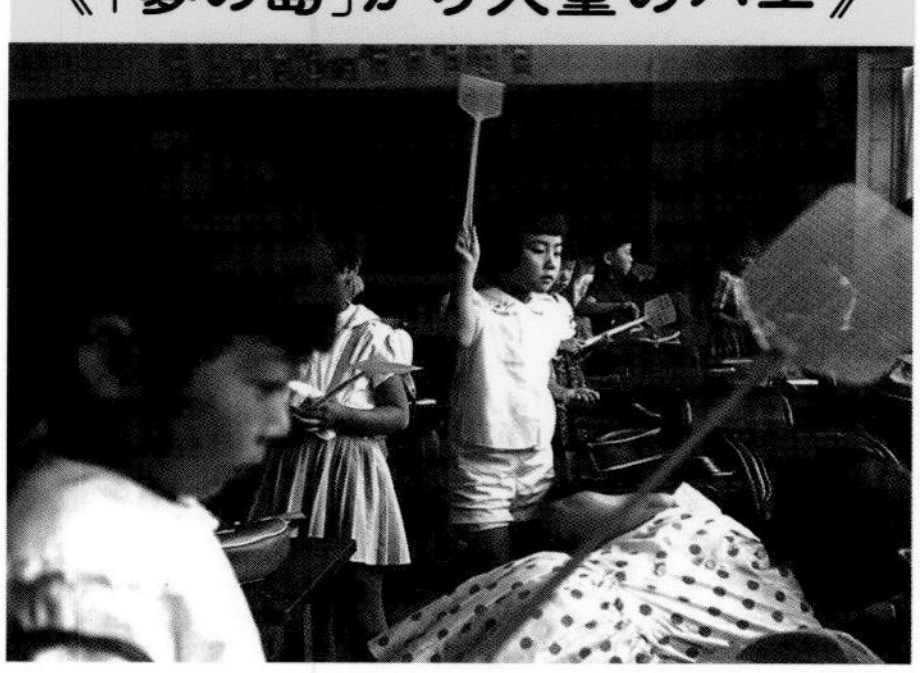

増える都会のゴミをそのまま投棄して出来た「夢の島」にハエが異常発生。対岸の江東区一帯に被害をもたらした。

黄金のマスク 「ツタンカーメン展」の目玉「黄金のマスク」の前に殺到する観覧客たち。

◉ツタンカーメン展に長蛇の列

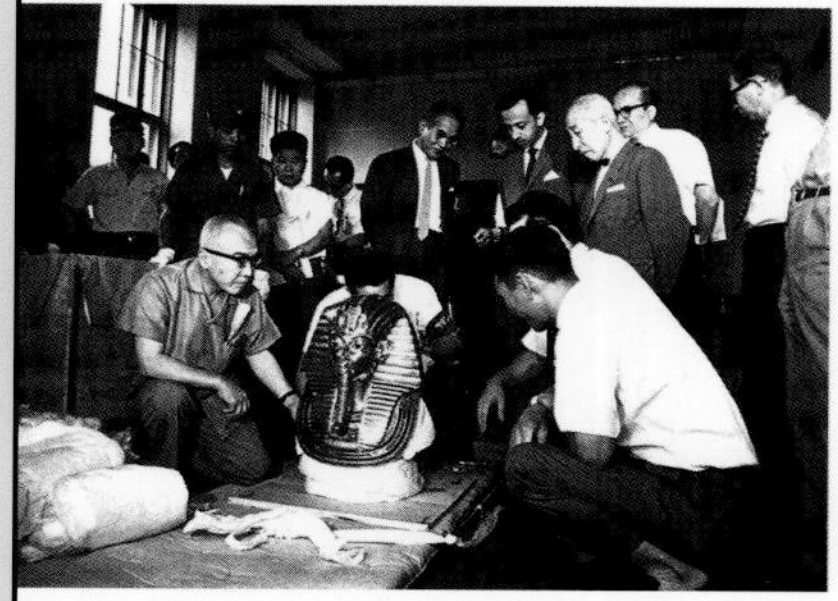

開梱作業 海を越えてやってきた「黄金のマスク」など40点を超える展示物を一つひとつ慎重に開梱する東京国立博物館の館員たち。

8月21日〜10月10日、東京国立博物館で「ツタンカーメン展」が開催され、延べ127万人が入場する大盛況となった。ツタンカーメンは、約3300年前の古代エジプト第18王朝の少年王。その墓がエジプト中部、ルクソール西岸の王家の谷で発掘され、多くの副葬品が発見された。王のミイラや棺、黄金のマスクなど、カイロのエジプト考古学博物館が所蔵する秘宝の日本初公開とあって前評判も高く、開会当日は激しい風雨にもかかわらず徹夜組も含め1200人もの行列ができる人気だった。同展は京都や福岡でも公開され、合計293万人を集めた。

◉話題の本 山田宗睦『危険な思想家』、岡村昭彦「南ヴェトナム戦争従軍記」、開高健『ベトナム戦記』、三浦綾子『氷点』、松本清張『昭和史発掘』、大松博文『なせば成る!』、山崎豊子『白い巨塔』、倉橋由美子『聖少女』、高橋和巳『憂鬱なる党派』、大江健三郎『厳粛な綱渡り』、小島信夫『抱擁家族』、池田大作『人間革命』、クレランド『ファニー・ヒル』

プロ野球・南海の野村克也捕手、戦後初の三冠王
11.8 日本テレビ、初のナイトショー「11PM」放送開始
11.9 衆議院本会議を議長職権で開会。12日、日韓基本条約を可決。12月11日参議院本会議でも自民・民社両党だけで可決し日韓基本条約など成立
11.10 茨城県東海村の日本原子力発電・東海発電所で初の営業用発電に成功。出力5000キロワット
11.17 プロ野球の新人ドラフト会議初開催
11.19 閣議で戦後初の赤字国債発行を決定。昭和41年1月募集開始
11.20 南極観測事業、3年7カ月ぶりに再開。第7次観測隊が新鋭観測船「ふじ」で東京港を出発
12.10 国連総会で日本が国連安保理事会の非常任理事国に選ばれる（3回目）

昭和クイズ100

Q41. 昭和40年1月に2度目の来日コンサートを開催。「パイプライン」「ダイヤモンド・ヘッド」などが大ヒット。軽快なサウンドに若者たちが熱狂し、日本中にエレキギター・ブームを引き起こしたバンドは？

Q42. 11月17日、日本のプロ野球界初の新人選手選択会議が開催された。有力選手獲得のために契約金が年々高騰。これに歯止めをかけることにより戦力均衡を狙ったもので、一般に呼ばれるこの会議の通称は？

〈解答はP238をご覧ください。〉

◉誕生 2.18 馳星周（作家）、5.7 上川隆也（俳優）、5.8 さくらももこ（漫画家）、5.13 太田光（タレント）、6.11 沢口靖子（俳優）、6.21 松本伊代（歌手）、7.13 中森明菜（歌手）、7.31 黛まどか（俳人）、8.6 古田敦也（プロ野球）、8.31 三代目中村橋之助（歌舞伎俳優）、11.29 尾崎豊（歌手）、11.30 秋篠宮文仁親王、12.21 本木雅弘（俳優）

◉流行語 **シェー**（漫画『おそ松くん』のギャグから）、**しごき**（東京農大ワンゲル部のしごき事件から）、**期待される人間像**（中教審の中間草案から）、**エレキ族**（ベンチャーズの来日でエレキギターがブーム）、**夢の島**（東京都のゴミ埋め立て地）、**TPO**（Time、Place、Occasionの頭文字をとった和製英語。石津謙介発案の洋服業界の宣伝文句から）、**宇宙遊泳**（この年ソ連が初成功）

◉クロニクル 昭和40年（1965）

1.10 佐藤栄作首相、日米首脳会談のため渡米（〜17日）。13日ジョンソン米大統領と共同声明発表
1.11 中央教育審議会（森戸辰男会長）、「期待される人間像」の中間草案を発表。日教組などが批判、論争起こる
1.28 慶応大の学生自治会、学費値上げに反対して全学スト。2月5日解決。この年、東北大やお茶の水女子大でも学生によるストが起こる
2.1 社会党・総評など、原水協から分かれ原水爆禁止国民会議（原水禁）結成。いかなる国の核実験にも反対と主張
2.10 社会党の岡田春夫議員、衆議院予算委員会で防衛庁統幕会議作成の極秘文書「三矢研究」を暴露し、政府を追及
2.15 海上自衛隊初のミサイル搭載護衛艦「あまつかぜ」完成
3.10 気象庁の富士山頂気象レーダー、運用開始
3.14 作家・戸川幸夫が西表島から持ち帰った山猫の頭蓋骨を新種と認定。後にイリオモテヤマネコと命名
3.31 東京・新宿の淀橋浄水場閉鎖。跡地は後に再開発されて新都心に
4.5 NHK「スタジオ102」、NETテレビ「ただいま正午・アフタヌーンショー」放送開始。5月1日フジテレビ「奥さまスタジオ・小川宏ショー」始まる
4.24 「ベトナムに平和を！市民連合」（ベ平連）、東京で初のデモ。11月16日ニューヨーク・タイムズに1ページ全面反戦広告掲載
5.18 プロボクシングのファイティング原田、世界バンタム級王者に。日本人初の2階級制覇
6.22 日韓基本条約と漁業・請求権・在日韓国人の法的地位・文化協力の4協定などを東京で調印
6.29 東京都のゴミ処分場「夢の島」でハエが大量発生。殺虫剤を空中散布
8.6 登山家の服部満彦と渡部恒明がヨーロッパ・アルプスのマッターホルン北壁に、15日高田光政がアイガー北壁に、それぞれ日本人として初登頂
8.14 韓国国会、日韓基本条約・関係協定批准同意案を与党単独で一括可決。20日批准反対の学生デモ。26日ソウル地区に軍が展開（〜9月25日）
8.21 古代エジプトの秘宝を集めた「ツタンカーメン展」、上野の東京国立博物館で始まる
9.24 国鉄、指定席券などの発売窓口「みどりの窓口」を開設
10.12 社会・共産両党、日韓基本条約批准阻止で統一行動。約10万人がデモ
10.21 朝永振一郎東京教育大教授、ノーベル物理学賞受賞決定

☞ **◉値段（東京）** 大卒初任給2万2553円、米10キロ1125円、ラーメン75円、かけそば50円、豆腐25円、ビール120円、清酒1.8リットル710円、たばこ（ゴールデンバット）30円、はがき5円、新聞代（1カ月）580円、映画封切り館350円、国鉄初乗り10円、タクシー初乗り100円

ビートルズ来日！

第1回公演　6月30日午後7時35分、わが国初のビートルズ公演が日本武道館で始まる。写真提供：共同通信社

◀ホテル周辺に集まるファン　ホテル内に入ることを許されなかったファンは、建物の外から4人の部屋を見つめ、人影が見えると必死に手を振った。

103時間のビートルズ狂騒曲

〝ビートルズ台風上陸〟などと呼ばれ、来日前から物議をかもしていた4人の日本公演。羽田空港に降り立ってから、次の公演地フィリピン・マニラへ向かうまでの日本滞在時間はわずか103時間だった。

台風4号の影響で、11時間以上遅れて6月29日午前3時39分に羽田空港に到着。日本航空の客室乗務員から渡された、そろいの法被姿で日本の地を踏んだ4人。特別待遇で入国審査等を行うことなく、滑走路脇から直接ピンクのキャデラックでホテルへ。日本公演は全5回。演奏曲目も曲順もすべて同じ。「ロック・アンド・ロール・ミュージック」から始まり「アイム・ダウン」まで全11曲を日本武道館のステージで歌った。「プリーズ・プリーズ・ミー」や「抱きしめたい」といった誰もが聴きたいはずの大ヒット曲はなく、ファンには期待外れの面が一部にはあった。それでもファンの女の子は泣きながら「ポール！」「ジョン！」と叫び続けた。

◉ビートルズ論争勃発！　政治評論家の小汀利得と細川隆元がビートルズ来日前の5月24日、ＴＢＳ系の「時事放談」でビートルズの日本武道館使用に反対し、「ベートルスなんぞに断じて日本の土は踏ませない」と発言。ファンから抗議が殺到する。その後、別の番組で両氏とファンが大論争を展開。しかし、互いに譲らず、物別れに終わった。

◉相次ぐ空の惨事

BOAC機の墜落　3月5日午後2時17分頃、箱根の駒ケ岳山頂から撮影されたBOAC機が富士山麓に墜落する様子。乗員乗客全員が死亡した。写真提供：池上拡朗

全日空機が2月4日、羽田沖に墜落。3月4日には羽田空港でカナダ航空機が滑走路手前の防潮堤に激突炎上。翌5日、英旅客機が乱気流に巻き込まれ空中分解し富士山麓に墜落。さらに8月26日には日本航空の訓練機が羽田空港を離陸滑走中に暴走炎上。11月13日には全日空機が松山空港で着陸やり直し時に海へ墜落。世界にも例のなかった大型機の相次ぐ事故に人びとは言葉を失った。文字通り暗黒の1年だった。犠牲者の無念、遺族の嘆きを背に行政と航空会社はやっと安全対策に取り組み始めた。

引き揚げられる機体　2月4日午後7時1分、羽田空港管制塔のレーダーから全日空ボーイング727の機影が消え、翌5日未明に羽田沖への墜落が確認された。写真は発見された機体胴体部。

◉昭和40年までの主な戦後の航空機事故（国内）　昭和27年4月、日航機が伊豆大島の三原山に激突。昭和28年6月、米軍輸送機が立川基地離陸直後に墜落。昭和33年8月、全日空機が下田沖に墜落。昭和38年5月、日東航空機が淡路島諭鶴羽に衝突。同年8月、藤田航空機が八丈富士に激突。昭和39年2月、富士航空機が大分空港着陸に失敗。

Playback 41

《米原潜の日本初寄港》

米原潜スヌークが学生・労働者の抗議行動のなか、神奈川・横須賀に初寄港。8月には長崎・佐世保にも寄港。

《政界を覆った「黒い霧」》

この年の下半期に自民党議員による不祥事が続発。これら“黒い霧”が国会で追及され、衆議院は年末、“黒い霧”解散に追い込まれた。

《「週刊プレイボーイ」創刊》

若い男性を対象読者とした週刊誌「プレイボーイ」が集英社から創刊。グラビア、時事ニュース、マンガがふんだんに掲載された。

◉ウルトラマン放送開始

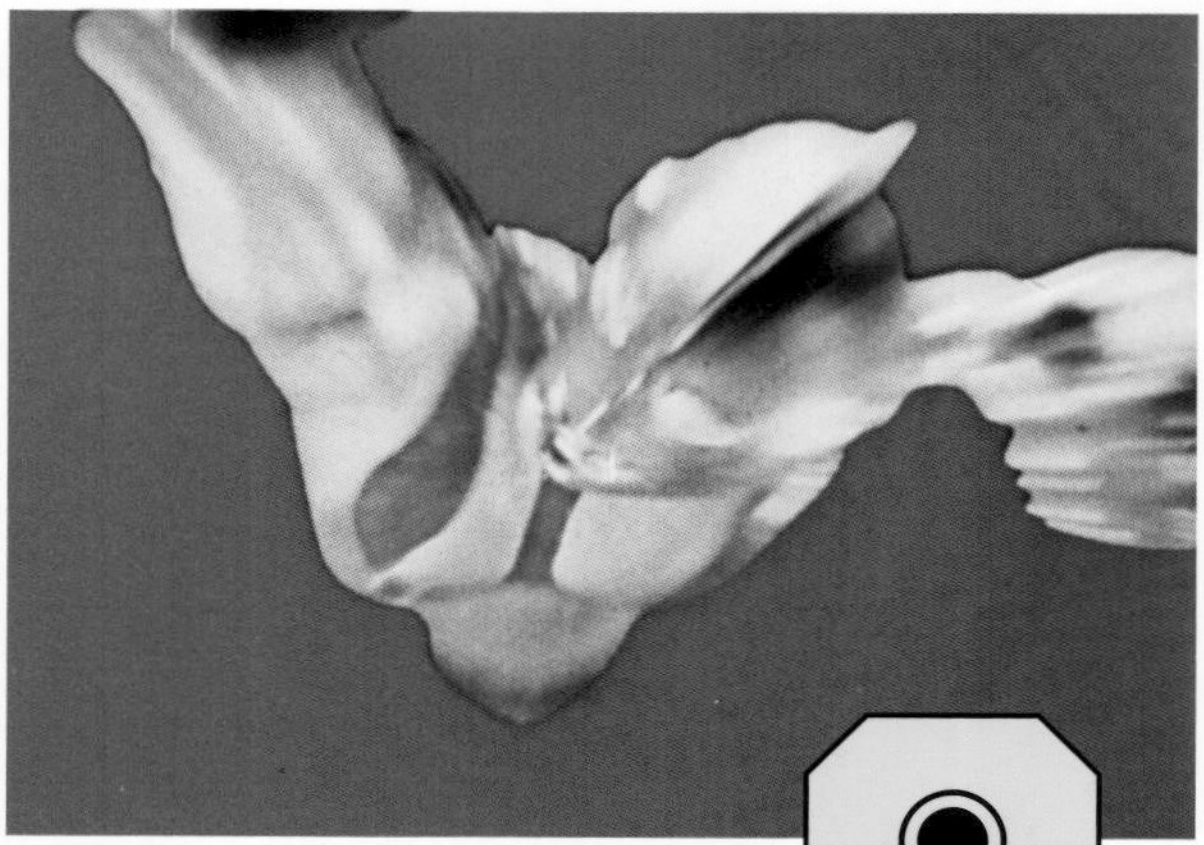

ウルトラマン変身！「ウルトラマン」は日曜日の夜7時からTBS系で全39話放送。再放送でも平均視聴率18％を記録した。写真提供：円谷プロ

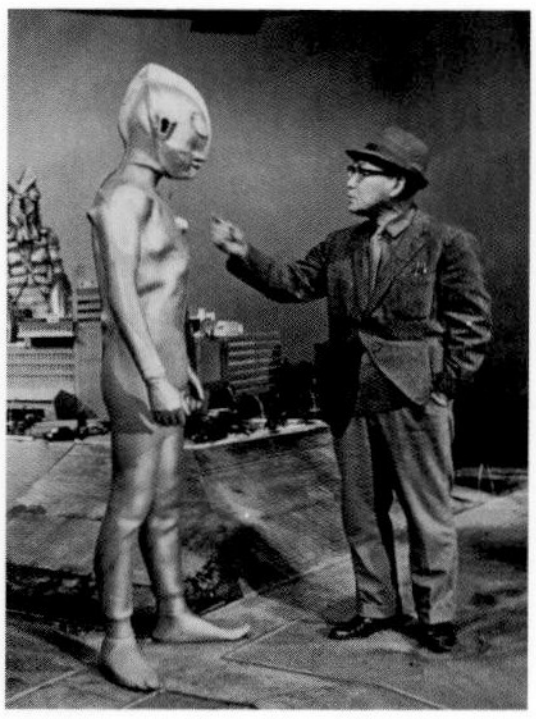

円谷英二とウルトラマン　ウルトラマンの生みの親・円谷英二（右）は〝特撮の神様〟と呼ばれた。写真提供：円谷プロ

「〽光の国から僕らのために……」やってきた巨大変身ヒーロー、ウルトラマンは、またたく間に子どもたちの心をつかんだ。きっかけは「ウルトラマン」がＴＢＳ系で放送開始する半年ほど前にスタートした「ウルトラQ」が好評だったことから〝空想特撮シリーズ〟の第2作としてつくられたカラー版スーパーヒーローもの。その人気により空前の怪獣ブームが起こり、怪獣人形をつくるメーカーは30社にものぼった。ウルトラマンの雄姿は50年以上経った今も色あせず、新作映画まで作られている。

◉話題の本　井伏鱒二『黒い雨』、遠藤周作『沈黙』、毛沢東『毛沢東語録』、丸谷才一『笹まくら』、北杜夫『白きたおやかな峰』、小泉信三『海軍主計大尉小泉信吉』、吉屋信子『徳川の夫人たち』、岡潔・小林秀雄『対話・人間の建設』、阿川弘之『山本五十六』、野末陳平『ヘンな本』、扇谷正造編『私をささえた一言』、モズレー『天皇ヒロヒト』

の天草五橋開業。総延長約 1800 メートル
10.1 NETテレビ（現・テレビ朝日）、「日曜洋画劇場」放送開始
10.3 ラジオ関東（現・ラジオ日本）、初の終夜放送「オールナイト・パートナー」開始
10.20 トヨタ自動車工業、「トヨタカローラ 1100」（1077cc）発表
11.13 全日空 YS-11、愛媛・松山空港沖に墜落。乗員乗客 50 人全員死亡
12.8 建国記念日審議会、建国記念の日を２月 11 日（旧・紀元節の日）とすると答申

昭和クイズ100

Q43. 両親を失い、父親代わりの長男（田中邦衛）が一家を支える５人兄妹の物語がフジテレビ系で放送をスタート。翌年から同じキャストで映画化され、３部作にもなったこの社会派ドラマのタイトルは？

Q44.「座布団１枚！」の掛け声でおなじみ、日曜日の夕方に放送される国民的長寿娯楽番組と言えば「笑点」。番組開始当初の司会者と大喜利メンバーの平均年齢は 28 歳と若かった。その初代司会者は？

〈解答はP238をご覧ください。〉

◉誕生◉ 2.4 小泉今日子（歌手）、4.5 二代目野村萬斎（狂言師）、5.16 ジャネット・ジャクソン（米歌手）、6.30 マイク・タイソン（米プロボクサー）、7.12 渡辺美里（歌手）、7.15 永瀬正敏（俳優）、8.30 小谷実可子（シンクロナイズドスイミング）、9.2 早見優（タレント）、9.10 斉藤由貴（俳優）、9.30 東山紀之（歌手）

◉流行語◉ **三食昼寝付き**（主婦の生活をからかったことば）、**丙午**（この年の丙午生まれの女性は気が荒いという迷信から出生数が激減）、**３Ｃ**（新三種の神器。カー、クーラー、カラーテレビの頭文字から）、**交通戦争**（交通事故多発で）、**ボカァ、幸せだなあ**（若大将・加山雄三の映画主題歌「君といつまでも」から）、**紅衛兵**（中国の文化大革命から）、**骨まで愛して**（城卓矢の同名の流行歌から）、**びっくりしたなー、もう**（てんぷくトリオのコントから）、**シェー**（人気漫画「おそ松くん」に登場するイヤミ先生のセリフ）

◉クロニクル 昭和41年（1966）

1.2 TBS、特撮番組「ウルトラQ」放送開始。7月 17 日から「ウルトラマン」が放送開始
1.13 古都における歴史的風土の保存に関する特別措置法（古都保存法）公布
1.21 モスクワで日ソ航空協定調印
2.4 全日空のボーイング 727、羽田空港への着陸直前に東京湾に墜落。乗員乗客 133 人全員死亡
3.4 カナダ太平洋航空ダグラス DC －８、羽田空港への着陸に失敗し爆発炎上。死者 64 人
3.5 英国海外航空（BOAC）ボーイング 707、富士山上空の乱気流で空中分解。乗員乗客 124 人死亡
4.4 NHK、連続テレビ小説「おはなはん」放送開始。平均視聴率 45.8％
4.7 日産自動車、車名を一般公募した「ダットサン・サニー 1000」（988cc）を発表
4.19 君原健二、第 70 回ボストンマラソンで２時間 17 分 11 秒で優勝。４位まで日本人選手が独占
5.30 米原潜スヌーク、神奈川・横須賀港に初入港。以後、日本への原潜寄港が日常化
5.－ 梶原一騎原作・川崎のぼる画の『巨人の星』、「週刊少年マガジン」で連載開始
資生堂、サマー化粧品「ビューティケイク」発売。モデルの前田美波里のポスターが話題に
6.1 永久選挙人名簿作成を盛り込んだ公職選挙法改正公布。９月 30 日施行
6.15 大阪市西成区の釜ケ崎を「あいりん地区」と改称
6.17 池田満寿夫、第 33 回ヴェネチア・ビエンナーレ国際美術展で版画部門外国人作家最高賞を受賞
6.25 国民祝日法改正案、参議院を通過成立。敬老の日（９月 15 日）・体育の日（10 月 10 日）を新設、建国記念の日を６カ月以内に政令で定める
6.29 ザ・ビートルズ来日。30 日～７月２日の３日間、東京の日本武道館で公演
7.4 閣議、新東京国際空港建設地を千葉県成田市三里塚に決定。30 日空港公団発足
7.11 広島市議会、原爆ドームの永久保存を決議
7.－ 日立マクセル、国産初のカセットテープを発売
8.5 東京地検、恐喝・詐欺容疑で田中彰治自民党代議士ら７人逮捕。田中は９月 13 日議員辞職。以後、政界の「黒い霧」事件続発
8.26 日航の訓練機コンベア 880 が羽田空港で離陸中に滑走路を飛び出し炎上
9.6 石川島播磨重工業横浜工場でマンモスタンカー出光丸（20 万 9000 トン）進水
9.18 仏の実存主義哲学者サルトルと作家ボーヴォワール来日
9.25 熊本県三角町と天草諸島を結ぶ日本道路公団建設

◉値段（東京） 大卒初任給２万 3716 円、米 10 キロ 1230 円、ラーメン 80 円、豆腐 25 円、ビール 120 円、たばこ（ゴールデンバット）30 円、はがき７円、新聞代（１カ月）580 円、映画封切り館 500 円、国鉄初乗り 20 円、都バス乗車賃（１区間）20 円、タクシー初乗り 100 円、パーマネント 1110 円、理髪 380 円

植村直己

地球の高峰と
極地に挑んだ
冒険家

昭和のひと

写真：朝日新聞社

「自分はひとりじゃない。絶対に生きて帰らなければ」

昭和59年（1984）2月1日、最後の冒険行となったマッキンリー（米・アラスカ州）厳冬期単独初登頂を目指してベースキャンプを出発する直前の植村直己のことば（テレビ朝日インタビュー）である。2月12日午後に登頂成功。しかし、下山途中で消息を断つ。そのほぼ10カ月後の12月20日、アラスカ州裁判所は、植村直己の死亡を公式に認定した。

昭和35年、明治大学農学部に入学した植村は山岳部に入る。このときはまだ冒険の〝ボ〟の字も考えていなかった。新人合宿で重いザックを背負って倒れた身長162センチの植村は合宿後、毎朝9キロのランニングを続けた。

彼が冒険を志した理由は劣等感だったと言われる。学業成績で就職希望の会社から断られた植村は「人なみの社会人にはなれそうもない」と日本脱出を決意する。昭和39年春、横浜港から現金110ドルを手にロサンゼルスへ旅立った。

4年半後、帰国するまで植村は「山に登りたい一心から」ぶどう摘みやスキー場監視員などで金を稼ぎ、アルプス、アフリカ、アンデス、アラスカの高峰を次々と単独登頂した。さらに、アマゾン河源流から河口までの6000キロを単独で筏で下ることにも成功する。もっとも、これには南米最高峰のアコンカグア登頂後、帰りの船賃30ドルを節約するという経済的な動機もあったらしい。このとき、羽田空港で植村が語った次の目標がマッキンリーだった。この山の最大の障害は「4人以下のパーティーの登山禁止」を記したマッキンリー国立公園の規則である。植村にはエベレスト登頂の経験から特別許可がおり、昭和45年夏、世界初の単独登頂に成功。これにより植村は、五大陸の最高峰すべてを登頂したことになる。

世界の屋根から極地へ。このころから植村の冒険行が垂直から水平へ変わっていく。犬ゾリによる北極圏1万2000キロ単独走破、北極点単独到達、グリーンランド縦走……と続く。

夫人の公子さんと結婚したのは、北極圏走破に出発する半年前、昭和49年春のこと。植村は独身時代にこんなことを言っている。

「平凡な家庭がほしい。電気製品がずらりと並んだ快適な文化生活。かわいい女性と恋をし、シットをし、不満をいい、グチをこぼす平凡な生活だ。だがいま、それを思ったらぼくの負けだ」（『報知新聞』昭和47年3月15日）

植村のアパート近くのトンカツ屋でふたりは出会った。おかわりOKのごはんを何杯も食べていた彼に対する公子夫人の第一印象は「なんて汚い人」だった。それが「子供のように無邪気な人」であることが分かり結婚へ。植村は公子夫人を口説くとき、「結婚したら山はやめます」と言ったという。だからだろうか、植村の冒険の対象が極地へ向いたのは。

北極圏走破中には、何度も公子夫人に手紙を書き送っている。その彼の興味が再び厳冬期のマッキンリーに向かいはじめる。渡米前、リュックにピッケルを詰めるところを夫人に見つかり、あわてて取りだした植村には、やはりうしろめたさがあったにちがいない。その後、渡米先から「ちょっと山に登るから道具を送ってくれ」と連絡が入る。その山はもちろんマッキンリーである。

冒頭のテレビ朝日のインタビューで、植村はこうも言っていた。

「オレが死んだらあいつが一生不幸になる」

その植村はマッキンリーの雪山に消えた。捜索打ち切りが決まった日、〝待つ女〟に耐えてきた公子夫人は、マスコミに「植村はいつも、冒険とは生きて帰ることだと言っていたのに……（今回の遭難は）だらしないと思います」とつぶやくように話した。北極点単独到達、グリーンランド縦走を終えた植村の帰国会見でのひとことに、こんなのがある。

「私にとって冒険に終わりはない。たとえ体が動かなくなっても、年老いても、そのとき自分で満足できる生き方を求めてまだまだ冒険を続けます」

昭和 **42**

1967 年

グループ・サウンズ・ブーム

人気絶頂 東京・渋谷のデパートの開店を記念して行われたグループ・サウンズ、ザ・タイガースのコンサート。会場は歌声よりも黄色い歓声に包まれた。（「アサヒグラフ」昭和42年12月1日号から）

GSが好きさ好きさ好きさ！

ベンチャーズのエレキブームと前年のザ・ビートルズ来日を機に、グループ・サウンズ（GS）のブームに火がついた。先陣を切ったのは、昭和40年に「フリフリ」でレコード・デビューしたザ・スパイダースである。

この年2月には〝ジュリー〟こと沢田研二らのいるザ・タイガースが「僕のマリー」を歌ってデビュー。ビートルズのような長髪スタイル、〝王子さま〟風のファッションで10代の若い女の子たちを魅了した。

10月にはザ・テンプターズ、年末にはジャッキー吉川とブルー・コメッツが「ブルー・シャトウ」でデビューし、日本レコード大賞を獲得する。さらにGSとしては初めて、NHK紅白歌合戦への出場を果たした。

〝GSブーム〟そのものは、昭和45年を境に潮が引くように消えていったが、リズムとハーモニーを重視したサウンドは、その後の〝和製ポップス〟の流れに大きな影響

◉**主要GSグループ15**　ヴィレッジ・シンガーズ、オックス、ザ・カーナビーツ、ザ・ゴールデン・カップス、ザ・スパイダース、ザ・ジャガーズ、ブルー・コメッツ、ザ・タイガース、ザ・テンプターズ、ザ・ワイルドワンズ、ザ・サベージ、シャープ・ホークス、ズー・ニー・ヴー、寺内タケシとブルージーンズ、ザ・モップス。

ジャズ喫茶で熱唱　ステージ上のザ・スパイダースは、ヨーロッパ旅行から帰って、ミリタリー調の服をはやらせた元祖だ。

ザ・ワイルド・ワンズ　グループ・サウンズのさきがけの一つ。「想い出の渚」が大ヒット。

を与えた。同時にＧＳのメンバーたちも、ソロ歌手、作曲家、音楽プロデューサー、俳優など、多彩な分野で活躍していく。

◉日劇ウエスタン・カーニバル　東京・日本劇場で開催された音楽フェスティバル。1950年代はロカビリー旋風の波に乗って盛況をきわめたが、やがて客足はダウン。そこで出演者を個人からグループに切り替えたところ、一気に火が着き、ＧＳブームを招いた。

Playback 42

《ツイッギー来日》

“ミニの女王”ツイッギーが英国から来日。ツイッギーは「小枝のような」という意味のニックネーム。ミニスカートブームの起爆剤に。

《初の「建国記念の日」》

2月11日、制定後初の「建国記念の日」を迎える。各地で奉祝の催しが開かれる一方、反対集会も行われた。

《「三ちゃん農業」が問題に》

農家の世帯主や後継者が都会の工場などで働いたため、農業は〝じいちゃん・ばあちゃん・母ちゃん〟たちに任せられ「三ちゃん農業」と呼ばれた。

都知事を囲んで　都知事選で美濃部亮吉候補が当選。加藤剛（左）、田村高廣（右）ら応援した俳優たちが励ます集いを開いた。

対話とクリーン　美濃部知事は「都民との対話」「クリーン都政」を強調し、「○○との対話」は流行語にもなった。写真は都電の混雑を視察する美濃部知事。

◉美濃部スマイル 革新都知事誕生

4月15日投開票の東京都知事選挙で、社会・共産両党が推す美濃部亮吉が当選。マスコミは〝東京燃ゆ〟と書きたて、政府・自民党は大きな衝撃を受けた。美濃部は高名なマルクス経済学者で、父親は憲法学の泰斗・故美濃部達吉。NHKの経済解説などでおなじみの柔和なスマイルとソフトな語り口が人気だった。革新自治体はその後、大阪府、川崎市にも広がり、先行した京都府、横浜市などとともに、産業本位だった国政のあり方をこの後、変えていった。

◉話題の本　多湖輝『頭の体操』、宮崎康平『まぼろしの耶馬台国』、竹村健一『マクルーハンの世界』、有吉佐和子『華岡青洲の妻』、大江健三郎『万延元年のフットボール』、安部公房『燃えつきた地図』、森有正『遥かなノートル・ダム』、松田道雄『育児の百科』、レヴィ・ストロース『悲しき熱帯』、トルーマン・カポーティ『冷血』

9.16 世界基督教統一神霊協会・原理研究会の活動で、学生の授業放棄などが問題化。原理運動対策全国父母の会が結成される
10.18 英のファッションモデル、ツイッギー来日。ミニスカートが流行
10.20 吉田茂元首相没（89 歳）。31 日戦後初の国葬
11.13 べ平連、横須賀に入港の米空母イントレピッドから兵士４人が脱走と発表。４人はソ連経由でスウェーデンに亡命
12.11 佐藤首相、衆議院予算委員会で核兵器を「もたず、つくらず、もちこませず」の非核三原則示す

昭和クイズ100

Q45. ３年後の昭和 45 年に開催される日本万国博覧会のテーマソングが、この年３月に発売された。三波春夫、坂本九、西郷輝彦、倍賞千恵子、吉永小百合らの競作で合計 300 万枚も売れたこの曲のタイトルは？

Q46. 1950 年代に前衛歌人として注目を集めた寺山修司は、1960 年代に入ると演劇活動を展開。昭和 42 年に結成し「書を捨てよ、町へ出よう」などを上演、若者たちの強い支持を得た演劇実験室の名前は？

〈解答はＰ２３８をご覧ください。〉

◉誕生　2.26 三浦知良（サッカー）、3.8 角田光代（作家）、6.20 ニコール・キッドマン（米俳優）、8.8 天海祐希（俳優）、8.18 清原和博（プロ野球）、11.7 伊集院光（タレント）、12.13 織田裕二（俳優）

◉流行語　昭和元禄（この年、史上空前のボーナスで消費景気が爆発。江戸文化の最盛期・元禄時代になぞらえて）、**中流**（「国民生活白書」で国民の過半数が自らの生活を中流と回答）、**核家族**（夫婦と子どもだけの家族が急増）、**対話**（美濃部亮吉東京都知事が「都民と対話したい」と語った）、**蒸発**（突然失踪すること。今村昌平監督「人間蒸発」も話題に）、**アングラ**（唐十郎・寺山修司らの前衛演劇を指して）、**ボイン**（大きな胸。テレビ番組「11PM」で大橋巨泉が朝丘雪路の胸を指して）、**ヤマトダマシイ**（日系ボクサー藤猛のコメントから）、**ヒッピー族**（体制に組み込まれたくない若者たち。米西海岸が発祥）、**フーテン族**（新宿東口広場などにたむろした若者たち）

◉クロニクル　昭和42年（1967）

1.30 明治大、学園紛争で警視庁機動隊を学内に導入
2.11 初の「建国記念の日」
2.15 羽田空港ビルのトイレで時限爆弾が爆発し重傷２人。この年、東京駅（３月 31 日、重軽傷 22 人）、新幹線車内（４月 15 日、未遂）、山陽電鉄車内（６月 18 日、死者２人・重軽傷 29 人）などで類似の爆発事件が続発
3.6 日本航空、西回り世界一周線の運航を開始。７日東回り線開始
3.21 グアム島の米軍 B52 戦略爆撃機約 30 機、台風からの避難を理由に沖縄・嘉手納基地に飛来
3.29 札幌地裁、酪農民が自衛隊の通信線を切断した恵庭事件（昭和 37 年）で、自衛隊の憲法判断を回避して被告に無罪判決。確定
3. ― 小児科臨床医の川崎富作、小児急性熱性皮膚粘膜リンパ節症候群（川崎病）を発見
4.3 べ平連、米ワシントン・ポスト紙に日本語で「殺すな」と大書したベトナム反戦全面広告を掲載
4.5 富山・神通川流域で多発している骨の奇病（イタイイタイ病）について、岡山大の小林純教授、三井金属鉱業神岡鉱業所の廃水が原因と発表
4.15 第６回統一地方選挙で、東京都知事に社共推薦の美濃部亮吉が当選。東京初の革新知事
4.18 厚生省、新潟・阿賀野川下流域で発生した新潟水俣病の原因は昭和電工鹿瀬工場の廃水と断定
5.15 ケネディ・ラウンド（関税一括引き下げ交渉）、日本など主要国間で妥結
6.23 家永三郎東京教育大教授、教科書検定不合格処分取り消しを求め行政訴訟を起こす（第２次訴訟）
7.13 鹿島郁夫、小型ヨットのコラーサ２世号で太平洋横断に成功
7.14 タカラ、「リカちゃん人形」を発売
7.19 今井通子と若山美子、女性初のマッターホルン北壁の登頂に成功
7.22 高田光政、グランドジョラス北壁に登頂。アルプス三大北壁の登頂に成功
8.3 公害対策基本法公布、施行
8.8 東京・新宿駅構内で米軍燃料用タンク車と貨車が衝突炎上
8.27 ユニバーシアード東京大会開催（～９月４日）。共産圏を除く 34 カ国参加
9.1 三重県四日市市の喘息患者９人、石油コンビナート６社を相手に慰謝料請求訴訟を起こす。初の大気汚染公害訴訟。昭和 47 年原告勝訴
9.7 米政府、外務省に原子力空母エンタープライズの日本寄港を申し入れ。11 月２日政府が寄港承認を米に通告

◉値段（東京）　大卒初任給２万 5584 円、ラーメン 100 円、かけそば 60 円、豆腐 25 円、ビール 120 円、清酒 1.8 リットル 750 円、たばこ（ゴールデンバット）30 円、はがき７円、新聞代（１カ月）580 円、映画封切り館 500 円、国鉄初乗り 20 円、都バス乗車賃 30 円（10 月から地帯制に）、パーマネント 1170 円、理髪 420 円

「♪大きいことはいいことだ」
エールチョコレート（森永製菓）
昭和42年。気球に乗った作曲家の山本直純がオーバーな振りで指揮をする。
写真提供：森永製菓

「はっぱふみふみ」
パイロットエリートS（パイロット萬年筆〈現・パイロット〉）
昭和44年。大橋巨泉のセリフ「みじかびの　きゃぷりてとれば　すぎちょびれ　すぎかきすらの　はっぱふみふみ……わかるね」に問い合わせが殺到。
写真提供：パイロット

「あんた外人だろ？ 英語でやってごらんよ」
クイントリックス（松下電器産業〈現・パナソニック〉）
昭和49年。「クイントリックス」しか言わない長身の外国人に、喜劇俳優・坊屋三郎が「あんた、なまるね」と日本人の英語アレルギーを逆手にとったCM。

昭和40年代のテレビCM

昭和40年代のCMは、
喜劇俳優やタレントを起用した“おもしろCM”が目立つ。
CM中の印象的なフレーズは、たびたび流行語にもなった。

「♪隣のテレビにゃ色がある」

「♪うちのテレビにゃ色がない」
サンヨーカラーテレビ（三洋電機）
昭和41年。3C（カー、クーラー、カラーテレビ）が「新三種の神器」と言われた頃、エノケン（榎本健一）の歌が消費意欲を刺激した。
写真提供：三洋電機

「ルーチョンキ」
キンチョール（大日本除虫菊）
昭和41年。主婦に扮したクレージーキャッツの桜井センリのおもしろCM。缶を逆さにもって言う。「ルーチョンキ……あら私ってダメねえ」が大受けだった。
写真提供：渡辺企画

「3分間待つのだぞ」
ボンカレー（大塚食品）
昭和48年。時代劇「子連れ狼」のパロディ。笑福亭仁鶴扮する拝一刀が言う。「ダイゴロー、3分間待つのだぞ」。
写真提供：大塚食品

「ハヤシもあるでよ」
スナックカレー（オリエンタル）
昭和45年。脱線トリオの南利明の名古屋弁が人気で、「……もあるでよ」は流行語に。写真提供：オリエンタル

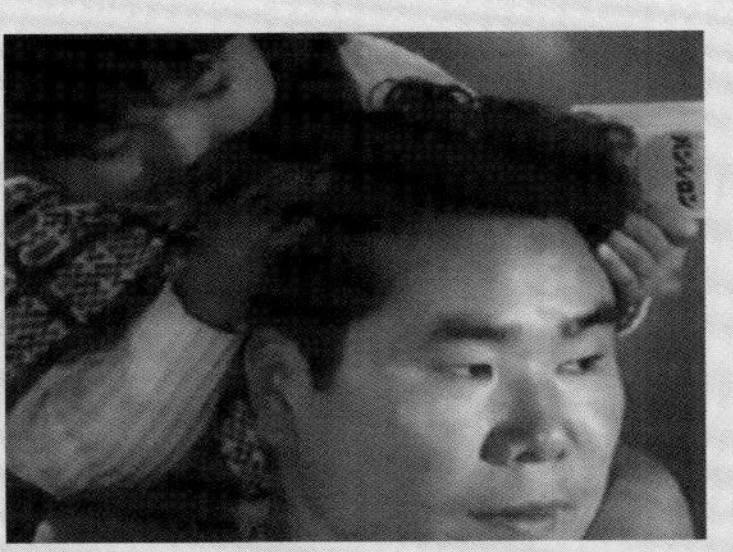

「♪パンシロンでパンパンパン」
パンシロン（ロート製薬）
昭和43年。父親（渥美清）が子ども（沢田聖子）を肩車して「パンシロンでパンパンパン」を交互に歌う。
写真提供：ロート製薬

「これがニットのトータルルック」
イエイエ（レナウン）
昭和42年。テレビCMのエポックメーキングな作品といわれる。小林亜星作詞・作曲のCMソングも話題に。写真提供：レナウン

［たこめし篇］

［出雲篇］

「ミニ周遊券」
ディスカバージャパン（国鉄、現・JR）
昭和46年から始まった国鉄のキャンペーンCM。雑誌「an・an」などで活躍するモデルの秋川リサを起用。写真提供：テレパック

「おかあさ～ん」
信州味噌おかあさん（ハナマルキ）
昭和42年。映画「続・男はつらいよ」の劇中、母を思う寅さんをからかうようにこのCMが使われた。写真提供：ハナマルキ

「男は黙ってサッポロビール」
黒ラベル（サッポロビール）
昭和45年。〝世界のミフネ〟三船敏郎の豪快さを前面に出したCM。写真提供：サッポロビール／協力：三船プロダクション

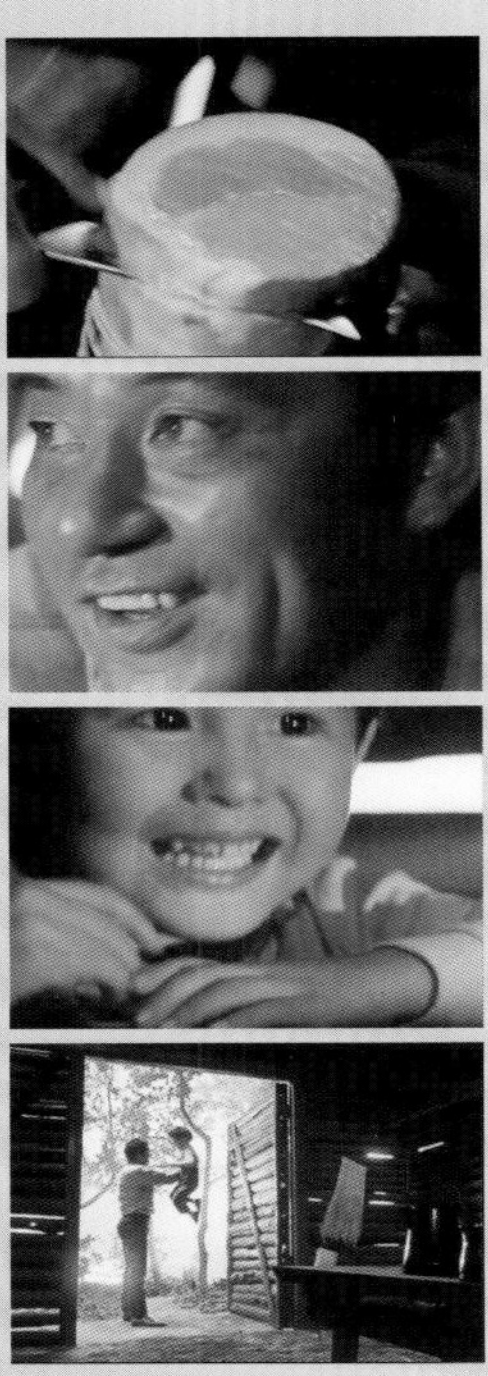

「わんぱくでもいい、たくましく育ってほしい」
丸大ハム（丸大食品）
昭和43年。父と子の絆を描いたシリーズもの。
写真提供：アド電通大阪

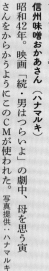

昭和 43 1968年

全共闘の時代

バリケードを守る学生　大学当局の20億円という使途不明金に端を発した日本大学の紛争は、東大闘争とならんで全共闘運動の象徴となった。

立ち上がった若者たち

日本ではこの年、大学が騒乱状態を呈した。全国で学生たちが大学解体を叫び、１１０の大学が学生によってバリケード封鎖された。それら学生運動の中心にいた組織が〝全共闘（全学共闘会議）〟だった。政党系組織や革マル派や中核派といったセクトを超えて大学ごとに結成されたもので、どこも既成の大学自治組織とは一線を画していた。

その目的や運動方針などは大学によって異なる。なかでも、日本大学の日大全共闘と東京大学の東大全共闘が有名だった。東京国税局監査により20億円の使途不明金が発覚した日大では真相究明を求める学生らの運動から一気に燃えあがった。東大ではインターン制度に代わる登録医制度導入に反対する医学部学生の無期限ストから始まった。

こうした運動は、筑波山麓への移転問題を抱えた東京教育大学（現・筑波大学）、学生会館運営問題でもめる中央大学、自由な学生寮の建設を要求する東京外語大学など多くの大学へと拡大。

やがて全共闘運動は学内問題だけにとどまらず、ベトナム反戦運動を中心に学外問題の闘争へと広がっていった。

◉**「駒場祭」ポスター**　昭和43年度の東大駒場祭のポスターは、後の作家・橋本治のデザイン。「とめてくれるなおっかさん　背中のいちょうが泣いている　男東大どこへ行く」の惹句が当時の気分をよく表していた。

米軍基地へ　長崎・佐世保をベトナム戦争の前線基地にさせまいと、全国から集まった学生たちが警官隊と衝突。

10.21国際反戦デーの新宿　国鉄（現・JR）新宿駅構内の線路になだれ込み、投石や放火を行う学生たち。

火炎瓶の炎を浴びて　京都大学周辺のゲリラ戦で火炎瓶の炎を浴びたまま逃げる全共闘の学生。

◉市民も立ち上がる　3月18日、東京・北区王子に米軍野戦病院が抜き打ち的に決定、強行開設されると、学生らとともに地元住民も反対運動に参加。主婦たちの“エプロン・デモ”も話題に。

Playback 43

《川端康成にノーベル文学賞》

川端康成にノーベル文学賞が与えられる。授賞理由は「日本人の心の精髄を、すぐれた感受性をもって表現するその叙述の巧みさ」。

《タレント議員大量当選》

7月の参院選挙で“タレント議員”が続々当選。芸能界から青島幸男、まんがトリオの横山ノック、文壇から石原慎太郎、今東光ら。

《3億円事件、発生》

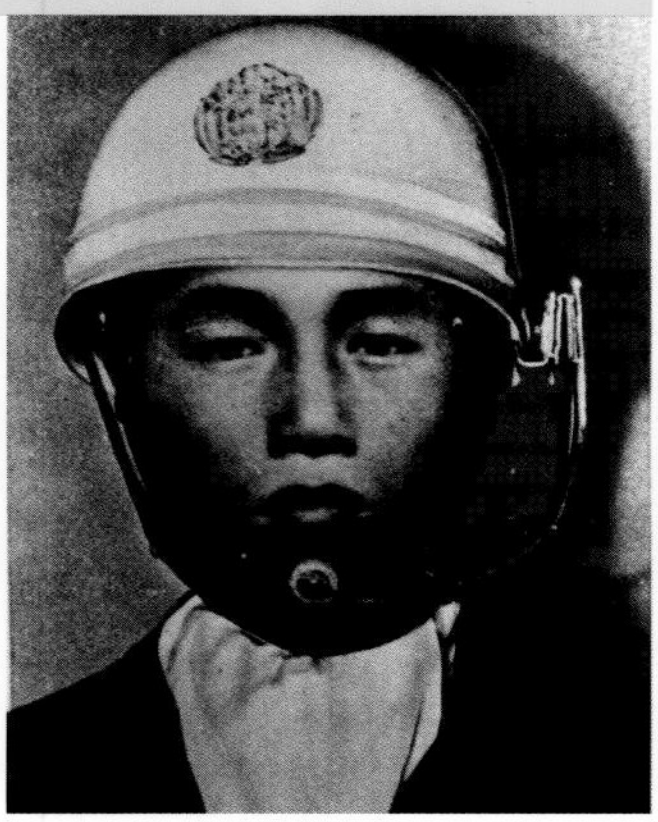

12月、東京・府中の東芝工場のボーナス日、工場へ向かう現金輸送車が白バイに乗った警官姿の男に3億円を奪われた。

勝田線　福岡・筑豊の炭鉱地帯を走っていた勝田線。炭鉱の閉山が相次ぎ、利用客の激減で昭和60年全線廃止に。

◉赤字83線を廃止へ

9月、長年の赤字問題を背景に国鉄諮問委員会がローカル線を中心に赤字の83線を指定し、廃止を促した。新幹線開業と延伸、都市通勤線拡充の一方で、地方切り捨てとの批判もあったが、4年間で11線が廃止に。昭和56年以降、国鉄はバス転換が有効と思われる「特定地方交通線」を3回に分けて選定し、廃止・転換に着手。昭和43年指定の83線の中には、JR各社線として今も存続していたり、第三セクターなどに転換・存続している路線も多い。

◉**話題の本**　羽仁五郎『都市の論理』、北杜夫「どくとるマンボウ青春記」、佐賀潜『民法入門』『刑法入門』『商法入門』、開高健『輝ける闇』、御木徳近『愛』、福永武彦『海市』、司馬遼太郎『竜馬がゆく』、松本清張『Dの複合』、チェ・ゲバラ『ゲバラ選集』

郵便はがき

おそれいりますが
切手をお貼り
下さい

1 0 4 - 8 0 1 1

東京都中央区築地
5－3－2

株式会社
朝日新聞出版
生活・文化編集部 行

ご住所 〒 電話　　（　　）		
ふりがな お名前		
Eメールアドレス		
ご職業	年齢　　歳	性別

このたびは本書をご購読いただきありがとうございます。
今後の企画の参考にさせていただきますので、ご記入のうえ、ご返送下さい。
お送りいただいた方の中から抽選で毎月10名様に図書カードを差し上げます。
当選の発表は、発送をもってかえさせていただきます。

愛読者カード

本のタイトル

お買い求めになった動機は何ですか？（複数回答可）

1．タイトルにひかれて　2．デザインが気に入ったから
3．内容が良さそうだから　4．人にすすめられて
5．新聞・雑誌の広告で（掲載紙誌名　）
6．その他（　）

表紙	1．良い	2．ふつう	3．良くない
定価	1．安い	2．ふつう	3．高い

最近関心を持っていること、お読みになりたい本は？

本書に対するご意見・ご感想をお聞かせください

ご感想を広告等、書籍のPRに使わせていただいてもよろしいですか？

1．実名で可　2．匿名で可　3．不可

ご協力ありがとうございました。
尚、ご提供いただきました情報は、個人情報を含まない統計的な資料の作成等に使用します。その他の利用について詳しくは、当社ホームページ
https://publications.asahi.com/company/privacy/をご覧下さい。

容疑者の永山則夫逮捕
10.15 厚生省、米ぬか油中毒事件（カネミ油症事件）で、製造元のカネミ倉庫製油部に営業停止を通達
10.17 川端康成のノーベル文学賞受賞決定
10.21 国際反戦デー。全国600カ所で集会やデモ
10.23 東京・日本武道館で明治百年記念式典開催
10.25 最高裁、八海事件（昭和26年）の第3次上告審で死刑を含む被告4人に無罪判決
11.10 沖縄初の主席公選で野党統一候補・屋良朝苗当選
12.10 東京・府中で日本信託銀行の現金輸送車が襲われ、2億9430万円を奪われる（3億円事件）

昭和クイズ100

Q47. 令和2年に亡くなった、歌手で女優の宮城まり子が、昭和43年4月に静岡県浜岡町（のち掛川市に移転）に設立した肢体不自由児のための養護施設の名称は？　施設内にはこども美術館や図書館も併設された。

Q48. 長期間保存ができ、お湯で温めるだけで食べられるという簡便さが受けて大ヒット。女優・松山容子のホーロー看板でもおなじみ、レトルト食品の元祖ともいえる、大塚食品工業から発売された商品は？

〈解答はP238をご覧ください。〉

◉誕生　3.30セリーヌ・ディオン（カナダ歌手）、4.1桑田真澄（プロ野球）、4.14小沢健二（ミュージシャン）、5.31鈴木京香（俳優）、6.1夏川結衣（俳優）、6.22柳美里（作家）、8.31野茂英雄（プロ野球、米大リーグ）、9.14吉田修一（作家）、9.16内野聖陽（俳優）、9.25ウィル・スミス（米俳優）、10.29つんく（音楽プロデューサー）、11.12サミー・ソーサ（米大リーグ）

◉流行語　**いざなぎ景気**（昭和40年から続く好景気を指して）、**ゲバルト**（ドイツ語の「暴力」「権力」が語源で、学生デモなどでの実力行使のこと。武器の角材はゲバ棒）、**ノンポリ**（「非政治的」の意。学生運動に加わらない学生）、**失神**（女優・応蘭芳の「セックスで失神する」という発言から）、**ハレンチ**（永井豪のマンガ『ハレンチ学園』から）、**サイケ**（サイケデリックの略）、**大きいことはいいことだ**（森永製菓のチョコレートのCMから）、**とめてくれるなおっかさん**（橋本治の東大駒場祭ポスターから）

◉クロニクル　昭和43年（1968）

1.9 東京五輪のマラソンで銅メダルの円谷幸吉、「もう走れません」との遺書を残し自殺。27歳
1.15 米原子力空母エンタープライズ寄港阻止行動のため長崎・佐世保に向かおうとした中核派学生、東京の法政大周辺で警官隊と衝突し131人逮捕。19日エンタープライズが佐世保に入港
1.29 東京大医学部学生自治会、インターン制廃止に伴う登録医制度導入に反対して無期限ストに突入（東大闘争の発端）
1.－ ちばてつや画・高森朝雄（梶原一騎）原作『あしたのジョー』、「週刊少年マガジン」で連載開始
2.20 静岡県清水市で2人を射殺した金嬉老、寸又峡の温泉旅館で客ら13人を人質に立てこもる
3.4 法務省、「差別戸籍」とされる明治5年式戸籍（壬申戸籍）の閲覧差し止め
3.5 UPI通信社の峯弘道カメラマン、南ベトナム北部戦線取材中に死亡。27歳。日本人ジャーナリスト初の犠牲者
3.18 東京都北区王子の在日米軍キャンプ内にベトナム傷病兵用野戦病院開設
3.27 厚生省特別調査研究班、富山県下のイタイイタイ病の主因は三井金属鉱業神岡鉱業所排出のカドミウムと発表。5月8日厚生省、公害病と認定
3.30 日本テレビ、アニメ「巨人の星」放送開始
4.6 俳優の宮城まり子、静岡県浜岡町に肢体不自由児養護施設「ねむの木学園」を開設
4.15 国税庁、日本大の経理で20億円が使途不明と発表（日大闘争の発端）。5月27日、日大全学共闘会議（日大全共闘、秋田明大議長）結成
4.18 東京に霞が関ビル竣工。36階建て、高さ147メートルで日本初の超高層ビル
6.10 大気汚染防止法・騒音規制法公布
6.15 文化庁設置。初代長官に今日出海
東京大で医学部全学闘争委員会、安田講堂を占拠。17日大学側が機動隊を導入。7月2日安田講堂を再占拠、5日東大全学共闘会議（東大全共闘、山本義隆代表）結成
6.26 小笠原諸島、日本に復帰。東京都に所属
8.8 和田寿郎札幌医大教授、日本初の心臓移植手術を行う。手術から83日目に患者（18歳）死亡
9.26 厚生省、熊本水俣病と新潟水俣病を公害病と認定
9.30 日大全共闘の学生2万人と古田重二良会頭及び理事、翌朝に及ぶ大衆団交。大学側は学生の要求を入れた確約書に署名。10月3日大学側が破棄
10.11 東京・芝の東京プリンスホテルでガードマンが射殺される。14日京都、26日函館、11月5日名古屋で連続射殺事件が起きる。昭和44年4月7日

◉値段（東京）　大卒初任給2万8402円、米10キロ1520円、ラーメン120円、かけそば70円、豆腐25円、ビール130円、清酒1.8リットル830円、たばこ（ゴールデンバット）30円、はがき7円、新聞代（1カ月）660円、映画封切り館500円、国鉄初乗り20円、都バス乗車賃（1区間）30円、タクシー初乗り100円、パーマネント1250円、理髪450円

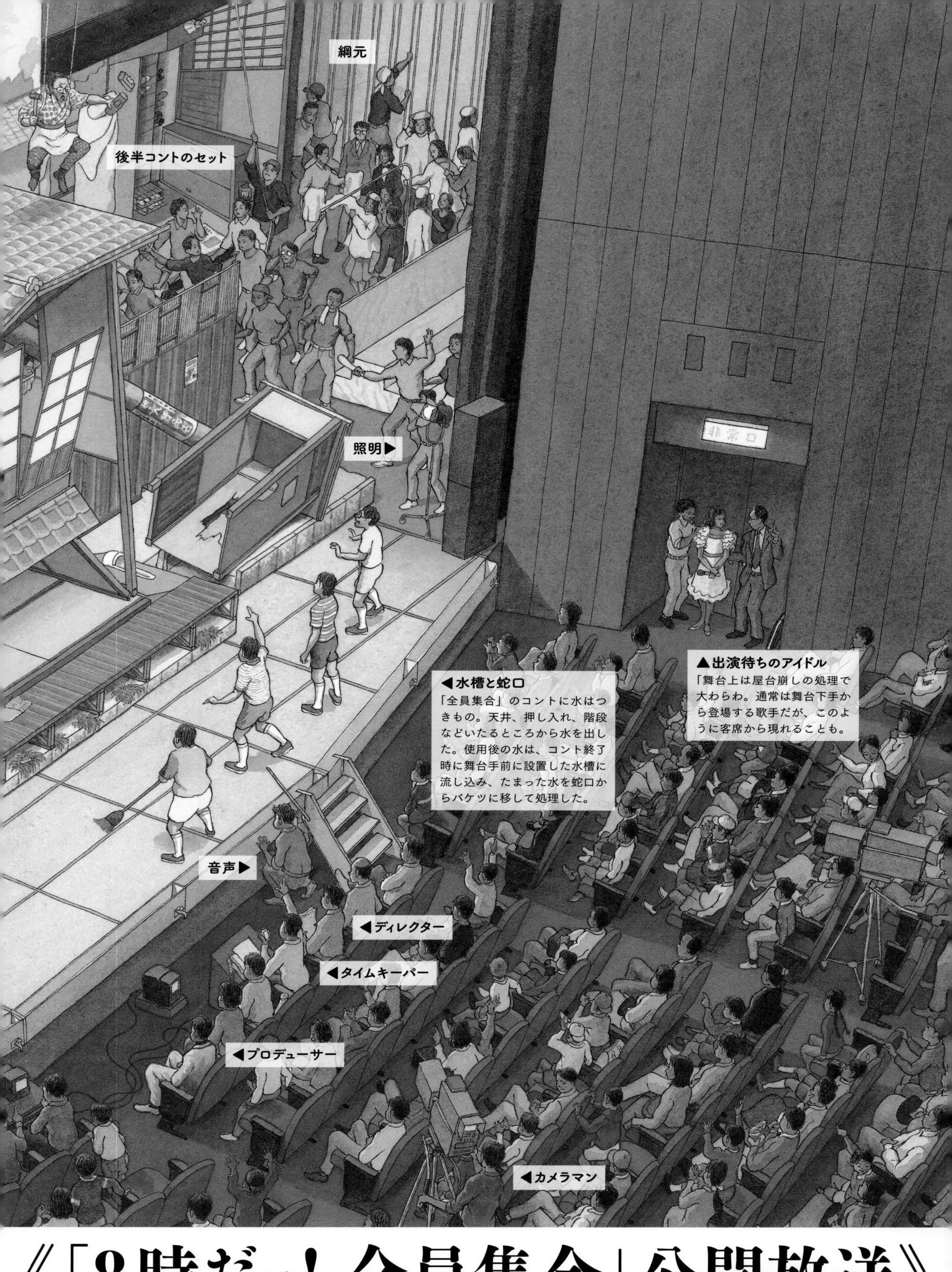

《「8時だョ！全員集合」公開放送》

土曜夜8時から始まる1時間の生放送番組（TBS系）。構成は、オープニングと20分ほどの前半コント、歌のコーナー、「合唱隊」コーナー、歌のコーナー、短いコントが連なった後半コーナーが基本だった。イラストは、前半コントのクライマックス、屋台崩しの瞬間を描いている。

コントでは、セットそのものが笑いを生み出すように、たくさんの仕掛けが盛り込まれた。この回では、物干し台が屋根から滑り落ちる、電信柱が倒れるなど屋台崩しに向けて10以上の仕掛けが展開される。これらの仕掛けはほとんどが人力。裏でAD（アシスタント・ディレクター）や大道具が動かしていた。

生放送時に働いているスタッフと出演者は総勢200人。その舞台裏には大道具、小道具、衣装やメーク、付き人など常時45人以上のスタッフがひしめいていた。前半コント終了後、すぐに歌手のステージが始まるため、裏ではバンドが出番を待つ。屋台崩しが完了すると、スタッフ総出で舞台転換が行われた。なお、本来見えないはずの部分は、透かして描いてある。

監修・文：山田満郎（「8時だョ！全員集合」セットデザイナー）／イラスト：青山邦彦

昭和 **44** 1969 年

寅さん、スクリーンに登場

「男はつらいよ」（1969） 全48作つくられた“寅さん”シリーズの第1作。“フーテンの寅”に扮した渥美清（左）と、右は初代マドンナ役の光本幸子。監督：山田洋次　写真提供：松竹

姓は車、名は寅次郎

「私、生まれも育ちも東京葛飾柴又です。帝釈天で産湯を使い、姓は車、名は寅次郎、人呼んで〝フーテンの寅〟と発します……。」でおなじみの昭和の超人気シリーズの映画化がこの年から始まった。

そもそもの始まりは、昭和43年（1968）スタートのテレビドラマ（全26話・フジテレビ系）で、翌年、放送が終わると、監督の山田洋次は映画化を考えたが、「団子屋のセガレが美女に失恋するだけの話がなんでおもしろいのか」「テレビでやったものと同じ映画をつくって客が見に来るか」（山田洋次著『映画をつくる』国民文庫）とさんざんだったという。

ところが、映画化後の成績はまずまず。当初は2作の予定だったが、公開するにつれてしり上がりに成績がのび、松竹の正月・お盆興行を支えるドル箱シリーズとなり、最終的には48作プラス特別編1作がつくられた。なお、30作を超えた時点で〝世界最長の映画シリーズ〟として『ギネスブック』に認定されている。

毎回、話題のマドンナ役を演じた女優は47人。初代は光本幸子。最多は〝寅次郎忘れな草〟〝寅次郎相合傘〟など5作に出演した浅丘ルリ子だった。

◉寅さんの名セリフ　「おてんとうさまは、見ているぜ！」「結構毛だらけ、猫灰だらけ」「それを言っちゃあ、おしめえよ」「なんて言うか、ほら、あー生まれてきてよかったなって思うことが何べんかあるだろう、そのために人間生きてんじゃねえのか」「たいしたもんだよ、蛙のションベン。見上げたもんだよ、屋根屋のふんどし」

放水を浴びる学生　地上からの放水とガス銃攻撃に加えて、ヘリコプターからも催涙液を浴びせられる学生たちの武器は、手製の火炎瓶と石だけだった。

火炎瓶　機動隊員にとって、火炎瓶と投石を避けるには、ジュラルミンの盾だけが頼りだった。

◉東大安田講堂、落城す

前年、医学部での登録医制度の導入問題が発端となって全学に広がった東大全共闘の闘い。1月18日午前5時45分、時計台放送が「すべての学友諸君は戦闘配置に」という機動隊の出動を報じたことで、真冬の攻防戦が始まった。安田講堂に立てこもる学生に向けて、陸・空からガス弾と放水で攻撃する機動隊。その圧倒的な攻勢に必死に抵抗する学生たちだったが、時計塔の屋上で最後まで旗を振り続けた学生が逮捕された19日午後5時45分、36時間に及ぶ攻防は終結した。2日間で逮捕された学生は633〜683人だった。

☞ **◉列品館屋上に残された学生の武器**　敷石、レンガ、大理石の破片、こわれた電気モーター、コンロなど実験器具のガラクタ、蒸留水の大ビン、ホウ酸、シンナー、ベンジン液入りビン、粉石けん、鉄製ブックエンドなど。

Playback 44

《シースルーが流行》

この年、ファッション界では〝シースルー〟透けて見える素材を使った服装が世界的に流行した。

《アポロ11号、月面着陸》

米アポロ11号の月着陸船「イーグル」のアームストロング船長が人類で初めて月面に降り立つ様子がテレビ中継された。

《新宿駅西口フォークゲリラ》

この年2月から毎週土曜日になると東京・新宿駅の西口地下広場で、ベ平連による反戦フォーク集会が開かれた。

開通式 東名高速道路全線開通を祝う式典が盛大に行われた。

◉東名高速道路、全線開通

東京都と愛知県小牧市を結ぶ東名高速道路が全線開通した。全長346・7キロ。昭和37年5月に着工され、昭和43年4月から部分開通していたが、最後の未通部分だった大井松田IC～御殿場IC間の25・8キロが開通した。これにより、昭和40年に開通していた名神高速道路と合わせて、東京と兵庫県西宮市をつなぐ大動脈が完成、この後、高速道路網が全国に広がっていく。そうしたなかで、開通間もない6月1日には東名高速道路での初の死亡事故が起こり、便利さの裏に潜む車社会の危険を早くも露呈した。

◉話題の本　海音寺潮五郎『天と地と』、庄司薫『赤頭巾ちゃん気をつけて』、倉橋由美子『スミヤキストQの冒険』、石牟礼道子『苦海浄土－わが水俣病』、保田与重郎『日本浪漫派の時代』、D・モリス『裸のサル』、P・F・ドラッカー『断絶の時代』、梅棹忠夫『知的生産の技術』、山本義隆『知性の叛乱』

表
11.5 警視庁、山梨県の大菩薩峠で武装合宿訓練をしていた赤軍派53人逮捕
11.19 佐藤首相、ニクソン米大統領と会談。21日「核抜き・本土並み」での昭和47年の沖縄施政権返還・安保条約堅持などの共同声明発表
11.23 東京・池袋にパルコ開店
12.1 東京都、老人医療費の無料化実施
12.17 文部省、「大学紛争白書」発表。この年の紛争大学124校
この年 日本のテレビ受像機生産台数1269万台で世界第1位に

昭和クイズ100

Q49. 薬チェーン店「マツモトキヨシ」の創業者・松本清が千葉県松戸市長時代に発案した住民サービス課は？

Q50. 暗い世相を反映、「バカだな、バカだな、だまされちゃって」と藤圭子が歌った“怨歌”のタイトルは？

〈解答はP238をご覧ください。〉

◉誕生 1.3 ミハエル・シューマッハ（独F1レーサー）、2.6 福山雅治（ミュージシャン）、3.15 武豊（騎手）、4.11 森高千里（歌手）、5.8 曙太郎（大相撲）、6.15 オリバー・カーン（独サッカー）、6.29 橋下徹（政治家、弁護士）、7.2 田口壮（プロ野球）、7.14 桜庭和志（格闘家）、8.13 伊藤みどり（フィギュアスケート）、9.23 鈴木杏樹（俳優）、9.28 仙道敦子（俳優）、10.3 石田ゆり子（俳優）、10.24 及川光博（俳優、歌手）、12.20 荻原次晴（ノルディックスキー）、12.31 大黒摩季（歌手）

◉流行語 Oh！モーレツ（丸善石油のCMから。モーレツ社員などと転用）、**エコノミック・アニマル**（モーレツ社員ががむしゃらに働く日本企業を皮肉って。パキスタンのブット大統領が褒め言葉として使ったのが最初といわれる）、**はっぱふみふみ**（大橋巨泉の万年筆のCMから）、**造反有理**（中国・文化大革命のスローガン。反抗には道理があるという意味）、**システム思考**（米アポロ計画の成功で、個々の科学技術を総合して問題解決に取り組む発想法として注目される）、**ニャロメ**（赤塚不二夫の漫画から。「この野郎め」の意）

◉クロニクル 昭和44年（1969）

1.15 米ロッキード社、トライスター旅客機売り込みのコンサルタントとして児玉誉士夫と5000万円で契約。昭和47年全日空がトライスター機導入決定。昭和51年に問題が表面化
1.18 警視庁機動隊、東京大学安田講堂などの封鎖解除を開始。19日安田講堂の封鎖解除
1.20 東大の昭和44年度の入学試験中止が決まる
1.24 美濃部亮吉東京都知事、公営ギャンブル廃止の方針を発表
2.1 日本専売公社、フィルター付きたばこ「セブンスター」発売。20本入り100円
2.7 閣議で第2次資本自由化措置を決定
3.6 八幡製鉄と富士製鉄、合併調印。昭和45年3月31日新日本製鉄発足
3.15 寺山修司主宰の劇団・演劇実験室天井桟敷、東京・渋谷に地下劇場「天井桟敷館」を開館
4.7 東京・京都・函館・名古屋で4人が殺された連続ピストル射殺事件の容疑者・永山則夫を東京都渋谷区で逮捕。昭和46年『無知の涙』出版。平成2年死刑確定、平成9年執行
4.13 青木茂愛知教育大教授ら、「課税の不合理是正」などを主張し全国サラリーマン同盟結成
4.24 建設省、国土地理院に地震予知連絡会を設置
5.1 好景気、連続43カ月目に入り戦後最長を記録。「いざなぎ景気」と呼ばれる
5.10 国鉄、1等・2等制を廃止しグリーン料金を新設
5.16 政府、自主流通米制度の導入を決定
5.26 東名高速道路（346.7キロ）全線開通。名神高速道路とあわせ東京～西宮間が高速道路で直結
5.30 閣議で新全国総合開発計画を決定
6.10 経済企画庁、昭和43年の日本の国民総生産（GNP）が西独を抜き世界2位と発表
6.12 日本初の原子力船「むつ」が進水
6.28 東京・新宿駅西口地下広場の反戦フォークソング集会に7000人参集
8.4 TBSテレビ、時代劇「水戸黄門」放送開始
8.18 全国高校野球選手権大会決勝戦で三沢高と松山商が0-0のまま延長18回引き分け。翌日再試合で松山商優勝
8.27 松竹映画「男はつらいよ」公開
9.5 東京・日比谷野外音楽堂で全国全共闘連合結成。議長に山本義隆、副議長に秋田明大
10.4 TBSテレビ、ザ・ドリフターズの「8時だョ！全員集合」放送開始
10.6 千葉・松戸市役所、市民の苦情処理の窓口「すぐやる課」発足。松本清市長の発案
10.18 日産自動車、スポーツカー「フェアレディZ」発

◉値段（東京） 大卒初任給3万1830円、ラーメン150円、かけそば80円、豆腐30円、ビール130円、清酒1.8リットル830円、たばこ（ゴールデンバット）30円、はがき7円、新聞代（1カ月）750円、映画封切り館700円、国鉄初乗り30円、都バス乗車賃30円、タクシー初乗り100円、理髪490円

開幕！大阪万博

開会式 くす玉が割れ、紙ふぶきが舞う。3月14日、お祭り広場で開かれた大阪万博開会式。フィナーレでは、世界の子どもたちとホステスたちが踊りの輪をつくった。

経済的繁栄を世界にアピール

昭和30年代からの高度経済成長期を経て、敗戦の混乱から立ち直った日本。その成果としてのオリンピックと〝人類の進歩と調和〟をテーマにかかげた日本万国博覧会の開催は、アメリカに次ぐ世界第2位の経済大国に成長した日本の繁栄を世界に大きくアピールする機会となった。

万博会場の中央には芸術家・岡本太郎の分身とも言える巨大なモニュメント〝太陽の塔〟が屹立していた。その塔を中心にテーマ館やお祭り広場などを配置。会場内には、国内33、海外84、計117の国や企業などのパビリオンが立ち並ぶ。そこには「リニアモーターカー」や「電気自動車」「動く歩道」「ワイヤレス電話」から「ケンタッキー・フライド・チキン」まで21世紀の現代社会ではごく当たり前の「未来」を実見することができた。

この万博をきっかけに、日本は経済大国へと登りつめる。バブル経済とその破綻に見舞われるのは、まだまだ先のこと。入

◉**万博小史** 最初の万国博覧会は、鉄骨にガラス張りの巨大な水晶宮を会場にした1851年のロンドン万博。このときの成功で、その後各国が競って開催。1889年のパリ万博ではエッフェル塔が建てられた。万博は回を重ねるごとに隆盛になり、1900年のパリ万博では4708万人の入場者を記録している。

夜の会場風景　色とりどりの照明で美しさを競う、夜のパビリオン。夜景も見どころのひとつだった。

場者数約6422万人（うち外国人は約170万人）の史上最大の万博は、産業技術の進歩がひたすら誇らしく思えた20世紀最後の万博とも言えた。

ガス・パビリオン　テーマは「笑いの世界」。口を開けて笑っているような展示館の中には、スペイン出身の画家ミロの陶製大壁画もあった。

◉コンパニオンたち　“大阪万博の花”と呼ばれたホステス（コンパニオン）たちは、制服でも注目を浴びた。ミニスカートやブーツといった当時流行のスタイルや、お国柄を反映した民族風、さらには未来風、著名なデザイナーによるものまで、デザインは多種多彩。彼女たちの姿を見るのも、入場者たちの楽しみのひとつだった。

◉三島由紀夫、自決！

11月25日正午過ぎ、東京・市ヶ谷の陸上自衛隊東部方面総監部で総監と面談していた作家・三島由紀夫ら〝楯の会〟の5人は総監を突然監禁、そのまま総監室前のバルコニーに出て行くと檄文を撒き、集まった約800人の自衛隊員を前に「諸君は武士だろう。武士ならば自分を否定する憲法をどうして守るんだ」などと演説した後、三島は「天皇陛下万歳」の声とともに室内に引き返し、持ってきた短刀で割腹。〝楯の会〟メンバーに介錯させて果てた。ノーベル賞候補の高名な作家・三島の〝ハラキリ〟は内外に大きな衝撃を与えた。

Playback 45

《よど号ハイジャック》

3月31日、赤軍派の9人が富士山付近上空で日航機「よど」号をハイジャックし北朝鮮へ亡命。赤軍派はその後、北朝鮮で暮らした。

《歩行者天国》

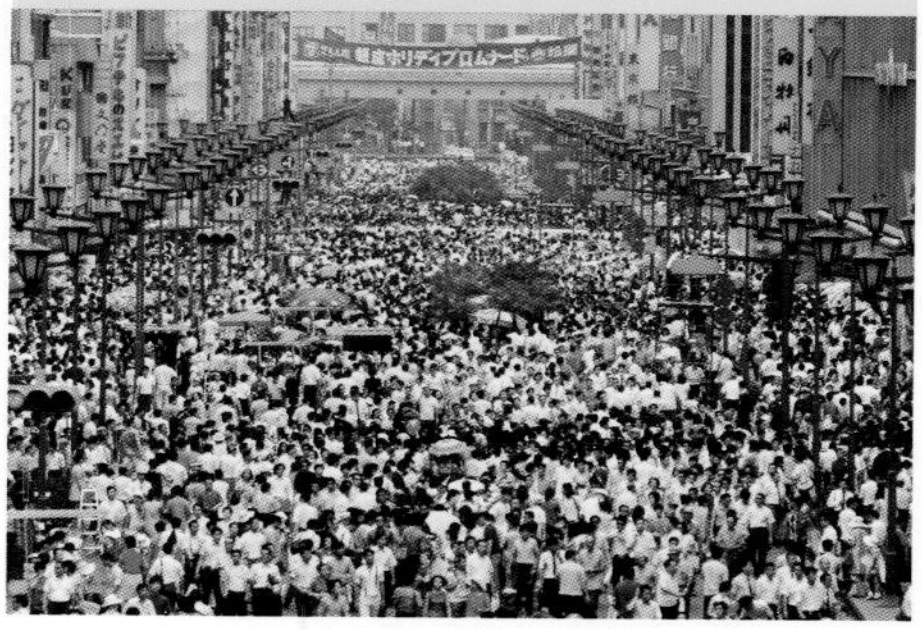

8月2日日曜日、東京の銀座、新宿、池袋、浅草で初の歩行者天国を実施。当日は付近での自動車の排出ガスに含まれるCO濃度が急減した。

《国産初の人工衛星「おおすみ」》

東大宇宙航空研究所が初の国産人工衛星「おおすみ」の打ち上げに成功。日本はソ連、米、仏に次ぐ4番目の衛星自力打ち上げ国に。

◉**話題の本**　塩月弥栄子『冠婚葬祭入門』、曽野綾子『誰のために愛するか』、清岡卓行『アカシアの大連』、五木寛之『青春の門』、三島由紀夫『豊穣の海』、高田好胤『心』、山本周五郎『樅ノ木は残った』、藤原弘達『創価学会を斬る』、立原正秋『冬の旅』、沼正三『家畜人ヤプー』、石原慎太郎『スパルタ教育』

10.14 国鉄初の全国観光キャンペーン「ディスカバー・ジャパン」始まる
10.20 政府、初の『防衛白書』を発表
11.14 日本初のウーマン・リブ大会、東京・渋谷で開催
11.25 三島由紀夫、楯の会会員と陸上自衛隊東部方面総監部でクーデターを呼びかけ割腹自殺
12.18 参議院本会議で公害関係 14 法案が可決成立。25 日公布
12.20 沖縄・コザ市で米兵の交通事故処理をめぐり群衆が憤怒、反米騒動に発展（コザ暴動）

この年　ジーンズにTシャツのスタイルが定着

昭和クイズ100

Q51. 三島由紀夫が自ら製作・監督・主演ほかを手掛けた、割腹シーンまである映画のタイトルは？

Q52. 大阪・万博記念公園にある芝生の先にそびえ立つ、岡本太郎の巨大な分身の名前は？

〈解答はP238をご覧ください。〉

◉誕生　1.25 千原せいじ（タレント）、2.23 相田翔子（タレント、歌手）、2.27 室井佑月（作家）、3.1 中山美穂（俳優）、3.8 桜井和寿（歌手）、3.27 マライア・キャリー（米歌手）、3.28 水野真紀（俳優）、4.8 博多華丸（タレント）、4.23 阿部サダヲ（俳優）、4.25 鶴田真由（俳優）、5.7 上田晋也（タレント）、5.15 辰吉丈一郎（ボクシング）、5.16 大下容子（アナウンサー）、5.22 ナオミ・キャンベル（英モデル）、7.3 岡村隆史（タレント）、7.12 イ・ビョンホン（韓国俳優）、7.19 宮藤官九郎（脚本家）、8.12 吉岡秀隆（俳優）、9.26 池谷幸雄（体操）、9.27 羽生善治（将棋）、9.28 クルム伊達公子（テニス）、10.8 マット・デイモン（米俳優）、11.17 城島茂（俳優、タレント）、11.18 渡辺満里奈（タレント）、12.8 和久井映見（俳優）

◉流行語　**ウーマン・リブ**（Women's Liberation。女性解放運動から）、**ビューティフル**（富士ゼロックスのCM「モーレツからビューティフルへ」から）、**ハイジャック**（飛行機乗っ取り事件の多発から）、**ヘドロ**（田子の浦の製紙工場による汚染から）、**三無主義**（無気力、無関心、無責任のこと）、**しらける**（何事にも熱中できない若者の心理状態）、**鼻血ブー**（谷岡ヤスジの漫画から）、**男は黙って**（三船敏郎のサッポロビールのCMから）、**ハヤシもあるでよ**（オリエンタルカレーのCMから）

◉クロニクル　昭和45年（1970）

1.5 共産党、公明党・創価学会が藤原弘達らの著作の出版を妨害したと批判声明。6月25～27日の第8回公明党大会で、創価学会との「政教分離」はかる新綱領を採択
1.24 アメリカン・ニューシネマの「イージー・ライダー」公開
1.28 大相撲の北の富士と玉乃島（後の玉の海）、横綱に同時昇進
東京地裁、「血のメーデー」事件（昭和 27 年）の裁判で一部騒乱罪の成立を認め、93 人に有罪判決。昭和 47 年東京高裁は騒乱罪成立を認めず、84 被告の無罪判決確定
2.3 政府、核拡散防止条約（ＮＰＴ）に調印。昭和 51 年6月批准
2.11 東大宇宙航空研究所、初の国産人工衛星「おおすみ」の打ち上げに成功
3.3 月2回発行の女性誌「an・an」創刊
3.11 世界最大の旅客機、ボーイング 747 ジャンボジェット機の第1便（パンアメリカン航空、490 人乗り）が初めて羽田空港に到着
3.15 大阪・千里丘陵で日本万国博覧会開幕（大阪万博、～9月 13 日）
3.22 第1回全国女子プロボウリングで中山律子優勝
3.31 赤軍派学生9人による日航機「よど号」ハイジャック事件発生。4月5日犯人らを平壌に残して羽田に帰着
八幡・富士両製鉄所が合併、新日本製鉄が発足
5.11 日本山岳会エベレスト登山隊の松浦輝夫と植村直己、日本人初のエベレスト登頂に成功。
6.23 日米安保条約が自動延長
7.17 東京地裁（杉本良吉裁判長）、家永教科書第2次訴訟で「教科書検定は思想審査にあたり、教育内容への国の不当な介入」として検定不合格処分を取り消す判決
7.18 東京・杉並の東京立正高校グラウンドで生徒四十数人が倒れる。東京都公害研究所は日本初の光化学スモッグが原因と推定
8.2 警視庁、銀座・新宿・池袋・浅草の繁華街で休日の車両通行を禁止する「歩行者天国」を実施
9.1 広中平祐米ハーバード大学教授、日本人2人目のフィールズ賞を受賞
9.17 ソニー、ニューヨーク証券取引所に株式上場。日本企業で初
9.18 沖縄・糸満町で主婦、飲酒運転の米軍兵士にはねられて死亡。12 月 11 日、米軍事法廷で無罪判決。16 日裁判のやり直し、米国人犯罪の裁判権移管を要求する 5000 人県民大会が開かれる

☞ **◉値段（東京）**　大卒初任給3万 7302 円、ラーメン 150 円、豆腐 35 円、ビール 140 円、清酒 1.8 リットル 850 円、たばこ（ゴールデンバット）30 円、はがき7円、新聞代（1カ月）750 円、映画封切り館 700 円、国鉄初乗り 30 円、都バス乗車賃 30 円、タクシー初乗り 130 円、理髪 560 円

藤圭子

〝怨歌〟伝説に翻弄された宿命の歌手

写真：朝日新聞社

昭和のひと

「歌い手には一生に何度か、ごく一時期だけ歌の背後から血がしたたり落ちるような迫力が感じられることがあるものだ」

作家・五木寛之がエッセー（『五木寛之エッセー全集・第四巻 ゴキブリの歌』講談社）の中で、新人歌手・藤圭子にふれてから、彼女につけられたキャッチフレーズ〝演歌の星を背負った宿命の少女〟はひとり歩きを始めた。

藤をスカウトした作詞家の石坂まさを（沢ノ井竜二）は、「マイナスはプラスになる」と、藤の生い立ちを売りだしの材料にした。幼いころの浪曲師の両親とのドサ回り生活。上京してからのネオン街での流しの生活。これに〝暗さ〟と〝つらさ〟を加え、石坂氏は、宿命のドラマをつくり上げた。藤のインタビュー記事をいくつか読んでいくと〝宿命の少女〟伝説の誕生と瓦解が浮き上がってくる。

デビューは昭和44年の秋。その翌年早々の取材で、藤は石坂ドラマを演じ始める。

「生活するということで、つらく苦しい、涙が出るようなことがありました」「早く一人前になって、両親のためにマイホームを建てたい」「暗いさみしい歌が好きです。映画、悲しい物語。まんがもコミカルなのだめです」

そして、取材が終わると「ありがとうございました」と挨拶する。このけなげさと、藤の歌う歌の世界とは対照的な明るさが、逆に哀切感を盛り上げ、シンパを増やしていった。

マスコミは、藤の宿命のドラマをさらに悲劇的に表現していく。その一方で「新宿の女」「女のブルース」「圭子の夢は夜ひらく」などが爆発的に売れると、こんどは姉の離婚といった藤にまつわるスキャンダルを書きたてた。藤のマスコミに対する不信感が強くなるのは、デビュー1年目あたりから。

「インタビューって、きらいよ」

と言い始め、「アサヒグラフ」（昭和45年7月31日号）のインタビューでも、

「もう思考能力がなくなってますからどんどん聞いて下さい。ハイ、イイエで答えますから」

と投げやりな一面を見せた。

「ぜいたくはできなかっただろうけど、別にお金に困ったことはなかった」と、悲劇性過剰の宿命ドラマに対して反発し始めている。育ての親の石坂もこの取材中に早くも、「藤圭子の時代は終わった」と語っている。

藤が第1回日本歌謡大賞や日本レコード大賞大衆賞を受け、さらにNHK紅白歌合戦に初出場するのは、石坂が藤圭子の時代の終わりを告げてから半年後のことである。そして、翌年には前川清との突然の結婚、そして1年後の離婚。藤圭子の〝宿命の少女〟伝説には、ほぼ1年ほどでピリオドが打たれることになる。

しかし、その伝説づくりは見事というしかない。五木寛之が前出エッセーの中で、「ここにあるのは、〈艶歌〉でも〈援歌〉でもない。これは正真正銘の〈怨歌〉である」と書き、全共闘世代が「新宿の女」の一節、〽バカだな　バカだな　だまされちゃって……、に共感したことなど、時代の雰囲気すべてが、たとえ短期間だったにせよ、藤圭子という演歌歌手を幾重にも支えた。

時代が〝怨歌歌手〟藤圭子をスターに押し上げ、やがて彼女はその時代の重みにつぶされ、消えていく。結婚、離婚、引退、渡米。そこには、彼女なりの抵抗の跡がうかがえる。伝説で語られた暗い人生は、むしろ伝説崩壊後の一時期、藤を直撃したと見るほうがいい。藤は「週刊朝日」（平成10年7月9日号）のインタビューに対して、こう答えていた。

「子どものころから歌が好きと思ったことは一度もなかったんです。歌えなくなって初めて、私は歌が好きだったと気がついたんです」

独身時代の本名・阿部純子から、旅回り歌手の時代には三条純子、上京してソノシートに歌を吹き込んだときには島純子、そして〝演歌の星〟藤圭子。昭和54年に一度引退、2年後にカムバックした。〝歌う藤圭子〟に、彼女が愛情を感じはじめたのは、カムバックしてからだろうか。〝怨歌〟のイメージは、自殺とも思える謎の死にあるだけだった。

昭和 46

三里塚闘争

1971 年

最大拠点落城す　9月16日、早朝から第2次強制代執行が行われた。煙に包まれる反対派の最大拠点・駒井野団結小屋。

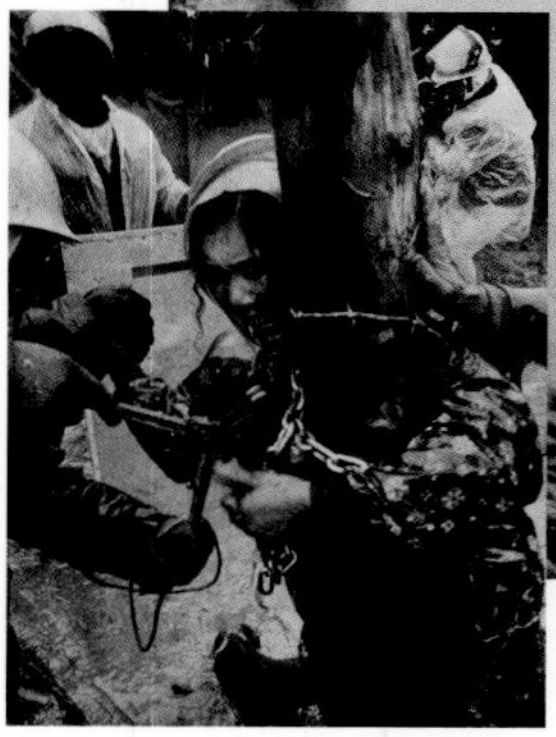

わが身を縛り付け　三里塚の農民たちは力と数に勝る警察に対してゲリラ戦術をとった。わが身を鉄鎖で立ち木に縛る婦人行動隊員。

激化する最後の農民一揆

１９６０年代、世界の航空業界は大型化とスピード化という課題を抱えていた。日本も同じで、大量輸送時代に羽田空港だけではとても対応できない。そうしたなか昭和41年7月4日、政府は閣議で千葉・三里塚を新国際空港建設地に早々と決定。地元には決定前の6月25日に「新空港説明会」を開催。「三里塚空港反対同盟」が結成されるのはその３日後のことである。

北総台地を舞台に、激しい反対運動が起こったのは昭和46年に強行された2度の強制代執行からで、このときは死者3人を出す流血の惨事となった。農民たちは6つの砦を築いて死守を図るが、圧倒的な機動隊のパワーの前に砦は次々と陥落。そうした闘争と併行するように空港建設は進み、成田空港は「管制塔占拠事件」や「京成スカイライナー放火事件」に遭いながらも昭和53年5月20日に開港にこぎつける。しかし、「最後の農民一揆」とまで言われた農民たちによるこの反対闘争はその後もスローガンを「空港廃港」に変えて続いていくのだった。

◉**3度目の赤紙**　空港予定敷地内は御料牧場と県有林、それに戦前、戦後の開拓農民の土地で占められていた。戦地から引き揚げ、戦後は食糧増産の国策に沿って入植し、耕運機もない時代に鍬１本で松林や竹林を開拓してきた農民たちにとって、空港はまさに兵役、開拓に次ぐ“3度目の赤紙（召集令状）”にほかならなかった。農民たちは結束して闘った。

◉ボウリングブームの華

女子プロボウラー誕生　昭和44年5月、13人の女子プロボウラー1期生が誕生した。右から中山律子、須田開代子ら。

昭和27年、日本初の民間ボウリング場が東京・青山にオープン。アメリカ生まれのこのレジャー・スポーツは当初、一部富裕層のものだったが、3年後に日本ボウリング連盟（現・全日本ボウリング協会）が設立され、設備の機械化が進むと大衆スポーツへと広がりを見せていく。そして1億総レジャー時代に入った昭和40年代には日本中を席巻。とくに女性ボウラーに人気が集中。その中心にいたのが〝さわやか律子さん〟と呼ばれ、女子プロ初の公認パーフェクトを記録した中山律子だった。

WEEKLY
アサヒ・ボウル
創刊号
9-11
産報
100円
ボウリングがオリンピックに出場する!!
愛に悩む人気女子プロの〝恋人〟を探る

雑誌も続々創刊　月刊、週刊合わせて20誌以上の専門誌が創刊。写真は「週刊アサヒボウル」（産報）、表紙は中山律子。

◉**話題の本**　高野悦子『二十歳の原点』、イザヤ・ベンダサン『日本人とユダヤ人』、北山修『戦争を知らない子供たち』、柳田邦男『マッハの恐怖』、土居健郎『「甘え」の構造』、大岡昇平『レイテ戦記』、大原富枝『婉という女』、半村良『石の血脈』、山岡荘八『春の坂道』、吉本隆明『源実朝』、E・シーガル『ラブ・ストーリィ』

11.10 沖縄県祖国復帰協議会、沖縄返還協定批准に反対し県民大会開催。全軍労・官公労など10万人、24時間ゼネスト

11.17 自民党、衆議院沖縄返還協定特別委員会で返還協定を抜き打ち強行採決。24日衆議院本会議で承認。12月22日参議院本会議でも承認

12.20 大蔵省、スミソニアン体制に基づき基準外国為替相場を1ドル308円に

12.24 新宿・伊勢丹デパート前交差点の交番横でクリスマスツリーに見せかけた爆弾が爆発

この年 ボウリング大流行。中山律子・須田開代子ら活躍

昭和クイズ100

Q53. マッターホルン、アイガーに続きグランド・ジョラスの三大北壁登頂に成功した日本人女性登山家は？

Q54. “柏鵬時代”を横綱・柏戸とともにリードした横綱・大鵬に引退を決意させた新鋭力士は？

〈解答はP238をご覧ください。〉

◉誕生◉ 1.2 竹野内豊（俳優）、1.20 花田虎上（大相撲、元若乃花）、2.3 有田哲平（タレント）、3.10 博多大吉（タレント）、3.12 ユースケ・サンタマリア（タレント）、3.24 羽鳥慎一（フリーアナウンサー）、3.29 西島秀俊（俳優）、3.31 ユアン・マクレガー（英俳優）、5.2 武蔵丸光洋（大相撲）、6.14 前田智徳（プロ野球）、6.28 藤原紀香（俳優）、8.12 ピート・サンプラス（米テニス）、8.21 萩原聖人（俳優）、9.7 岡崎朋美（スピードスケート）、9.18 ランス・アームストロング（米自転車）、10.29 ウィノナ・ライダー（米俳優）、12.17 牧瀬里穂（俳優）、12.23 山崎まさよし（ミュージシャン）

◉流行語◉ **脱サラ**（サラリーマンをやめて独立すること。脱公害、脱社会など、脱○○がブーム）、**ピース**（指をチョキの形にする。〝平和〟の意味で使用）、**ニアミス**（異常接近のこと。雫石事故で広まる）、**ガンバラナクッチャ**（中外製薬「新グロモント」のCMから）、**愛とは決して後悔しないこと**（米映画「ある愛の詩」から）、**古い奴だとお思いでしょうが**（鶴田浩二の歌「傷だらけの人生」から）、ゴミ戦争（美濃部亮吉都知事の発言）、**アンノン族**（雑誌「an・an」「non・no」を愛読して観光地に行く若い女性を指して）

◉クロニクル 昭和46年（1971）

1.17 国際電信電話（KDD）、ニューヨークとのダイヤル即時通話開始

2.22 新東京国際空港公団、成田で第1次強制代執行（～3月6日）。反対派と機動隊が衝突

3.5 大阪刑務所で印刷した大阪大・大阪市大の入試問題が受験者の父母に売られていたことが判明。服役者の犯人2人と収賄の看守部長ら逮捕

3.26 東京・多摩ニュータウン入居開始

3.28 第31回世界卓球選手権大会、名古屋で開催（～4月7日）。中国代表団、米チームを中国に招待。14日周恩来首相と会見（ピンポン外交）

3.29 青島幸男議員、参議院予算委員会で「（佐藤栄作）総理は財界の男めかけ」と発言。自民党懲罰動議

4.3 大阪・毎日放送制作の「仮面ライダー」放送開始

4.25 北アルプスの立山トンネル開通。立山～黒部アルペンルート全通

5.14 群馬県警、わいせつ目的誘拐容疑で大久保清を逮捕。画家などを装って女性を誘い暴行し8人を殺害。昭和51年死刑執行

5.28 全国スモンの会会長ら、国と製薬会社を相手に慰謝料請求訴訟を東京地裁に起こす

6.15 東京・新宿に超高層の京王プラザホテル開業

6.17 愛知揆一外相とロジャーズ米国務長官、沖縄返還協定に正式調印。沖縄の屋良朝苗主席は調印式を欠席

6.30 富山地裁、イタイイタイ病慰謝料請求訴訟でカドミウムが主因と認定。原告側全面勝訴。三井金属鉱業に慰謝料支払い命令

7.1 環境庁設置。初代長官に山中貞則

7.3 東亜国内航空のYS-11「ばんだい」号、函館北方の横津岳に墜落。乗員乗客68人全員死亡

7.17 今井通子、仏伊国境のグランド・ジョラス北壁登頂に成功。女性初のアルプス三大北壁登頂

7.20 日本マクドナルド、1号店を銀座三越にオープン

7.30 全日空機と自衛隊ジェット戦闘機、岩手県雫石町上空で空中衝突（雫石事故）

8.6 佐藤首相、広島市での第26回平和祈念式典に現職首相として初出席

9.16 新東京国際空港公団、成田の空港予定地内で第2次強制代執行（～20日）

9.28 東大宇宙航空研究所、日本初の科学衛星「しんせい」打ち上げ

9.29 新潟地裁、新潟水俣病の原因は昭和電工の廃水が原因と認定

10.1 第一銀行と日本勧業銀行合併、第一勧業銀行発足

10.3 日本テレビ、「スター誕生！」放送開始。森昌子が合格第一号に

◉値段（東京） 大卒初任給4万2885円、ラーメン180円、かけそば100円、豆腐35円、ビール140円、コーヒー（喫茶店）120円、たばこ（ゴールデンバット）30円、はがき7円（11月）、新聞代900円（1カ月）、映画封切り館700円、国鉄初乗り30円、パーマネント1710円、理髪640円

台所に咲く
花柄家庭用品

昭和 40 年代初めに花柄の魔法瓶が登場して以来、
ジャー（保温器）や炊飯器、鍋、米びつにまで及んだ花柄模様。
具象、抽象、サイケ調など、デザインや色調もさまざまに、
家庭の台所や茶の間をお花畑に変えていった。

ポット VNA-1300

ポット VP-1900

ポット VNA-1900

エアーポット

ジャー KSA-3「幸」

電子ジャー炊飯器
NS-1800

同じ柄のジャー（右）と
ホーロー鍋

日中国交回復

田中角栄首相と周恩来首相　田中首相（手前）は9月25日に北京入り、周恩来首相（右後ろ）や毛沢東主席と会談を重ねた。

パンダの来日　日中友好のシンボルとして10月28日に日本に到着した2頭のパンダ、ランランとカンカン。

細心の配慮と果敢な決断のもと

水面下で進んでいた日中国交正常化への流れは、昭和47年7月の田中角栄の首相就任と同時に一気に動いた。

それまでの日本は米国の対中政策に同調し、中華民国（台湾）を中国の正統政府とみなしていた。ところが、この年2月のニクソン米大統領の訪中で米国は「中国は一つであり、台湾は中国の一部である」と表明。日本の経済界などは、米国への追従を期待。そこへ生まれたのが田中角栄政権である。「日本列島改造論」を標榜してきた田中は7月の政権発足とともに対中国交正常化をいち早く決断、9月末に訪中し、正常化を一気に実現した。

日本と中国は日中共同声明で、両国の〝不正常な状態〟の終了、日本は中華人民共和国を唯一の合法政府と認める、中国は日本に対する戦争賠償請求を放棄するなどの点で合意した。これらにもとづき、日本は台湾との政治的な関係を断つことになった。

◉**毛沢東主席の招待**　訪中3日目の27日夜8時、宿舎の迎賓館にいた田中首相は、毛沢東主席の招待を周首相から告げられた。会談は同夜8時半から約1時間、北京市中南海の毛主席の私邸書斎で行われ、大平正芳外相らも同席した。毛主席は「もう喧嘩はすみましたか」などと上機嫌で、別れ際に『楚辞集注』を田中首相に贈った。

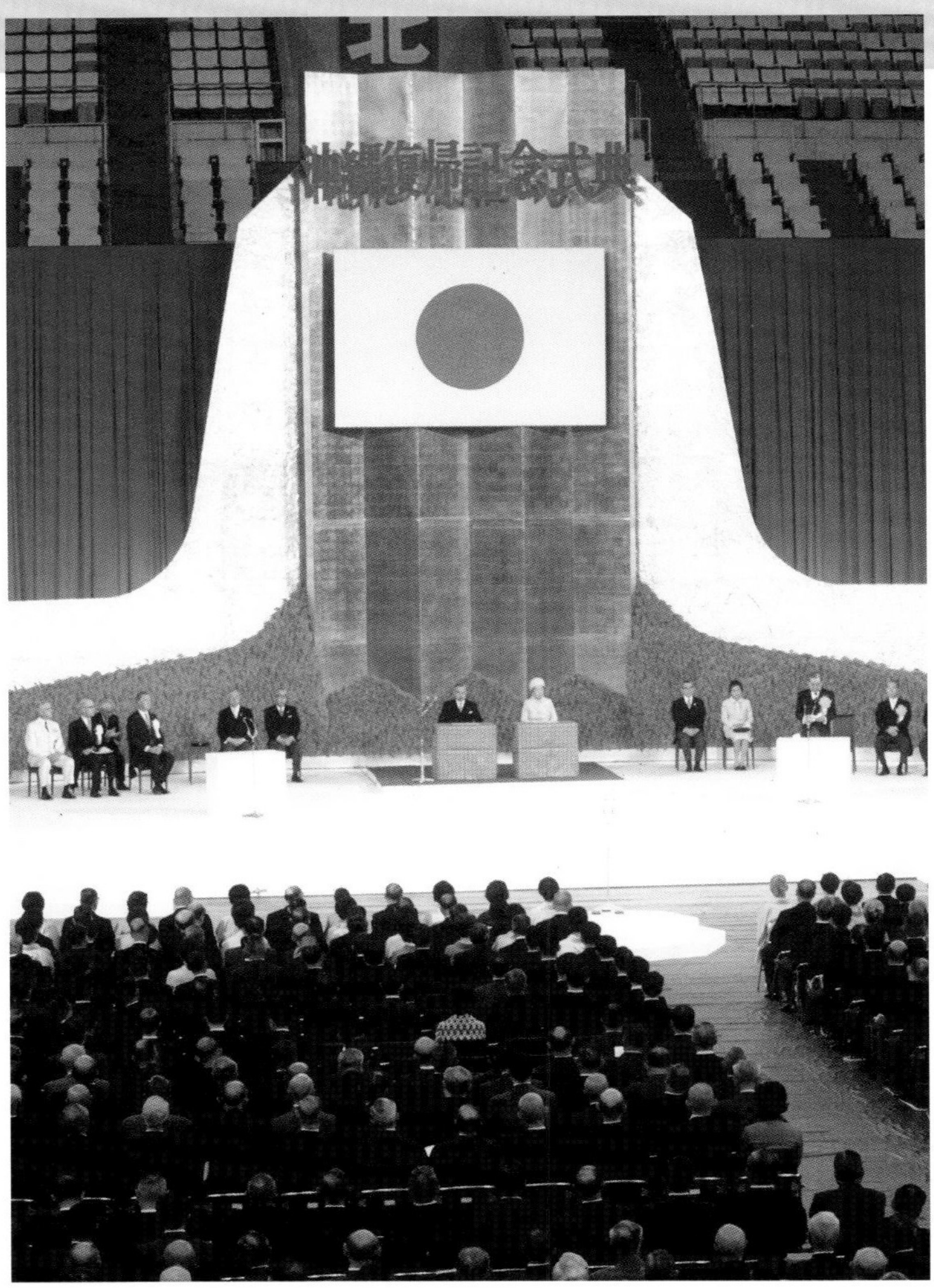

日本武道館の沖縄復帰記念式典　5月15日午前10時半、東京の日本武道館と沖縄の那覇市民会館で政府主催の記念式典が始まった。東京会場には天皇・皇后、アグニュー米副大統領などが出席した。

◉沖縄本土復帰

永い間、沖縄の人びとが待ち望んでいた祖国復帰が5月15日、「めでたさもちゅうくらい」で実現した。しかし、慶祝に水を差したのは、かつて〝戦場の島〟だった沖縄が、復帰後も〝基地の島〟であり続けることだった。

デモの先頭に立つ屋良朝苗主席　昭和44年4月の「沖縄県祖国復帰要求大行進」の先頭に立つ屋良朝苗主席（のち初代県知事、左）。

◉**新沖縄県発足式典**　政府主催の式典終了後、同じ那覇市民会館では午後2時から県主催の式典が行われた。ステージ中央にあった日の丸を端に移動させ、かわりに県がつくったスローガンと県花デイゴを象徴した真紅の盛り花が飾られた。

Playback 47

《元日本兵、横井さん生還》

戦後27年、グアム島南部で元日本陸軍軍曹・横井庄一さんが島民に発見されたというニュースに、日本中は衝撃を受けた。

《浅間山荘事件》

連合赤軍の5人が軽井沢の浅間山荘に立てこもった事件は、テレビで生中継され、逮捕時の最高視聴率は89.7％だった。

《スマイルマークがブームに》

黄色地の円に目と口で笑顔を描いたスマイルマークがブームになった。平和や反戦を表すとされたが、その起源ははっきりしない。

◉札幌でアジア初の冬季五輪

笠谷幸生のジャンプ　金メダルを決めた2月6日の70メートル級ジャンプ。札幌市・宮の森ジャンプ競技場。

ジャネット・リンの演技　フィギュアスケート女子の米国代表、“氷上の妖精”ジャネット・リンは、この大会の話題を大きくさらった。

第11回冬季オリンピック札幌大会が2月3日開幕。35カ国1128人が11日間にわたって、6競技35種目に熱戦を繰り広げた。第4日の70メートル級ジャンプでは、笠谷幸生が優勝、2位金野昭次、3位青地清二と日本勢がメダルを独占した。

◉話題の本　有吉佐和子『恍惚の人』、山崎朋子『サンダカン八番娼館』、田中角栄『日本列島改造論』、司馬遼太郎『坂の上の雲』、丸谷才一『たった一人の反乱』、東峰夫『オキナワの少年』、梅原猛『隠された十字架』、素九鬼子『旅の重さ』、藤田田『ユダヤの商法』、森村誠一『腐食の構造』、羽仁進『放任主義』、円地文子訳『源氏物語』。

小野田寛郎元少尉は負傷し逃走
10.30 旅客機更新で日航はボーイング747SR、全日空はロッキードL1011トライスターの導入を決定
11.5 東京・上野動物園でジャイアントパンダ2頭（雄：カンカン、雌：ランラン）初公開
11.13 昭和13年にソ連へ亡命した女優・岡田嘉子、34年ぶりに帰国
11.16 政府、米空母ミッドウェーの横須賀母港化を承認
11.24 大蔵省、海外渡航時の外貨持ち出し制限を撤廃
11.28 日航DC８型機、モスクワ空港離陸直後に墜落
12.17 国連、世界主要都市の調査で「東京の物価指数は世界一」と発表

昭和クイズ100

Q55. この年、奈良県明日香村の古墳内部の石室の天井や壁に極彩色の壁画が発見された。この古墳の名前は？

Q56. 7月10日に創刊された、自主上映作品なども含む映画や演劇などの情報を収録した月刊誌は？

〈解答はP238をご覧ください。〉

◉誕生◉ 1.17 平井堅（歌手）、1.28 新庄剛志（プロ野球）、3.4 片岡愛之助（歌舞伎役者）、3.5 熊川哲也（バレエ）、3.19 稲盛いずみ（俳優）、4.30 常盤貴子（俳優）、5.6 高橋尚子（マラソン）、5.2 石田ひかり（俳優）、6.23 ジネディーヌ・ジダン（仏サッカー）、7.8 谷原章介（俳優）、8.12 貴乃花光司（大相撲）、8.18 中居正広（タレント）、8.29 ペ・ヨンジュン（韓国俳優）、8.30 キャメロン・ディアス（米俳優）、9.14 二代目中村獅童（俳優）、11.13 木村拓哉（歌手・俳優）、12.29 ジュード・ロウ（英俳優）

◉流行語◉ **恥ずかしながら**（横井庄一元日本兵の帰国第一声）、**総括**（連合赤軍事件で仲間に死の制裁）、**今太閤**（学歴に無縁で総理になった田中角栄を豊臣秀吉になぞらえて）、**ナウ**（新しい・今風の意）、**中3トリオ**（山口百恵・桜田淳子・森昌子の中学3年生歌手が大人気）、**甘えの構造**（土居健郎の著書から）、**ワンパクでもいい、たくましく育ってほしい**（丸大ハムのCMから）、**恍惚**（有吉佐和子『恍惚の人』から）、**じっと我慢の子であった**（劇画・テレビの「子連れ狼」から）、**あっしにはかかわりのねえこってござんす**（テレビ時代劇「木枯し紋次郎」から）

◉クロニクル 昭和47年（1972）

1.5 佐藤栄作首相・福田赳夫外相訪米。6日ニクソン大統領と会談。7日沖縄返還を5月15日とする共同声明発表
1.24 元日本兵・横井庄一軍曹、グアム島の密林で保護される。2月2日帰国
2.3 アジア初の冬季オリンピック札幌大会開催（〜13日）。日本は70メートル級ジャンプで金銀銅を独占
2.19 連合赤軍の5人、長野県軽井沢町の浅間山荘に籠城。28日警官隊が突入し、全員逮捕
3.15 山陽新幹線の新大阪〜岡山間開業
3.21 奈良県明日香村の高松塚古墳発掘調査で、石室内部に極彩色の壁画を発見
3.30 全国農業協同組合連合会（全農）発足
4.16 ノーベル賞作家の川端康成、ガス自殺
5.15 沖縄の施政権が返還され沖縄県発足
5.21 池田理代子『ベルサイユのばら』、「マーガレット」で連載開始
5.30 日本赤軍の3人、イスラエル・テルアビブのロッド空港で自動小銃を乱射。岡本公三逮捕
6.1 道路交通法改正、運転初心者標識「初心者マーク」の表示義務が定められる。10月1日実施
6.11 田中角栄通産相、「日本列島改造論」を発表
6.14 日航機、インド・ニューデリー空港近くに墜落
榎美沙子を代表に「中絶禁止法に反対しピル解禁を要求する女性解放連合」（中ピ連）結成
6.25 沖縄県知事に革新系の屋良朝苗当選
7.7 第1次田中角栄内閣成立。中華人民共和国との国交正常化を急ぐと首相談話
7.10 タウン情報誌「ぴあ」創刊
7.24 津地裁四日市支部、四日市ぜんそく訴訟で住民側全面勝訴の判決
8.2 カシオ、パーソナル電卓「カシオミニ」発売
8.31 田中首相とニクソン米大統領、ハワイで会談。米大統領が全日空の次期大型旅客機にロッキード社のトライスター機導入を希望、ロッキード事件の誘因を作る
9.14 閣議で列島改造の最初の計画として青森県のむつ小川原開発計画を了承
9.19 国鉄鉄道技術研究所、浮上式列車リニアモーターカーの初の公開実験
9.25 田中首相訪中。周恩来首相と会談し国交正常化の基本方針で合意。27日毛沢東主席と会談
9.29 日中両国首相、共同声明に調印。国交を樹立。台湾は日本との国交を断絶
10.19 フィリピン・ルバング島の地元警察隊、元日本兵2人を発見し銃撃戦に。小塚金七元一等兵を射殺、

◉値段（東京） 大卒初任給4万9589円、ラーメン200円、かけそば120円、豆腐40円、ビール140円、コーヒー（喫茶店）120円、たばこ（ゴールデンバット）30円、はがき10円、新聞代900円（1カ月）、映画封切り館800円、国鉄初乗り30円、パーマネント1940円、理髪830円

昭和 **48**

オイルショック

1973 年

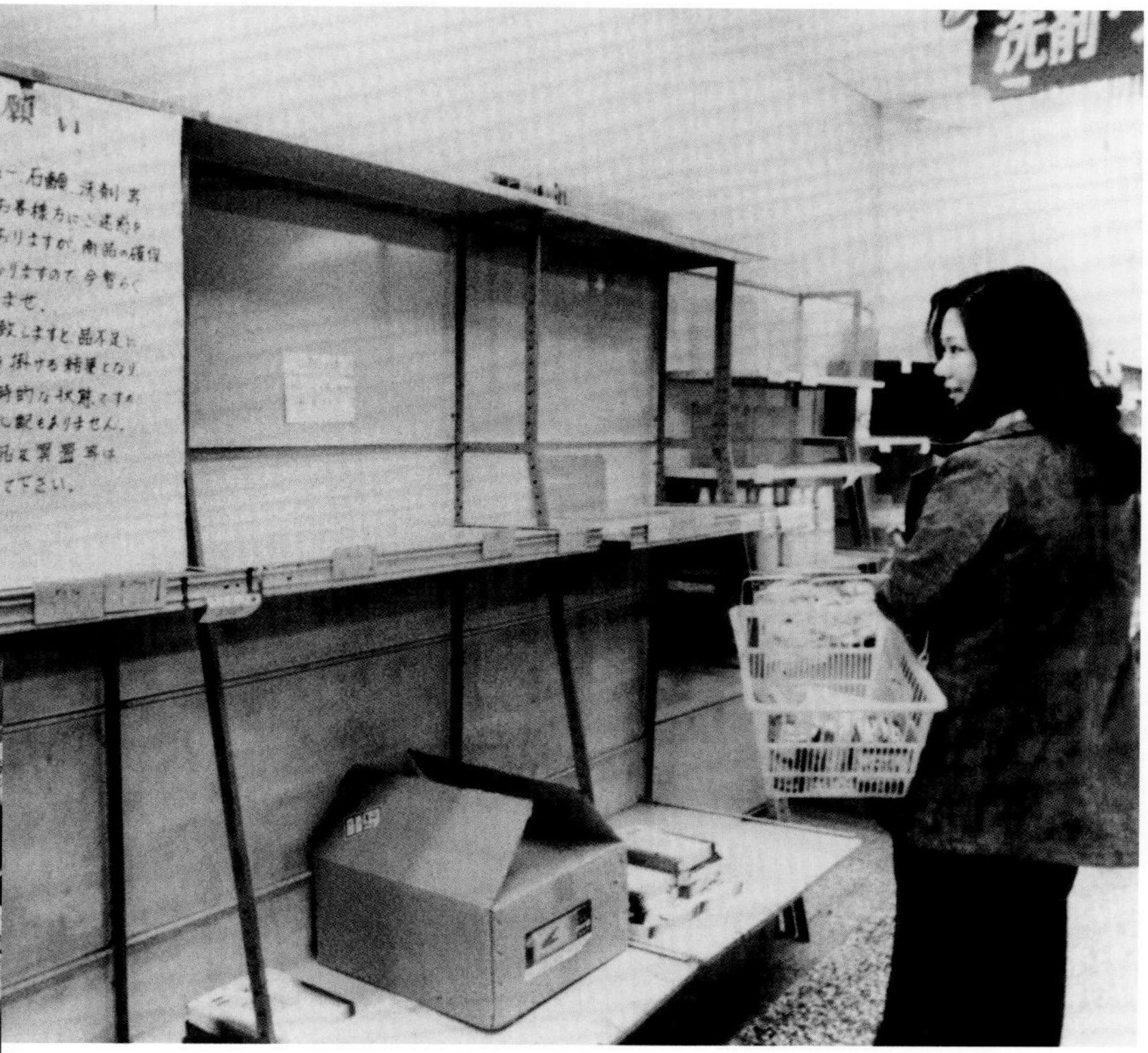

空っぽの棚　買いだめにより商品はすべて売り切れ。洗剤や石けんから砂糖、塩、小麦粉、醤油など、品不足は拡大していった。

買いだめ騒ぎ　かさばるトイレットペーパーは、スーパーの在庫が少なく3日分程度。消費者は売り切れになる不安から買いだめに走った。

家庭を直撃、パニック状態に

10月、イスラエルに対するエジプト、シリアの奇襲で始まった第4次中東戦争は、米ソ代理戦争的色彩があった。アラブ産油国は、アメリカとイスラエル友好国への供給削減を決める。日本は石油を確保するために、急遽アラブ支持を打ち出すものの、石油が来なくなる不安から国内はパニック状態に。

それは関西地区のスーパーマーケットから始まった。大阪・千里ニュータウンのスーパーにトイレットペーパーを求める主婦たちが押しかけた。当然、陳列棚は空になる。別の地区では殺到する主婦に押し倒されて足を骨折する老婦人までいた。この騒ぎが新聞やテレビで放送されると、買いだめ騒ぎは全国各地へと拡大。トイレットペーパーだけでなく、関連物資全般に及んだ。

やがて1カ月近くが過ぎ、買いだめ騒ぎは収まるが、石油不足は続いた。政府はエネルギー節約キャンペーンを実施。テレビ局は深夜放送を中止、盛り場からはネオンの灯が消え、家庭でも湯沸かしを必要なだけにするなど影響は広範囲に及んだ。

◉2割近くが買いだめ　東京都は昭和49年1月に公団高島平団地とひばりが丘団地の主婦1800人に買いだめの調査をした。トイレットペーパーの場合、「たくさん買いだめした」1.8%、「いくらか買いだめした」23.2%、「いつもと同じくらい」37.6%、「買わなかった」37.4%となっている。55.4%の人が「買いだめをするかもしれない」と答え、不安感が浮き彫りに。

◉フォークソングの季節

吉田拓郎　アマチュア・フォークサークルから出てきた拓郎は、野外ライブの成功、レコード会社の設立などフォークソングシーンの草分け的存在だった。

ギター片手に若者の世界を歌い上げるフォークソングの流れは「受験生ブルース」「友よ」などがはやった昭和40年代初めに関西から始まった。そして、青春の悲哀を歌った「神田川」はこの昭和48年。フォークは若い世代の心をがっちりとつかみ取った。

中津川フォークジャンボリー　岐阜県恵那郡坂下町（現・中津川市）で、昭和44年から3度開催された伝説の野外コンサート。ステージ上は浅川マキ。

◉フォーライフレコード　昭和50年、小室等、吉田拓郎、井上陽水、泉谷しげるの4人によって設立されたレコード会社。それまでのレコード会社はアーティストを選別し、売れなくなると切り捨てるといったスタイルが常態だったが、フォーライフが目指したものは小室を初代社長に、従来の音楽の流れを変え、アーティスト主導の音楽をつくることにあった。

Playback 48

《関門橋が開通》

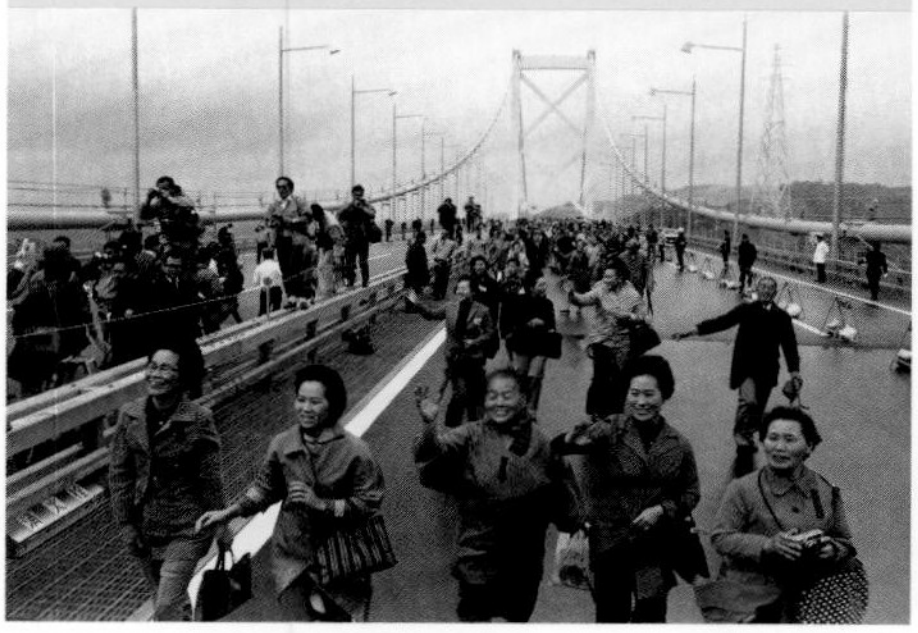

11月、本州の山口県下関市と九州の北九州市を結ぶ関門橋が開通。自動車専用道だが、開業に先立って特別に歩行者見学会が開催された。

《魚介類の水銀汚染》

6月、東京都衛生局は、築地市場のマグロなどから高濃度の水銀を検出したと発表、消費者に不安が広がった。宮城・塩釜市場。

《巨人、V9達成》

ペナントレースの行方は最終戦の巨人対阪神戦に持ち込まれ、大勝した巨人がからくも優勝。9年連続日本一の〝V9〟を達成した。

◉ハイセイコーが社会現象に

中央デビュー戦　昭和48年3月4日の中山競馬場の弥生賞で優勝。単勝売り上げ97億円のうち69億円がハイセイコーに賭けられた。写真提供：ＪＲＡ

引退　昭和50年1月に引退。騎手・増沢末夫が歌うレコード「さらばハイセイコー」が発売される。
写真提供：ユニバーサル ミュージック

〝公営あがりの野武士〟と呼ばれた競走馬。ずば抜けた〝蹴り〟で地方競馬から中央競馬にのぼってきたハイセイコー。一頭のアイドル・ホースの出現が爆発的な競馬ブームを巻き起こした。引退後も種牡馬としてダービー馬など多くの活躍馬を出した。

◉**話題の本**　小松左京『日本沈没』、遠藤周作『ぐうたら人間学』『ぐうたら愛情学』、山崎豊子『華麗なる一族』、司馬遼太郎『国盗り物語』、渡辺正『にんにく健康法』、井上光晴『心優しき叛逆者たち』、宮尾登美子『櫂』、梅原猛『水底の歌・柿本人麿論』、篠田一士『日本の近代小説』、糸山英太郎『怪物商法』

10.22 プロ野球セ・リーグで巨人が9連覇。11月1日、日本シリーズも9連覇
10.23 エサキダイオード発明の江崎玲於奈、ノーベル物理学賞受賞決定
11.2 関東・関西でトイレットペーパー買いだめのパニック起こる
11.14 本州と九州を結ぶ関門橋開通。全長1068メートルの吊り橋
11.16 閣議で石油の大口需要先への10%供給削減・マイカー自粛など6項目の石油緊急対策要綱決定
12.25 OAPEC石油相会議、日本を友好国と認め石油の必要量供給を宣言

昭和クイズ100

Q57. 米ボストン交響楽団の音楽監督に38歳の日本人指揮者が就任。大指揮者カラヤンにも学んだこの人は？

Q58. 4月2日、フジテレビ系で人気子ども番組がスタート。ガチャピンやムックが活躍するこの番組は？

〈解答はP238をご覧ください。〉

◉誕生◉ 1.8 十代目松本幸四郎（歌舞伎俳優）、1.11 深津絵里（俳優）、1.19 湊かなえ（作家）、1.23 篠原信一（柔道）、2.9 新海誠（アニメーション監督）、2.12 下平さやか（アナウンサー）、3.23 沢松奈生子（テニス）、4.1 八木沼純子（フィギュアスケート）、4.3 大泉洋（タレント）、4.6 宮沢りえ（俳優）、6.29 福嶋晃子（ゴルフ）、7.4 Gackt（歌手）、7.17 古坂大魔王（タレント）、7.24 中村紀洋（プロ野球）、8.3 安住紳一郎（アナウンサー）、8.13 篠原涼子（俳優）、8.21 野口健（登山家）、9.9 石井一久（野球）、10.9 夏川りみ（歌手）、10.11 金城武（台湾俳優）、10.13 松嶋菜々子（俳優）、10.14 堺雅人（俳優）、10.22 イチロー（プロ野球）、10.29 前園真聖（サッカー）、11.27 浅野忠信（俳優）、12.19 反町隆史（俳優）

◉流行語◉ **オイルショック**（＝石油危機、第4次中東戦争で）、**省エネ**（エネルギー消費削減の動き）、**福祉元年**（福祉関係予算が大幅増額）、日本沈没（小松左京の同名小説から）、**せまい日本、そんなに急いでどこへ行く**（交通安全運動の標語）、**怪物**（圧倒的な強さを誇ったハイセイコーや江川卓投手などを指して）、**ちょっとだけよ**（テレビ番組「8時だョ！全員集合」での加藤茶のギャグ）

◉クロニクル 昭和48年（1973）

1.1 老人福祉法改正施行。70歳以上の老人医療費の無料化実施
2.1 環境庁、宮崎・土呂久鉱山の慢性ヒ素中毒症を公害病に指定
2.5 東京・渋谷駅のコインロッカーで嬰児の死体発見。以後、大阪・東京駅でも同様の死体遺棄事件発生
2.14 日本、変動相場制に移行
3.4 地方競馬出身のハイセイコー、中央競馬での初レース弥生賞に優勝。5月まで通算10連勝
3.20 熊本地裁、水俣病訴訟でチッソの過失責任を認定。患者1人最高1800万円、総額9億3730万円の損害賠償を命じる。チッソは控訴せず
4.4 最高裁、刑法200条の尊属殺人罪は憲法14条（法の下の平等）に違反すると判決。初の違憲立法審査権行使
4.12 国民の祝日法改正公布。日曜と重なるときは月曜日を振り替え休日に
4.24 国労・動労の順法闘争に反発した乗客が暴徒化。首都圏38駅で放火・破壊。国電は翌日までマヒ
5.3 本土復帰記念の沖縄特別国体開幕（～6日）
5.21 山口百恵、「としごろ」でデビュー。森昌子・桜田淳子とともに「花の中3トリオ」と呼ばれる
5.26 増原恵吉防衛庁長官、防衛問題を進講した際の天皇の発言を披露。天皇の政治利用が問題化、29日長官辞任
6.21 東京都衛生局、東京・築地の中央卸売市場でマグロなどから高濃度の水銀を検出と発表
7.6 生活関連物資の買い占め及び売り惜しみに対する緊急措置法（投機防止法）公布施行
7.17 自民党の若手タカ派議員の中川一郎・石原慎太郎ら31人、青嵐会を結成。代表に渡辺美智雄
7.20 アムステルダム発の日航機、日本赤軍の丸岡修らゲリラに乗っ取られる。24日リビアで乗客解放後、機体を爆破
8.1 鉄道弘済会売店の呼称、Kiosk（キヨスク）に
8.8 韓国の野党指導者金大中、東京のホテルから拉致され行方不明に（金大中事件）。13日ソウルの自宅に戻る
9.7 札幌地裁（福島重雄裁判長）、長沼ナイキ基地訴訟で自衛隊違憲判決
9.14 関税および貿易に関する一般協定（GATT）閣僚会議、東京宣言採択。東京ラウンド（多角的貿易交渉）始まる
9.15 国鉄中央線快速に高齢者や身体障害者の優先席「シルバーシート」登場
9.－ 小澤征爾、米ボストン交響楽団の音楽監督・常任指揮者に就任

◉値段（東京） 大卒初任給5万6892円、ラーメン200円、かけそば150円、豆腐50円、ビール160円、コーヒー（喫茶店）130～150円、たばこ（ゴールデンバット）30円、はがき10円、新聞代1100円（1カ月）、映画封切り館800円、国鉄初乗り30円、パーマネント2360円、理髪950円

昭和 **49** 1974年

小野田元少尉の終戦

ルバング島の山中から　フィリピン・ルバング島の山中から30年ぶりに姿を現し、フィリピン空軍レーダー基地に到着した小野田寛郎元少尉。

日本へ、そして新天地へ

3月9日の夕暮れ、フィリピン・ルバング島の山中から一人の男が現れた。元日本陸軍少尉・小野田寛郎。日本の敗戦を信じず、島に潜んで闘い続けた彼にとって、この日が終戦となった。

日本の敗戦が決まった昭和20年8月、小野田は米軍の投降の呼びかけに応じることなく、同僚2人とルバング島に残って作戦を継続、現地米軍との間でその後、百数十回もの戦闘を展開したといわれる。

やがて戦友たちは米軍に投降したり、亡くなったりで小野田一人になってしまう。旧陸軍中野学校出身の情報エリートだった小野田は、戦後の日本の繁栄を理解していたと思われるが、決して投降に応じることはなかった。そんな小野田を説得したのは、冒険家の鈴木紀夫さんだった。3月10日、小野田は軍刀を持参し、フィリピン軍に投降する。

3月12日、小野田は日本航空の特別機で帰国した。しかし「動物園のパンダみたい

◉発見者・鈴木紀夫さんのその後　小野田さん発見者の鈴木さんは当時20歳代半ば、世界約50カ国を放浪した冒険家。その後、「雪男」探しに情熱を注いだ彼は昭和62年、ネパールのヒマラヤ山中で遭難、遺体となって発見された。小野田さんは「命の恩人」を弔うために標高3900メートルの遭難現場に出向き、鈴木さんが好きだったジンを供えた。

ブラジルで新生活　昭和50年4月7日、ブラジルに永住するため羽田空港から出発する小野田さん。

挙手の礼　ルバング島のレーダー基地で記者会見終了後、挙手の礼をする小野田元少尉。

武器・日用品　持ち物は武器や日用品など計86点。銃や軍刀など武器類は手入れされ、いつでも使える状態だった。

にジロジロ見られ、面白がられることにうんざりした」小野田は、兄の勧めもあって、翌50年、牧場経営に取り組むため新天地ブラジルへと旅立った。

◉**小野田さんの本音**　ブラジル生活20年の兄・格郎氏は、「『なぜ出てこなかったのか、好きでやっとったのか』と聞くと『なんで、あんなこと、好きでやれるか』と怒って答えた。『ああせにゃしようがなかったじゃないか』ともいっていた」と説明。（「週刊朝日」1974年4月19日号から）

◉「モナ・リザ」来日狂騒曲

厳重警備下、余裕の微笑　上野の東京国立博物館・特別第5室に展示された「モナ・リザ」。

一般公開初日の朝　さっそく長蛇の列ができた。この日は、午後0時半までに約8500人が鑑賞。「立ち止まらないでください」という係員の声が場内に響いた。

入館者数150万人を超え、展覧会史を塗り替えた「モナ・リザ展」。〝世紀の美女〟は厳重な警備のもと来日し、その微笑で人々を魅了した。入場料総収入は2億5000万円。費用2億1000万円を引くと、収支はほぼトントンだったという。

Playback 49

《オカルト旋風》

オカルト映画「エクソシスト」の大ヒット、自称〝超能力者〟ユリ・ゲラーの念力フォーク曲げなど、オカルト、超能力がブームに。

《長嶋茂雄、引退》

天真爛漫な性格で多くのファンに愛された“ミスター・ジャイアンツ”長嶋茂雄が17年の現役生活にピリオドを打った。

《原子力船「むつ」が事故》

反対派の漁民に出港を阻止される原子力船「むつ」。この後、強行出港して放射線漏れ事故を起こしてしまう。

◉**話題の本**　リチャード・バック『かもめのジョナサン』、小野田寛郎『わがルバング島の30年戦争』、小峰元『アルキメデスは手を汚さない』、花登筺『どてらい男(やつ)』、灰谷健次郎『兎の眼』、五島勉『ノストラダムスの大予言』、高木彬光『耶馬台国の秘密』、森敦『月山』、ヨハン・ホイジンガ『ホモ・ルーデンス』、近藤富枝『本郷菊富士ホテル』。

を発表
10.31 東京高裁、狭山事件（昭和38年）で石川一雄被告に一審の死刑破棄・無期懲役の判決。昭和52年最高裁上告棄却
10.－ 国鉄広尾線愛国駅で発売の幸福駅行き乗車券、4月以来300万枚を突破
11.18 フォード米大統領来日（～22日）
12.15 競走馬ハイセイコー、有馬記念後に引退
12.28 雇用保険法公布、失業保険法廃止

この年　実質経済成長率マイナス1.4%。戦後初のマイナス成長

昭和クイズ100

Q59. 北海道の十勝平野を走る国鉄広尾線の愛国駅から○○駅行きへの切符が評判に。この○○駅とは？

Q60. この年、宝塚歌劇団がある歴史長編漫画を舞台化して大評判に。西洋史も学べたこの舞台のタイトルは？

〈解答はP238をご覧ください。〉

◉誕生　1.9岡本真夜（歌手）、2.3吉田羊（俳優）、2.27清水宏保（スピードスケート）、3.13戸田菜穂（俳優）、3.26後藤久美子（俳優）、3.30千原ジュニア（タレント）、4.27馬場典子（アナウンサー）、4.30富澤たけし（芸人）、5.31有吉弘行（タレント）、6.4和泉元彌（狂言師）、6.12松井秀喜（プロ野球）、6.26デレク・ジータ（米大リーグ）、水野美紀（俳優）、7.9草彅剛（歌手）、8.17華原朋美（歌手）、8.29辛酸なめ子（漫画家）、9.2国分太一（俳優、タレント）、9.5伊達みきお（芸人）、10.8室伏広治（陸上・ハンマー投げ）、10.11ケイン・小杉（俳優）、11.11レオナルド・ディカプリオ（米俳優）

◉流行語　狂乱物価（物価高騰についての福田赳夫蔵相の発言から）、**青天のへきれき**（三木武夫が自民党総裁に推されて）、**オカルト**（ユリ・ゲラーが来日、ノストラダムスの予言を扱った本がベストセラーに）、**金脈**（田中角栄首相の政治資金問題について。本来は金の鉱脈の意）、**巨人軍は永久に不滅です**（長嶋茂雄の引退時の発言）、**千載一遇のチャンス**（ゼネラル石油の社内文書で石油危機を指して）、**諸悪の根源**（石油危機後の混乱で、通産次官が石油会社と商社を指して発言）

◉クロニクル　昭和49年（1974）

1.7 民放テレビ各社、石油危機のため深夜の放送中止
1.11 閣議、家庭用灯油・液化石油ガスを国民生活安定緊急措置法に基づく指定物資として標準価格設定を決定。25日トイレットペーパー・ちり紙も
1.15 三菱石炭鉱業、長崎県高島町の高島鉱業所端島鉱（軍艦島）を閉山
1.26 ベ平連、東京・共立講堂で解散集会
1.31 日本赤軍・PFLP（パレスチナ解放人民戦線）のゲリラ4人、シンガポールのシェル石油タンクを襲撃。2月6日PFLPの5人がクウェートの日本大使館を占拠し、シェル石油襲撃犯送還を要求。政府は要求を入れ、8日ゲリラら9人を日航機で南イエメンへ運ぶ
3.12 フィリピンのルバング島に潜伏していた小野田寛郎元日本陸軍少尉が帰国
4.11 春闘共闘委員会、国民生活要求・スト権奪回の「決戦ゼネスト」。81単産600万人が参加し国鉄初の全面運休
4.20 北京で日中航空協定調印。台湾、日本との航空路線を停止（昭和50年再開）
東京国立博物館で「モナ・リザ展」開催（～6月10日）。入場者約150万人
5.4 日本女性登山隊、ヒマラヤのマナスル登頂に成功。8000メートル峰の女性による登頂は世界初
堀江謙一、小型ヨット「マーメイドⅢ世」号で日本人初の単独無寄港世界一周に成功
5.15 東京・豊洲にセブン‐イレブン1号店が開店
6.26 国土庁設置。初代長官に西村英一
6.30 上野動物園、「おサル電車」さよなら運転
7.19 最高裁、妻の家事労働の財産的価値を認める新判断を下す
7.25 森下洋子、ブルガリアの第7回バルナ国際バレエコンクールで女性部門第1位
8.29 池田理代子原作「ベルサイユのばら」、兵庫・宝塚大劇場で初演
8.30 東京・丸の内の三菱重工ビルで時限爆弾爆発。10月14日三井物産本館、11月25日帝人中央研究所、12月10日大成建設本社ビルなど連続企業爆破事件起こる
9.1 原子力船「むつ」、北太平洋上で放射線漏れ事故を起こす
10.8 佐藤栄作前首相のノーベル平和賞受賞が決定
10.10 月刊「文藝春秋」11月号、立花隆「田中角栄研究―その金脈と人脈」と児玉隆也「淋しき越山会の女王」掲載
10.14 プロ野球・巨人の長嶋茂雄引退
10.23 丸山千里日本医大教授、制癌剤「丸山ワクチン」

◉値段（東京）　大卒初任給7万3533円、米10キロ2100円、ラーメン200円、かけそば170～200円、豆腐60円、ビール160円、コーヒー（喫茶店）180～200円、たばこ30円（ゴールデンバット）、はがき10円、新聞代1700円（1カ月、10月）、映画封切り館800円、国鉄初乗り30円、パーマネント3010円、理髪950円

国際婦人年

右上：女性初のエベレスト登頂　女性だけでエベレストを目ざした田部井淳子が女性世界初の登頂に成功。**右下：中ピ連のデモ行進**　ピンクのヘルメット姿の中ピ連の女性たちが“中絶、ピルの全面自由化”を要求してデモ行進。**左：ヨットで単独太平洋横断**　単独太平洋横断レースに女性で唯一参加した小林則子が総合６位に。

政治やスポーツでも女性が活躍

国連の定める国際婦人年だったこの年、日本でも女性による世界初や日本初の記録が続出、日本女性の活躍ぶりが印象に残る一年だった。

女性初の８０００メートル超峰のマナスルに登頂したのは前年のこと。5月16日には世界最高峰のエベレスト（チョモランマ）山頂に日本人女性・田部井淳子が世界で初めて日の丸をかざした。山だけではなく海でも、単独太平洋横断レースに男性に交じって唯一参加した女性・小林則子が総合6位の成績で入賞。これらは壮挙とも言えるものだが、女性たちは〝婦人年〟に関連して、日本でもさまざまな動きを見せた。その象徴的なものが女性解放運動、すなわち〝ウーマンリブ〟運動だった。

日本では〝中ピ連（中絶禁止法に反対しピル解禁を要求する女性解放連合）〟の活動がすぐに思い浮かぶ。「平等・発展・平和」が国際婦人年世界会議のテーマだったのに対して、日本国内では一歩進んで、より具体的に「婦人の解放と地位向上」「男女差別の撤廃」、すなわち、女性が弱い「性」ではないことを身をもって示し、「男女平等」という当然の権利の獲得を叫んだ。

◉**女性の犯罪の傾向**　警視庁が発表した昭和50年の犯罪情勢によると、刑法犯の件数は横ばいだが、女性犯罪の凶悪・大型化、それに暴力団の対立抗争が目立ったと指摘。女子中・高校生による売春も広がり、生徒が教師に暴力をふるう傾向もめだって増えたとも。

学園祭でも人気　学園祭シーズンにはあちらこちらの大学から引っ張りだこ。アーティストたちのエネルギッシュな動きとヴォーカルがファンを魅了した。ステージ上は荒井由実（現・松任谷由実）。

◉ニューミュージック誕生

高度経済成長が終わり、学生運動も過去形で語られ始めた昭和50年、歌謡曲でもフォークでもない、それまでにない新感覚のポピュラー・ミュージックが生まれ、荒井由実（現・松任谷由実）、五輪真弓、中島みゆきらが登場した。

初めてマスコミに登場　布施明が歌った「シクラメンのかほり」を作詞・作曲した銀行マン・小椋佳は、昭和51年10月に初めてテレビに出演した。

◉紅白以上の人気　昭和51年10月、小椋佳は「ＮＨＫ特集　小椋佳の世界」のために、ＮＨＫホールで初のリサイタルを兼ねて公開収録を行った。このときＮＨＫに寄せられた入場希望はがきはなんと12万通。「紅白ですら10万通なのに」とＮＨＫ開局以来の大騒ぎになったという。

Playback 50

《姿を消すSL》

103年の歴史を刻んできた蒸気機関車（SL）が現役を引退。室蘭本線で旅客列車を引く最後のC57が走り納めをした。

《天皇訪米》

戦後30年、昭和天皇在位50年、アメリカ建国200年という節目の年に、天皇・皇后は念願の訪米を果たした。フォード米大統領と。

《広島カープ、初優勝》

球団創設から26年。Bクラスに低迷していた広島東洋カープが阪神・中日との混戦を抜け出し、悲願のセ・リーグ初優勝を遂げた。

女王を迎える天皇　ローブデコルテの正装で宮中晩餐会に出席するエリザベス女王を、車寄せに出迎えた昭和天皇。

皇太子一家と　宿所の迎賓館から庭づたいの東宮御所を訪れ、当時の皇太子（現・上皇）一家と歓談する女王。

◉英エリザベス女王来日

5月7日、イギリスのエリザベス女王夫妻が来日。6日という短い滞在だったが、その間に東京だけでなく、京都、鳥羽、伊勢を回った女王。そのさわやかで高貴なエリザベス女王のロイヤルスマイルに、日本国民はうっとりとした。

◉**話題の本**　有吉佐和子『複合汚染』、司馬遼太郎『播磨灘物語』、川上源太郎『親の顔が見たい』、横溝正史『犬神家の一族』『八つ墓村』、南條範夫『元禄太平記』、深田祐介『新西洋事情』、中満須磨子『紅茶キノコ健康法』、檀一雄『火宅の人』、萩本欽一『欽ドンいってみようやってみよう』、ソルジェニーツィン『収容所群島』、C・バーリッツ『謎のバミューダ海域』。

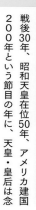

受けたCM「わたし作る人、ぼく食べる人」の放送中止を決定

11.15 第1回先進国首脳会議（サミット）、パリで開催

11.18 小林則子、沖縄海洋博記念の単独太平洋横断ヨットレースで女性初の太平洋単独横断に成功

11.26 公労協、スト権奪還スト（〜12月3日）。国鉄全線が8日間ストップ

12.14 蒸気機関車が引く国鉄最後の旅客列車、北海道の室蘭〜岩見沢間で運転。貨物列車は24日夕張〜追分間が最後

12.25「およげ！たいやきくん」発売。翌年にかけて400万枚の大ヒットに

昭和クイズ100

Q61. ソニーが家庭用ビデオカセットレコーダーを発売。後にVHSに規格競争で負けたこの機種の規格の名前は？

Q62. 横溝正史の本格推理小説がブームに。角川映画で映画化もされ、ベストセラーになった最初の作品は？

〈解答はP238をご覧ください。〉

◉誕生◉ 1.9赤江珠緒（フリーアナウンサー）、2.16相川七瀬（歌手）、2.17吉瀬美智子（俳優）、2.28膳場貴子（フリーアナウンサー）、4.3上原浩治（プロ野球）、4.4ゲッターズ飯田（タレント、占い師）、4.27船木和喜（ノルディックスキー）、5.2デビッド・ベッカム（英サッカー）、6.4アンジェリーナ・ジョリー（米俳優）、6.11チェ・ジウ（韓国俳優）、6.30ラルフ・シューマッハ（独F1レーサー）、7.5杉山愛（テニス）、8.1米倉涼子（俳優）、8.15川口能活（サッカー）、9.6谷亮子（柔道）、12.30タイガー・ウッズ（米プロゴルフ）

◉流行語◉ **激写**（篠山紀信の写真から）、**ちかれたビー**（強壮飲料のCMから。秋田県花輪地方の「疲れたなあ」という意味の言葉）、**オヨヨ**（小林信彦作品の怪人の名から。桂三枝がギャグに連発）、**赤ヘル**（リーグ初優勝した広島東洋カープのヘルメットの色から）、**アンタあの娘の何んなのさ**（ダウン・タウン・ブギウギ・バンド「港のヨーコ・ヨコハマ・ヨコスカ」の歌詞から）、**複合汚染**（有吉佐和子の同名小説から）、**死刑！**（山上たつひこの漫画『がきデカ』から）、**乱塾**（塾教育の過熱ぶりを取り上げた毎日新聞の連載から）

◉クロニクル　昭和50年（1975）

1.15 保利茂自民党代議士訪中。20日周恩来首相・鄧小平副首相と個別会談し日中平和友好条約の早期締結で合意

1.16 宮沢喜一外相、ソ連のグロムイコ外相と会談。平和条約交渉の継続を盛り込む日ソ共同声明発表

2.26 東京高裁、定年が10年早い女性差別の定年制に違憲判決

3.7 スウェーデン警察、1974年のハーグ事件の犯人として日本赤軍の西川純と戸平和夫を逮捕。13日強制送還後に警視庁が逮捕

3.10 山陽新幹線の岡山〜博多間開業。東京〜博多間が約7時間に

3.− サンリオ、ハローキティの小銭入れ発売。初のキティグッズ

4.10 秋田地裁、秋田相互銀行の男女差別賃金は労働基準法違反と判決

4.24 茨城県東海村の動力炉・核燃料開発事業団で放射能漏れ事故。10人被曝

5.1 長崎空港、日本初の海上空港として大村湾に開港

5.7 英エリザベス女王夫妻来日（〜12日）
私鉄総連、24時間スト。翌日国労・動労もスト。9日から交通ゼネストに

5.16 日本女子登山隊の田部井淳子、エベレスト登頂に成功。女性で世界初

5.19 警視庁、昭和49年以来の連続企業爆破事件で容疑者8人逮捕（1人自殺）。25日までに東アジア反日武装戦線による11件の犯行を自供

6.17 衆議院本会議で全女性議員共同提案の「婦人の地位向上に関する決議案」可決

7.5 沢松和子、第87回全英オープン・テニス選手権女子ダブルスでアン・キヨムラと組み優勝。日本女子で初

7.9 台北で日華民間航空協定調印

7.19 沖縄・本部半島で沖縄国際海洋博覧会開会

8.2 三木首相訪米（〜11日）
吉田拓郎とかぐや姫、静岡県掛川市でつま恋コンサート開催（〜3日）。観客5万人

8.4 日本赤軍、クアラルンプールで米・スウェーデン両大使館を占拠。米領事ら52人を人質に過激派7人の釈放を日本政府に要求。5日超法規的措置として出国を希望した5人を釈放

8.23 長野・岐阜県境の中央自動車道恵那山トンネル開通（8489メートル）

9.30 天皇・皇后初訪米（〜10月14日）。10月2日フォード大統領と会見

10.15 プロ野球・広島、セ・リーグ初優勝

10.27 ハウス食品工業、女性団体から男女差別と抗議を

◉値段（東京） 大卒初任給8万2697円、ラーメン200円、かけそば170〜200円、豆腐70円、ビール180円、コーヒー（喫茶店）230〜250円、たばこ（ゴールデンバット）40円、はがき10円、新聞代1700円（1カ月）、映画封切り館1000円、国鉄初乗り30円、パーマネント3710円、理髪1400円

オール20連発式　20個の玉が出た台で人気があったが、規制で消滅。昭和27年。

正村ゲージ　オール10　独特な釘配列と風車からなり、穴に入ると10個の玉が出た。昭和26年。

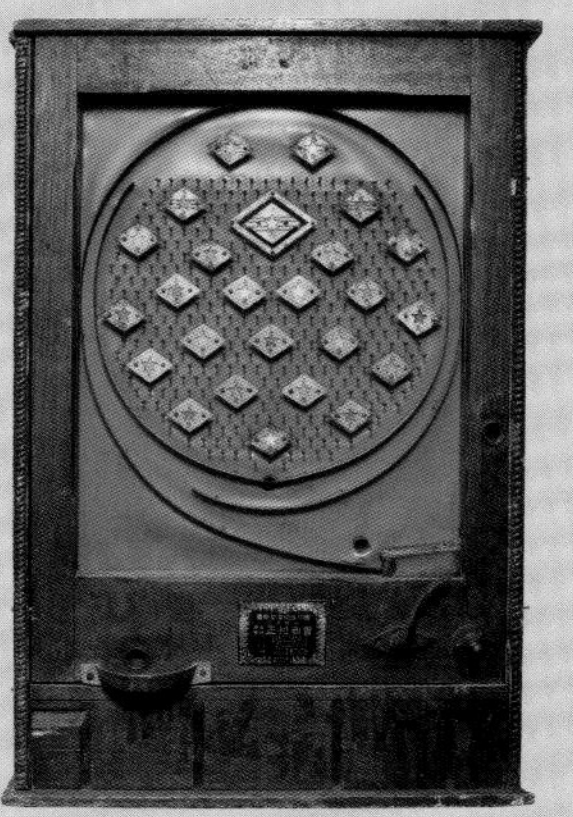

小物　戦前からあった、単調な釘配列の機種。昭和21年。

パチンコ台の移り変わり

小物からチューリップまで

売上高15兆円の国民的娯楽へと成長したパチンコ。その発展を支えたのは、たゆみないパチンコ台の技術革新だった。

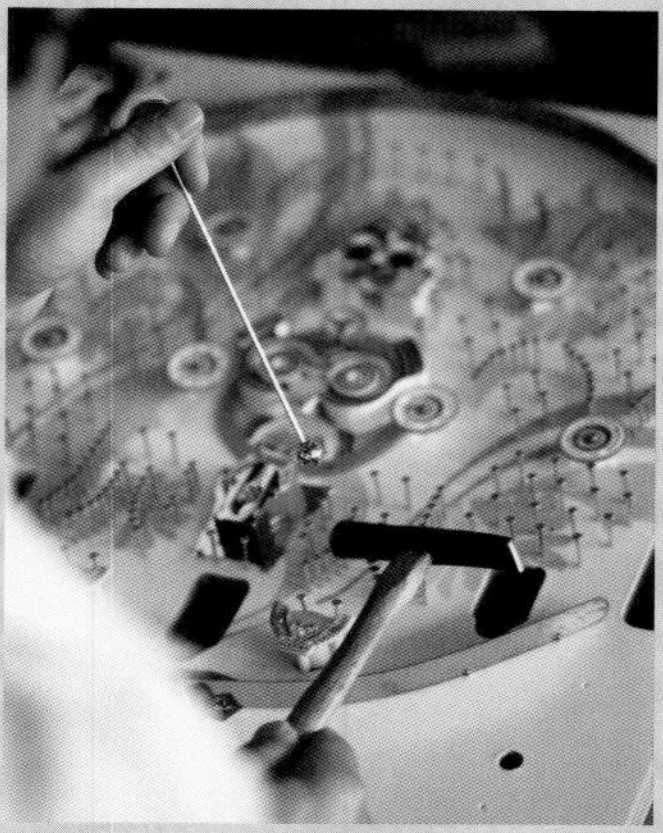

出るか出ないかは釘次第　パチンコ玉の出方は、釘師の調整次第。

ウォッチ

ひらけ!チューリップ　昭和50年、間寛平が歌ってヒットした「ひらけ！チューリップ」。写真提供：徳間ジャパン・コミュニケーションズ

女性ファンも増える　昭和40年頃から女性客が増加。銀座のママも出勤前にひと打ち。

レコンジスター　玉の補給を自動化、台裏から店員が消えた画期的機種。昭和 37 年。

ジンミット　盤面中央に玉が入る仕掛け（役物）を初採用した機種。昭和 32 年。

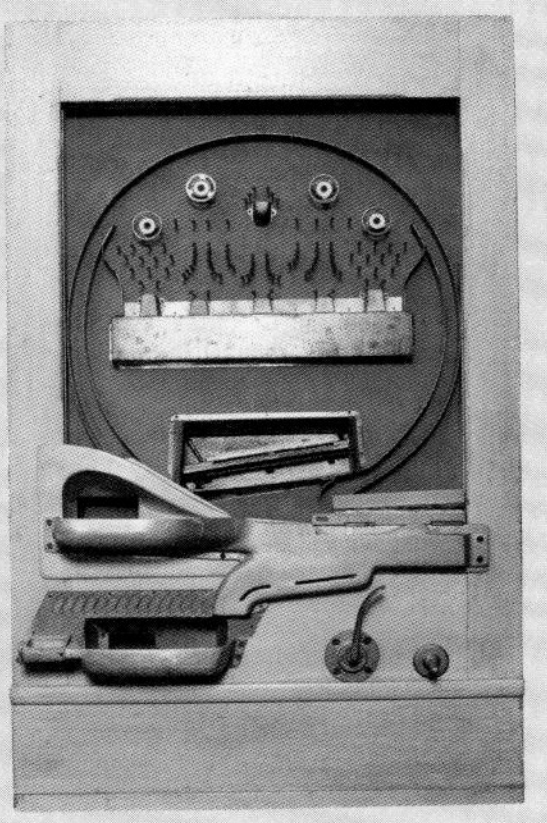

二式　玉のアウト・セーフが決まった後でないと次の玉を打てない規制に対抗して、盤面を半分にしてスピードを維持した。昭和 30 年。

パワーフラッシュ　天穴に入ると 10 個のチューリップが全開するが、黄色のチューリップに入るとすべてが閉じる仕掛け。昭和 49 年。

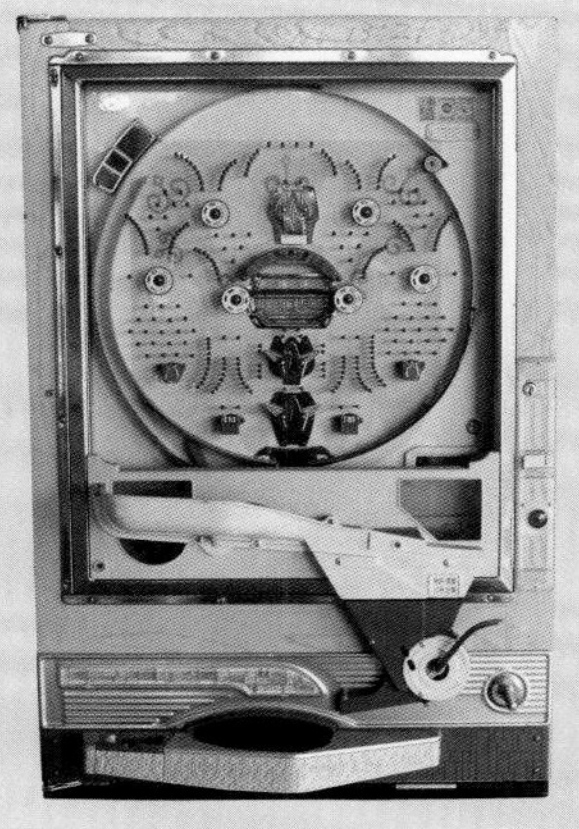

ヒットラスベガス　昭和 44 年の規制緩和で、1 分間 100 発以内の連発が可能に。昭和 44 年。

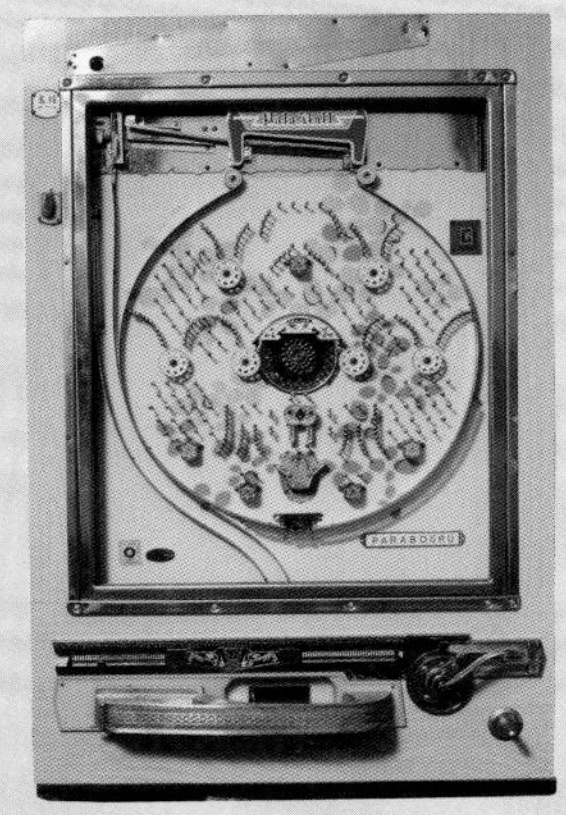

パラボール　打ち出した玉が上部から落下してくる機種。昭和 38 年。

◉代表的なチューリップ

ドラゴン

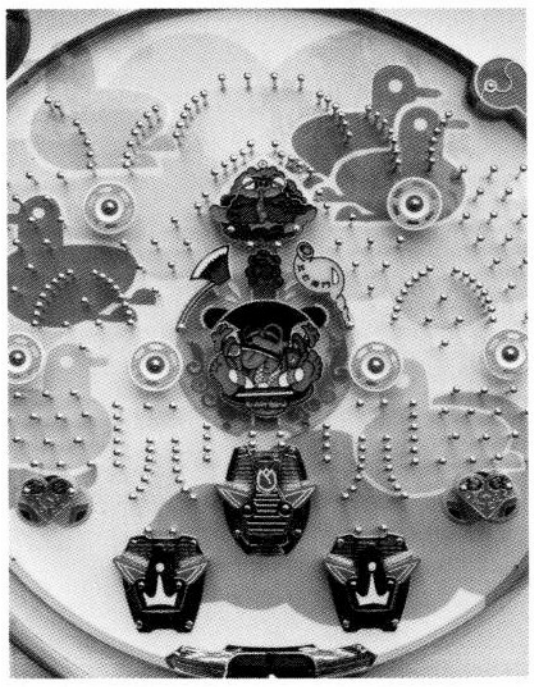

ゴエモン・アベック

UFO

センター・イレブン

昭和 51

視聴率100％男・萩本欽一

1976 年

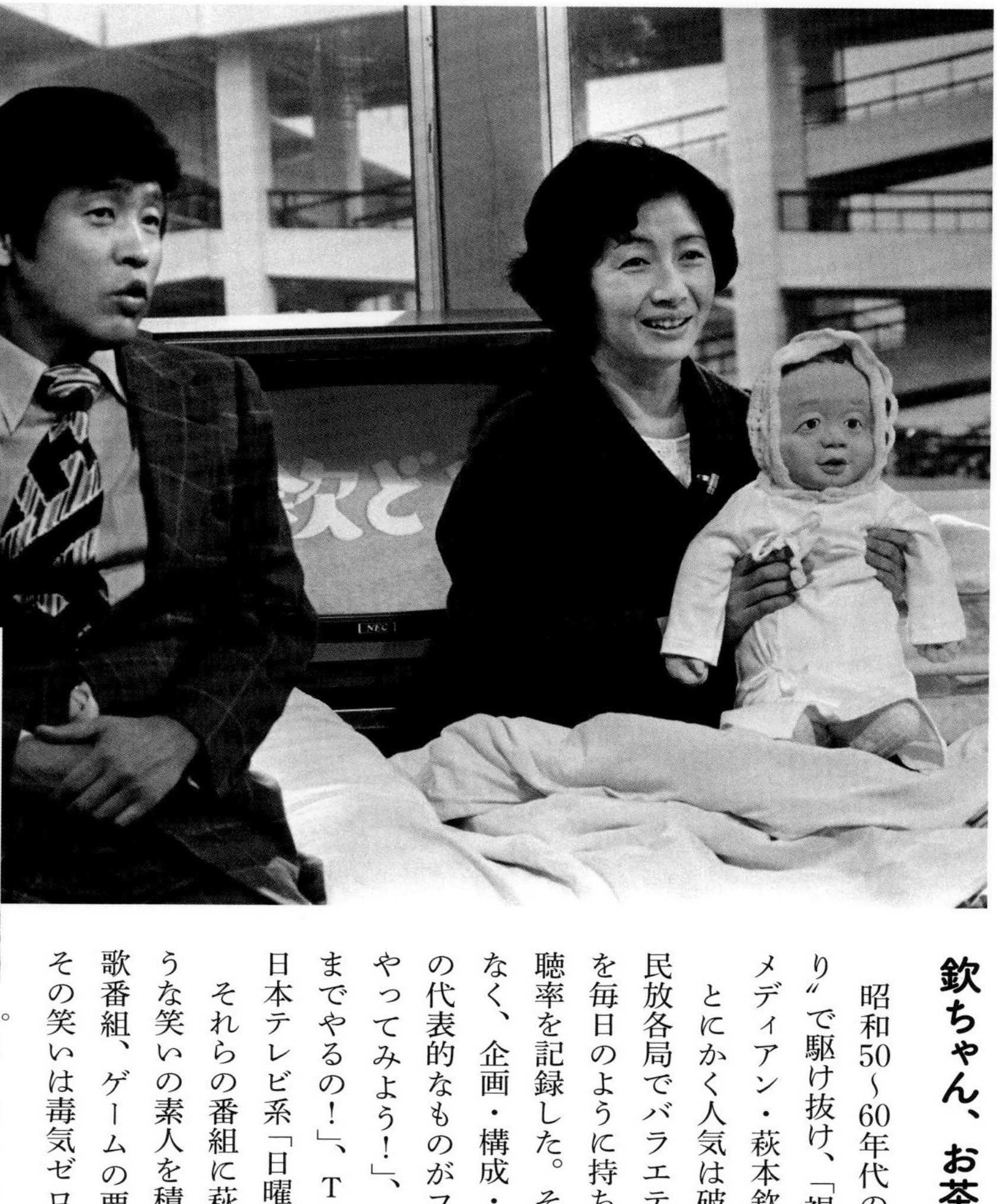

「**欽ちゃんのどこまでやるの！**」　欽ちゃんと女優・真屋順子（右）による夫婦と、二人の子どもたちやゲストが繰り広げるホーム・ドラマが人気だった。

萩本欽一　昭和16年生まれ。浅草・東洋劇場で初舞台。昭和41年、坂上二郎と「コント55号」を結成。昭和46年頃からバラエティー番組の司会など個人の活動が増え、番組の企画・演出まで務めた。

欽ちゃん、お茶の間を席巻！

昭和50〜60年代のブラウン管の中を〝欽ちゃん走り〟で駆け抜け、「視聴率１００％男」と言われたコメディアン・萩本欽一。

とにかく人気は破格だった。ゴールデンタイムに民放各局でバラエティー番組やドラマのレギュラーを毎日のように持ち、その多くが平均40％に迫る視聴率を記録した。それらの番組に出演しただけではなく、企画・構成・演出まで手がける活躍ぶり。その代表的なものがフジテレビ系「欽ちゃんのドンとやってみよう！」、テレビ朝日系「欽ちゃんのどこまでやるの！」、ＴＢＳ系「欽ちゃんの週刊欽曜日」、日本テレビ系「日曜９時は遊び座です」。

それらの番組に萩本は、歌手や俳優、一般人のような笑いの素人を積極的に起用。笑いに、ドラマや歌番組、ゲームの要素まで盛り込ませた。しかも、その笑いは毒気ゼロ。お茶の間の視聴者に不快な思いをさせないように下ネタを禁じたり、女性タレントが色気を出しすぎることを避けて胸の小さな人を選んだりと、配慮していた。

◉**番組挿入歌のレコード化**　「欽ちゃんのどこまでやるの！」のわらべが歌った「めだかの兄妹」と、欽ちゃんと真屋順子のデュエット曲「妻は夫をいたわりつ／欽一・順子の子守唄」、「欽ドン！良い子悪い子普通の子」のイモ欽トリオが歌った「ハイスクールララバイ」。

◉ロッキード疑獄で田中前首相逮捕

(1) 3版　朝日新聞（夕刊）　1976年（昭和51年）7月27日　火曜日　32547号

朝日新聞 夕刊

田中前首相を逮捕

ロッキード疑獄、一気に核心

桧山らから五億円

外為法違反 現金を四回受領

五ヵ所を捜索 元秘書官も逮捕

地検から東京拘置所に向かう田中前首相。得意のポーズをくずさなかった

田中が自民離党

逮捕者一覧

政界パニック状況

野党にも波紋呼ぶか

首相会見

金権体質を打破

信頼回復に全力

時効迫り頂上作戦

877

角栄逮捕を伝える紙面　7月27日付、「朝日新聞」夕刊。

前代未聞の疑獄事件だった。一国の首相が米国企業の依頼を受け、〝口銭〟として5億円を受け取っていた。それも米議会の証言で初めて明らかに。右翼の大物、大企業の幹部など〝総理大臣の犯罪〟の脇役もなかなかの顔ぶれだった。

田中角栄逮捕　7月27日、逮捕後、東京地検から東京拘置所へ向かう田中角栄前首相。

◉**ロッキード事件の発端**　昭和51年2月、米上院外交委員会多国籍企業小委員会で、ロッキード社の会計管理担当者が日本での航空機売り込みのため30億円を超える工作資金を使い、うち21億円は日本の政治家や右翼の大物に渡ったと証言し、ロ事件の端緒に。東京地検特捜部、警視庁、東京国税局が捜査史上初の3庁合同での捜査に着手した。

Playback 51

《平安神宮本殿焼失》

1月6日、京都市の平安神宮本殿や内拝殿などが、新左翼過激派の仕掛けた時限発火装置により放火され焼失した。

《具志堅用高、ボクシング世界王者に》

10月10日、WBA世界ジュニアフライ級タイトルマッチで具志堅用高がドミニカのファン・グスマンを破り、王座についた。

《ソ連ミグ25が強行着陸》

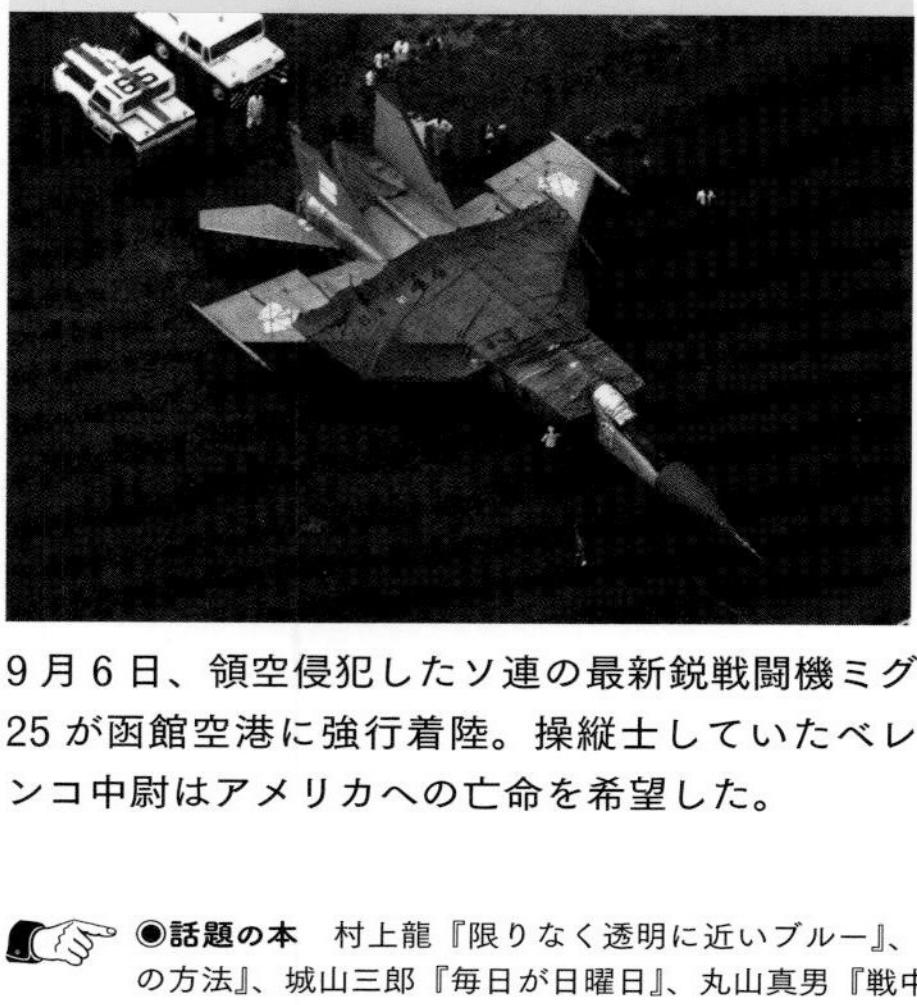

9月6日、領空侵犯したソ連の最新鋭戦闘機ミグ25が函館空港に強行着陸。操縦士していたベレンコ中尉はアメリカへの亡命を希望した。

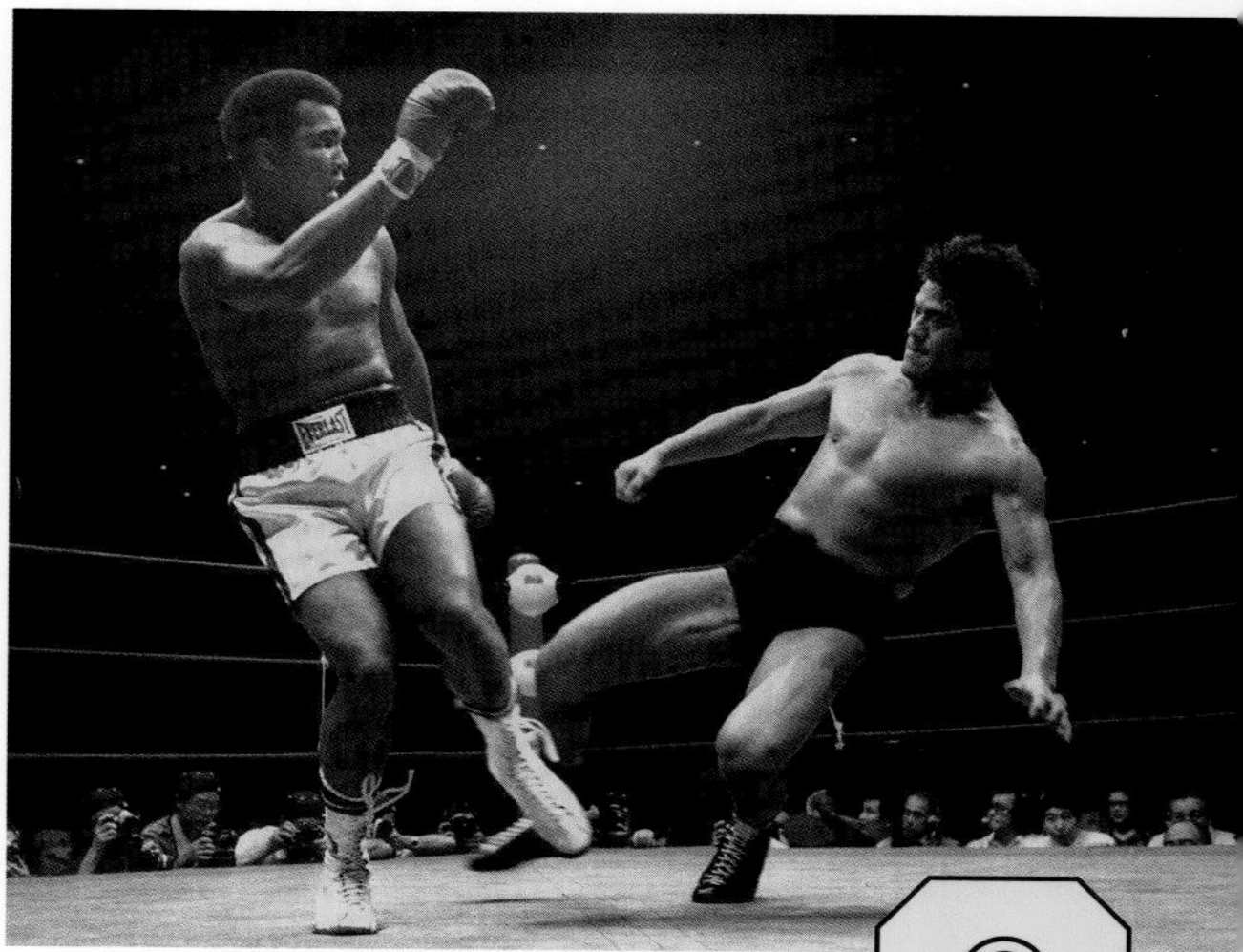

世紀の一戦　この一戦は午後1時から生中継された。さらに午後7時から再放送され、視聴率は38.8%を記録した。写真：日刊スポーツ新聞社

「猪木・アリ状態」　寝転がってパンチを防ぐ猪木の態勢は、これ以降「猪木・アリ状態」と呼ばれた。

◉本当はすごかった「世紀の凡戦」アントニオ猪木vsモハメド・アリ

6月26日に東京・日本武道館で開催され、〝世紀の凡戦〟と酷評されたプロレスラーのアントニオ猪木とプロボクサーのモハメド・アリの「格闘技世界一決定戦」。この試合は異種格闘技の先駆けであり、その後の猪木スタイルを決定づける戦いとなった。

◉**話題の本**　村上龍『限りなく透明に近いブルー』、山崎豊子『不毛地帯』、司馬遼太郎『翔ぶが如く』、渡部昇一『知的生活の方法』、城山三郎『毎日が日曜日』、丸山真男『戦中と戦後の間』、高橋たか子『誘惑者』、磯村尚徳『ちょっとキザですが』、野間宏『狭山裁判』、ミヒャエル・エンデ『モモ』

衛
10.24 静岡県の富士スピードウェイで日本初のF1世界選手権開催
10.－ 日本ビクター、家庭用VHSビデオテープレコーダー「HR-3300」発売。25万6000円
11.10 東京・日本武道館で天皇在位50年記念式典
11.29 丸山千里、がん治療薬として「丸山ワクチン」の新薬認可を厚生省に申請
12.1 広島・長崎両市長、ニューヨークの国連本部で核廃絶を訴える
12.21 1等1000万円40本の年末ジャンボ宝くじ発売で混乱。全国で死者2人
12.24 福田赳夫内閣成立

昭和クイズ100

Q63. この年、「かけめぐる青春」でレコードデビューも果たした女子プロレスのペアは？

Q64. ロッキード事件で同社が丸紅経由で使った領収書の暗号、1億円を食品名で表した単位は？

〈解答はP238をご覧ください。〉

◉誕生◉ 1.12中谷美紀（俳優）、1.23ムロツヨシ（俳優）、2.8田中卓志（タレント）、2.16オダギリジョー（俳優）、4.6乙武洋匡（作家・エッセイスト）、4.20宇治原史規（タレント）、4.23森山直太朗（歌手）、5.12高見盛（相撲）、5.17井ノ原快彦（俳優、歌手）、5.20里崎智也（プロ野球）、6.8城島健司（プロ野球・大リーグ）、6.9内田恭子（フリーアナウンサー）、6.12里谷多英（スキー）、6.29井川遥（俳優）、9.20一青窈（歌手）、9.22ロナウド（ブラジル・サッカー）、10.14不動裕理（ゴルフ）、10.31山本耕史（俳優）、11.2滝藤賢一（俳優）、12.5観月ありさ（歌手・俳優）、12.9福永祐一（競馬）、12.12瀬戸朝香（俳優）、12.18小雪（俳優）

◉流行語◉ **○○さんちの○○**（「山口さんちのツトム君」が大ヒット）、**限りなく○○に近い○○**（村上龍の小説『限りなく透明に近いブルー』から）、**ラッタッター**（ホンダの女性向けミニバイク「ロードパル」のCMから）、**わかるかな、わかんねえだろうな**（インスタント焼きそばのCMでの松鶴家千とせのセリフ）、**ゆれるまなざし**（資生堂の化粧品CMから）、**クエッ、クエッ**（どおくまん作の漫画「嗚呼!!花の応援団」から）、**記憶にございません**、**黒いピーナツ**、**灰色高官**（ロッキード事件から）

◉クロニクル 昭和51年（1976）

1.6 京都市の平安神宮本殿など全焼。新左翼過激派の時限発火装置による放火
1.20 大和運輸（現・ヤマト運輸）、「クロネコヤマトの宅急便」を開始
1.23 政府、昭和51年度予算案を国会に提出。戦後初めて赤字国債を当初予算に組み込む
1.31 鹿児島市で男児2人・女児3人の五つ子誕生
2.4 ロッキード社、米上院外交委員会多国籍企業小委員会公聴会で日本・オランダなどで多額の違法政治資金を渡したと公表。6日同社のコーチャン副会長が商社の丸紅を通じて200万ドルを日本政府高官に渡したと証言（ロッキード事件の発端）
2.6 野党4党、衆議院予算委員会でロッキード問題を追及。16日衆議院予算委は小佐野賢治国際興業社主、若狭得治全日空社長、渡辺尚次同副社長を証人喚問。17日丸紅幹部4人を証人喚問
2.29 宇宙開発事業団、種子島宇宙センターから日本初の実用衛星「うめ」打ち上げに成功
3.29 黒澤明監督「デルス・ウザーラ」（ソ連）、第48回米アカデミー賞で最優秀外国語映画賞受賞
4.27 東京地裁、『四畳半襖の下張』をわいせつ文書と認定。掲載雑誌「面白半分」編集長で作家の野坂昭如と発行元の出版社社長に罰金判決
5.4 文化庁、岩手県大迫町の早池峰神楽など30件を第1回重要無形民俗文化財に指定
5.8 冒険家の植村直己、単独での北極圏1万2000キロ犬ぞり走破に成功
6.22 東京地検・警視庁、ロッキード事件で大久保利春丸紅前専務らを逮捕。7月2日伊藤宏丸紅前専務、8日若狭全日空社長、13日檜山広丸紅前会長を逮捕。外為法違反・偽証で起訴
6.25 自民党を離党した議員6人、新自由クラブを結成
7.17 第21回オリンピック・モントリオール大会開催（～8月1日）。日本は9種目で金メダル。女子体操でルーマニアのコマネチが10点満点を連発
7.27 東京地検、ロッキード事件で田中角栄前首相を逮捕。8月16日5億円受領の受託収賄罪と外為法違反で起訴
8.25 ピンク・レディー、「ペッパー警部」でデビュー
9.4 文化庁、長野県南木曽町の妻籠宿など7カ所を重要伝統的建造物群保存地区に選定
9.6 ソ連のミグ25戦闘機、函館空港に強行着陸。9日操縦士のベレンコ中尉が米に亡命
9.29 川崎市議会、全国初の環境アセスメント条例案可決。翌年6月1日施行
10.10 具志堅用高、プロボクシングWBA世界ジュニアフライ級選手権でチャンピオンに。以後13回防

◉値段（東京） 大卒初任給9万575円、ラーメン250円、かけそば230円、豆腐80円、ビール195円、コーヒー（喫茶店）230～250円、たばこ（ゴールデンバット）40円、新聞代1700円（1カ月）、映画封切り館1300円、国鉄初乗り60円、パーマネント4210円、理髪1700円

萩本欽一

茶の間を占拠したテレビの喜劇王

写真：朝日新聞社

昭和のひと

昭和58年度モービル児童文化賞が萩本欽一に贈られたときの授賞理由は「子どもの世界に健康で魅力ある笑いを創造した」功績に対してだった。

フジテレビ系「欽ドン　良い子悪い子普通の子」（欽ドン！）、テレビ朝日系「欽ちゃんのどこまでやるの！」（欽どこ！）、TBS系「欽ちゃんの週刊欽曜日」、日本テレビ系「日曜9時は遊び座です」と1980年代の初め、萩本のバラエティー番組は東京のテレビキー局4社のゴールデンタイムを独占、週間視聴率を合算して〝視聴率100％男〟と呼ばれた。

「欽ドン！」がスタートしたころ、萩本が考えていたことは「子どもから大人まで誰が見ても笑えなきゃあ、テレビはだめだ」だった。まず番組を見た母親が笑えるか、次に子どもに分かるか、そして父親も及第点をつけるか、最後がマスコミに好評か。萩本にとって、これらは何よりも重要だった。

萩本の芸のルーツは、東京・浅草のストリップ劇場にある。ここで坂上二郎と「コント55号」を結成し、大劇場やテレビに進出して行く。このコンビによる人気テレビ番組に「コント55号の裏番組をブッ飛ばせ！」（日本テレビ系）があった。あのPTAに悪名高き〝野球拳〟で売ったバラエティーである。

この番組でもそうだが、ふたりの芸のポイントは萩本の肉体を駆使した殴る蹴るの〝つっこみ〟と、その犠牲になる坂上との掛け合いにある。ところが、局あてに「二郎さんがかわいそう」といった投書が舞い込みはじめる。ここで萩本は「劇場出身のぼくに、子どもが見ているという感覚がなかった」と悩む。つっこみの武器を取られたらコント55号は成立しなくなる。事実、坂上も萩本のつっこみがソフトになってからは、以前のように動けなくなった。ふたりが独自の道を歩みはじめるのは、それ以降である。坂上は俳優に、そして萩本はバラエティーの世界に、とコンビを存続させたままで分派活動を開始するようになる。

PTAその他の批判をかわすため、萩本が考えたのが〝女言葉〟だった。語尾に「だわ」「なのよ」「かしら」といった言葉を付けることで、茶の間の信頼をつかんでいく。その成果が、冒頭に記したモービル児童文化賞受賞である。

昭和47年にニッポン放送でスタートしたラジオ番組「欽ちゃんのドンといってみよう！」が、欽ちゃんバラエティーのベースだった。そこには聴取（視聴）者参加、素人起用、ハプニング性、アドリブ・ギャグがつねにある。たとえば素人起用では、

「昔は、わざと間違えるおかしさをつくりだすのに何年も芸をみがいたものです。それでも、テレビに映るとすぐにバレてしまう。それなら、まったくわけのわからない素人を出したらどうなるだろうか」

これが成功した。一方で萩本が探し出し、育てた若手タレントたちが彼を拘束していく。

「出たくてもテレビに出られない時代があったぼくにしてみれば、テレビ局から出演を頼まれたら『ありがとうございます』と頭を下げるのがタレントなんです」

それが週4本のゴールデンタイム独占となった。出演番組をセーブしたくてもできない。セーブすれば、育てた若手たちの仕事を奪うことにもなるからだ。このジレンマが超過密スケジュールとなり、萩本の才能を枯渇させる。

「芸人はぶっ倒れるまで走りつづける」

萩本は、そのスレスレのところで番組を整理し、充電期間に入った。やがてバラエティーを再開する。しかし、時代は欽ちゃんの時代から、タモリ、たけし、さんまの〝お笑い新御三家〟の時代に突入していた。視聴者の好みは、これほど早く変化していた。

その後、萩本は、本当の意味での充電期間を迎え、若い頃から考えていた映画づくりに取り組む。夢はインタビューにも成功した世界の喜劇王チャップリンにほめられるような映画をつくることだった。その頃すでに数作完成させていたが、チャップリンに見てもらうことは叶わなかった。

昭和 **52** 1977年

ハイジャック事件の続発

超法規的措置で6人釈放 10月1日、ハイジャック犯の要求を受け入れ、服役・拘留中の6人を釈放した。 写真提供：共同通信社

多発するハイジャック ほかに3月17日、全日空機乗っ取り事件が2件連続発生。写真は、事件解決後に羽田に戻り機外へ出る乗客。

ハイジャックそして〝同志奪還〟

9月28日午後10時45分（日本時間）ごろ、インドのムンバイからバンコクへ向かっていたパリ発東京行きの日航ＤＣ８型機４７２便が〝日本赤軍〟を名乗る男5人に乗っ取られ、バングラデシュのダッカ空港に強行着陸した。

乗っ取り犯は日本政府に対し、拘置・服役中の同志ら9人の釈放と身代金６００万ドルの支払いを要求。政府は「法治国家として耐えがたいが、乗客・乗員の生命にはかえられない」と判断。要求に応じると回答した。

日本赤軍の奥平純三（前年、ヨルダンから強制送還され公判中）らに強盗殺人事件などの〝一般刑事犯〟2人を含めた6人が釈放され、10月1日、羽田空港から出国した。一方、犯人側は人質をダッカ、クウェート、ダマスカスで次々に解放しながらアルジェに到着。人質全員を解放すると、アルジェリア当局に投降した。

海外の論調は、日本政府のこの弱腰姿勢を揃って批判。福田一法相は事件の責任をとって辞任した。

◉**海外の論調** 「日本のテロリストの世代は、マルキシズムとサムライ的虚勢、そして未熟な若者を狂気の人間に仕立て上げた無節操な大学教授とにより醸成された」（英紙「デーリー・テレグラフ」）、「たとえ無実の人々の生命を犠牲にすることがあっても、譲歩してはならない。国際的テロリズムは人類に対する戦争宣言である」（英紙「デーリー・メール」）。

洞爺湖温泉街　北海道・有珠山が32年ぶりに噴火。写真は、背後に不気味な噴煙が立ちのぼる洞爺湖温泉街。

◉有珠山噴火

8月7日午前9時過ぎ、有珠山山頂カルデラから噴火。噴煙は上空1万2000メートルに達し、火口周辺には大量の軽石や火山灰が降下・堆積。同時に起きた地殻変動や泥流などにより、市街地や耕作地に多大な被害が発生。死者2人、行方不明1人が出た。

噴火から３カ月、隆起した新山。

◉洞爺湖ビジターセンター・火山科学館　昭和52年と平成12年の有珠山噴火を中心に何度も噴火を繰り返してきた有珠山の火山活動を映像や解説、体感装置などで実感できる。開館時間：9:00～17:00。入館料（協力金）：大人600円、小人300円。休館日：12月31日～1月3日。所在地：北海道洞爺湖町洞爺湖温泉町142-5。電話：0142-75-2555。

Playback 52

《幕を閉じる日劇レビュー》

東京・有楽町の日本劇場で日劇ダンシングチーム（NDT）によるレビューが最終公演を迎える。解散は、昭和56年の日劇さよなら公演後。

《「ひまわり」から画像を受信》

日本初の静止気象衛星「ひまわり」が撮影した、インド付近からハワイ東方、シベリア北部から南極までの画像が初めて地上に。

《樋口久子、全米制覇》

全米女子プロゴルフ選手権で、日本の樋口久子が優勝。男女を通じて、ゴルフの世界4大メジャー大会で日本人の優勝は初めて。

世界一の瞬間　米大リーガー、ハンク・アーロンの本塁打記録755本を抜く756号を放ち、バンザイをする王貞治選手。

◉王が本塁打世界新の756号

ハンク・アーロンの持つ米大リーグ本塁打記録に残り1本と迫っていた巨人・王貞治。9月3日、ついに後楽園球場での対ヤクルト戦で新記録の756号本塁打を放った。プロ入り19シーズン目。一本足打法を始めてから実に16年目の快挙だった。

◉**話題の本**　アレックス・ヘイリー『ルーツ』、徳大寺有恒『間違いだらけのクルマ選び』、新田次郎『八甲田山死の彷徨』、森村誠一『人間の証明』『青春の証明』、池田満寿夫『エーゲ海に捧ぐ』、三田誠広『僕って何』、大岡昇平『事件』、中上健次『枯木灘』、小林秀雄『本居宣長』、丸谷才一『文章読本』、臼井吉見『事故のてんまつ』。

人の釈放と身代金600万ドル支払いを受諾。10月1日奥平純三ら6人出国（ダッカ事件）
10.2 テレビ朝日、米ドラマ「ルーツ」を8夜連続放送
10.29 東京地裁で東京スモン訴訟の和解成立。国・製薬2社、和解組35人に合わせて8億円を支払う
11.25 ハイジャック防止法成立
11.30 在日米軍立川基地、32年ぶり返還
12.15 米ケネディ宇宙センターから日本初の静止通信衛星「さくら」打ち上げ成功

この年　日本の男性平均寿命72.69歳で初の世界一。女性も77.95歳でスウェーデンとともに1位に

昭和クイズ100

Q65. 原稿作成から製版、印刷まで、この機械1台ですべてができる理想科学工業から、この年発売された家庭用の簡易印刷機の名前は？

Q66. 授業日数の削減、教育内容を基礎的・基本的内容にしぼるなど、新しい教育のあり方を○○○教育といったが、この教育法は？

Q67. ピンク・レディーや岩崎宏美、さらに森昌子・山口百恵・桜田淳子ら“花の中三トリオ”を世に送り出した新人歌手発掘テレビ番組は？

〈解答はP238をご覧ください。〉

◉誕生　1.11 松岡昌宏（俳優、歌手）、1.14 北川悠仁（歌手・ゆず）、1.22 中田英寿（サッカー）、1.31 香取慎吾（俳優・歌手）、4.26 福留孝介（プロ野球・米大リーグ）、5.26 伊東美咲（俳優）、6.10 松たか子（俳優）、8.1 五代目尾上菊之助（歌舞伎）、8.22 菅野美穂（俳優）、9.6 氷川きよし（歌手）、9.20 安室奈美恵（歌手）、12.6 十三代目市川團十郎白猿（歌舞伎）

◉流行語　**ふつうの女の子に戻りたい**（キャンディーズ解散宣言時に）、**カラオケ**（歌のないオーケストラの意。伴奏だけの音楽で歌うことがブームに）、**ルーツ**（同名小説とそのドラマ化が人気）、**魚かくし**（魚の値上がりで）、**話がピーマン**（中身がない）、**トンデレラ・シンデレラ**（殺虫剤「キンチョール」のCMから）、**円高差益**（急激な円高の進行で生じた利益）

◉クロニクル　昭和52年（1977）

1.4 東京・国鉄品川駅付近に放置された青酸入りコーラを飲み、高校生ら2人死亡
2.10 ワシントンで日米漁業協定調印。200カイリ漁業水域を設定した初の協定
2.23 国産初の静止衛星「きく2号」打ち上げ成功。3月5日静止軌道に乗る
4.24 茨城県大洗町の動力炉・核燃料開発事業団（動燃）の高速増殖炉実験炉「常陽」、臨界に達する
4.25 日劇ダンシングチーム最終公演閉幕
4.26 革新自由連合（革自連）発足。代表に中山千夏
4.28 山梨県、建設予定の県立美術館のためにミレー「種まく人」を約1億円で購入
4.29 東海大の山下泰裕、全日本柔道選手権で史上最年少（19歳）優勝。昭和60年9連覇を達成
6.1 マイルドセブン発売。1箱150円。昭和53年6月売上高1位に
6.12 樋口久子、全米女子プロゴルフ選手権で日本人初の米ツアー優勝
7.13 最高裁、津地鎮祭訴訟で「地鎮祭は社会の一般的慣習儀礼であり、憲法の政教分離原則に違反しない」として二審の違憲判決を破棄
7.14 宇宙開発事業団、米ケープカナベラルから初の静止気象衛星「ひまわり」打ち上げ。9月8日地球画像を送信
7.17 キャンディーズ、解散宣言
7.23 文部省、小中学校の学習指導要領を改訂告示。ゆとり教育を志向。小学校は昭和55年度、中学校は56年度から
8.3 広島で原水爆禁止統一世界大会国際会議開催。14年ぶりの原水協・原水禁統一大会
8.6 福田首相、東南アジア6カ国訪問に出発。7日ASEAN 5カ国と初の首脳会談。18日マニラで東南アジア外交三原則（福田ドクトリン）発表
8.7 北海道の有珠山、噴火開始
8.9 最高裁、狭山事件（昭和38年）の石川一雄被告の上告棄却。無期懲役確定
8.30 閣議で青森県むつ小川原開発の第2次基本計画了承
8.31 中野浩一、ベネズエラの世界自転車競技選手権プロ・スクラッチで初優勝。昭和61年10連覇達成
9.3 プロ野球・巨人の王貞治、通算756本塁打の世界新記録。5日初の国民栄誉賞受賞
9.27 在日米軍のRF4Bファントム機、横浜市緑区の宅地造成地に墜落。幼児2人死亡
9.28 日本赤軍の5人、日航機をハイジャックしダッカに強制着陸。29日政府は超法規的措置として9

◉値段（東京）　大卒初任給9万7003円、米10キロ3000円、ラーメン280円、豆腐80円、ビール195円、コーヒー（喫茶店）280円、たばこ（ゴールデンバット）40円、はがき20円、新聞代（1カ月）1700円、映画封切り館1300円、国鉄初乗り60円、パーマネント4620円、理髪1900円

《京都に市電が走っていた頃》

イラスト：板垣真誠

9月30日、京都市の市電が83年の歴史に幕を閉じた。市内を縦横に走り、名物として親しまれた路面電車だったが、利用客の減少による赤字には勝てなかった。押し寄せるモータリゼーションの波は、京都も例外ではなく、休日には市内外からも観光客が車で訪れ、市内は車で埋まっていた。混雑のひどい繁華街の四条線では、夕方には時速8キロでしか走れない状況に。〝厄介者〟扱いをされている市電を守ろうと、市民やファンが「守る会」を発足させ、廃止反対運動も起こった。しかし、京都市は昭和45年から廃止を開始し、バスや地下鉄への移行を図った。イラストは昭和49年頃、東本願寺付近を走る烏丸線。中央右の塔は京都タワー。

昭和 53 1978 年

ユニット・アイドル旋風

キャンディーズ、さよならコンサート 4月4日、後楽園球場に5万人のファンが集まった。3人は52曲を熱唱。

アイドル・ユニットの解散にファン騒然

昭和50年代初め、2組のアイドル・ユニット、キャンディーズとピンク・レディーが一世を風靡していた。彼女たちの歌は今も、昭和をふりかえるときには欠かせない曲として必ず流れる。

ピンク・レディーは、元は「クッキー」という名のフォークデュオだったが、その落ち着いた雰囲気を変えたのは、作詞家・阿久悠、作曲家・都倉俊一、振付師・土居甫の3人だった。昭和51年、「ペッパー警部」を歌ってデビューすると、土居の振り付けたダンスを女の子たちはまねて踊った。

キャンディーズは、歌番組のマスコット・ガールとして芸能界デビュー。昭和48年に「あなたに夢中」でレコードを出すとともにコメディエンヌの素養が買われ、バラエティー番組「8時だョ！全員集合」などにレギュラー出演して注目された。

この2組に共通しているのは「解散」が大いに惜しまれたことである。「普通の女

◉**ピンク・レディーの記録** オリコン1位獲得曲「S・O・S」「カルメン'77」「渚のシンドバッド」「ウォンテッド（指名手配）」「UFO」「サウスポー」「モンスター」「透明人間」「カメレオン・アーミー」。ミリオンセラー曲は、前記「オリコン1位獲得曲」9曲に、「ペッパー警部」を含めた連続全10曲。

ピンク・レディー、激しい振り付け　コミカルで激しい振り付けを子どもたちがまねた。写真は「ウォンテッド」。

ピンク・レディー解散公演　昭和56年3月31日の後楽園球場での解散コンサート。左からミー（根本光鶴代〈現・未唯mie〉）とケイ（増田啓子〈現・増田恵子〉）。

の子に戻りたい」という衝撃的な発言で引退宣言したキャンディーズ。引退後、小泉今日子や中森明菜ら80年代アイドルに影響を与えたピンク・レディー。引退後も昭和を駆け抜けたアイドルとして記憶に残っている。

突然の宣言　突然の引退宣言で周囲を驚かせたキャンディーズ。左からミキ（藤村美樹）、ラン（伊藤蘭）、スー（田中好子）。

◉**解散発表後にキャンディーズ人気沸騰**　解散前の2月に発売したラスト・シングル曲「微笑がえし」は、グループ初のオリコン1位を獲得。さらに3月の福岡から始まった全国縦断ラスト・コンサート「ありがとうカーニバル」の会場は、それまでにないファンの熱狂に包まれたという。

Playback 53

《原子力船「むつ」佐世保入港》

実験航海中、原子炉が臨界に達した直後に放射線事故を起こした原子力船「むつ」。受け入れ反対運動が巻き起こるなか、修理のため佐世保港に入港。

《タンクトップ大流行》

猛暑の影響もあり、この夏、女性のファッションに肩や背中を大きく露出させた衣装が大流行、男性の目をどぎまぎさせた。

《ディスコブーム到来》

米映画「サタデー・ナイト・フィーバー」と、ビージーズの曲「ステイン・アライブ」のヒットもあって、ディスコブームが到来。

新東京国際空港の駐機場　第1期開港区域は4000メートルのA滑走路を擁する550ヘクタール。滑走路は他にBとCの2本の供用がこの時点で予定されていた。

◉成田空港開港

開港予定日3月30日の4日前、空港管理棟を過激派ゲリラが占拠。管制機器が破壊されたため、開港は延期。この時点で空港予定地にはまだ17戸の反対農家が存在。反対派が燃やすタイヤの黒い煙が立ち上る不穏な状態が続くなか5月21日、一番機が着陸した。

◉**話題の本**　中沢けい『海を感じる時』、J・K・ガルブレイス『不確実性の時代』、野末陳平『頭のいい税金の本』、五味康祐『五味手相教室』、井上富雄『ライフワークの見つけ方』、大西巨人『神聖喜劇』、永井路子『北条政子』、城山三郎『黄金の日日』、有吉佐和子『和宮様御留』、西村寿行『犬笛』、広中平祐『広中平祐の家庭教育論』

10.17 靖国神社、A 級戦犯 14 人を合祀
10.22 中国の鄧小平副首相ら、日中平和友好条約批准書交換のため来日。23 日天皇と会見
11.28 閣議でドル減らし対策として文化庁によるルソーやピカソなど西洋絵画 7 点の購入を了承。総額 8 億 5000 万円
12.7 大平正芳内閣成立
12.10 沖縄県知事選挙で自民・民社など推薦の西銘順治が当選。革新県政終わる

この年 秋からインベーダーゲーム流行

昭和クイズ100

Q68. 東條英機らの死刑が執行された「巣鴨プリズン」の跡地に建設された、当時日本一の高さを誇った超高層ビルの名は？

Q69. 時代劇の製作から遠ざかっていた“時代劇の東映”が 12 年ぶりに製作を再開した本格時代劇は？

Q70. プロ野球ドラフト会議の盲点“空白の一日”を利用する形で、巨人に入団した選手は？

〈解答はP238をご覧ください。〉

◉誕生 1.11 浜口京子（レスリング）、2.28 菊川怜（俳優）、5.15 井上康生（柔道）、6.17 麻生久美子（俳優）、6.24 中村俊輔（サッカー）、7.3 野口みずき（マラソン）、7.7MISIA（歌手）、7.10 小泉孝太郎（俳優）、7.21 岩崎恭子（水泳）、9.6 澤穂希（サッカー）、10.2 浜崎あゆみ（歌手）、10.27 小西真奈美（俳優）、11.7 長瀬智也（歌手・俳優）、11.25 椎名林檎（歌手）

◉流行語 **サラ金地獄**（返済苦で自殺・盗み・蒸発などが多発）、**不確実性の時代**（ガルブレイスの同名著書から）、**試験管ベビー**（体外授精児のこと）、**竹の子族**（原宿のブティック「竹の子」のハーレムスーツで踊る若者）、**窓際族**（余剰人員扱いされたサラリーマン）、**足切り**（翌年度実施の共通一次試験で導入、一定の点数以下を不合格とすること）、**ナンチャッテ**（「なーんちゃって」と叫ぶおじさんが出現。実際は放送作家の作り話）、**嫌煙権**（嫌煙・禁煙の動きが拡大）、**フィーバー**（映画「サタデー・ナイト・フィーバー」から。盛り上がるの意）

◉クロニクル 昭和53年（1978）

1.10 総理府、初の『婦人の現状と施策』（婦人白書）発表。女子労働力人口 2010 万人で労働力人口の 37.4％。平均賃金は男性の 58.3％
2.18 東京で「嫌煙権確立をめざす人びとの会」結成。嫌煙権運動の始まり
3.1 飛鳥田一雄社会党委員長、初の委員長公選で信任される。委員長専念のため横浜市長を辞任
3.20 福井県敦賀市の動力炉・核燃料開発事業団（動燃）の転換炉「ふげん」臨界に。7 月 29 日送電開始
3.26 三里塚・芝山連合空港反対同盟、新東京国際空港開港阻止の総決起大会。過激派グループが空港管制塔に侵入し管制機器類を破壊。28 日政府は 30 日に予定していた開港の延期を決定
4.4 東京・後楽園球場でのキャンディーズ解散コンサートにファン 5 万人
4.6 東京・池袋の東京拘置所（巣鴨プリズン）跡地に地上 60 階建て高層ビル「サンシャイン 60」完成
5.13 新東京国際空港の安全確保に関する緊急措置法（成田新法）公布施行。団結小屋の撤去など運輸大臣の権限強化
5.20 新東京国際空港（成田空港）開港
5.24 三遊亭円生ら、真打ち昇進をめぐり落語協会を脱退し落語三遊協会創設
6.27 石油開発公団、石油公団と改称。タンカーによる石油備蓄開始
7.5 農林省、農林水産省と改称
7.11 広域暴力団山口組の田岡一雄組長、京都市内で松田組系暴力団員に狙撃され負傷。暴力団抗争激化
7.19 栗栖弘臣統合幕僚会議議長、記者会見で「緊急時には自衛隊の超法規的行動もありうる」という週刊誌での発言を確認。28 日金丸信防衛庁長官、文民統制に反するとして同議長更迭
7.22 米映画「サタデー・ナイト・フィーバー」公開。ディスコブームを生む
7.27 福田首相、防衛庁に有事立法と有事防衛研究の促進を指示
7.30 沖縄県で車両が左側通行に
7. − 7 月の原子力発電による電力量、56 億 8600 万キロワットに。水力発電電力量を上回る
8.12 北京で日中平和友好条約調印。10 月 23 日発効
9.19 埼玉県教育委員会、行田市の稲荷山古墳から出土した鉄剣に刻まれた 115 文字を解読したと発表
9.30 京都の市電廃止
10.12 警察庁、「サラ金」をめぐる実態調査を初めて発表（サラ金地獄）
10.16 青木功、ロンドン郊外で行われたプロゴルフ世界マッチプレー選手権で日本男子初の海外優勝

◉値段（東京） 大卒初任給 10 万 1997 円、米 10 キロ 3000 円、ラーメン 300 円、豆腐 80 円、ビール 215 円、コーヒー（喫茶店）280 円、たばこ（ゴールデンバット）40 円、新聞代（1 カ月）2000 円、映画封切り館 1300 円、国鉄初乗り 80 円、パーマネント 4830 円、理髪 2000 円

昭和 54 1979 年

東京で初の先進国サミット

会場の模様　迎賓館・羽衣の間の席に着いた各国首脳。当時のサミットは、各国から首脳および大臣2人の合計3人が出席する大人数だった。右手前の後姿はサッチャー元英首相。

東京に"戒厳令"　サミット反対を叫ぶ過激派のゲリラ活動などを警戒し、都心や羽田空港周辺では警察による厳しい検問が続けられた。東京都大田区で。

参加国に運命共同体の意識

6月28日から2日間、5回目の先進国首脳会議（サミット、現在は「主要国首脳会議」）が初めて東京で開催された。きっかけは、冷戦下1973年の第1次石油危機とそれ以後の経済的課題を話し合うためで、第1回会議は2年後の1975年に米、英、仏、西独、伊、日本の6カ国の首脳が仏のランブイエに集まって開催された。

東京で開かれたサミットは、奇しくも第2次石油危機に直面した時期の開催で、カナダを加えた7カ国は互いの利害を乗り越えて政策協調に踏み出せるかどうかが課題だった。それは原油価格の値上げ攻勢を進めるOPEC（石油輸出国機構）との戦いであり、そのOPECは東京サミットの初日にさらなる原油価格の値上げを決定。これに対抗するには先進各国が石油輸入量を抑制するしかないものの、各国の利害が絡み合い会議の場では結論が出せない。

それでも、各国首脳たちの努力が実り、「東京宣言」には石油消費量や輸入量の上限目標値を盛り込むことができた。

◉日本で開催したサミット　第5回・東京（昭和54年）、第12回・東京（昭和61年）、第19回・東京（平成5年）、第26回・名護市／九州・沖縄サミット（平成12年）、第34回・洞爺湖町／北海道・洞爺湖サミット（平成20年）、第42回・志摩市／伊勢・志摩サミット（平成28年）、第49回・広島市／広島サミット（令和5年予定）。

◉共通1次学力試験始まる

公立大学も参加した国立大学の共通1次学力試験は、10年余りの準備期間を経て実施され、〝戦後最大の入試改革〟といわれた。その後、改められ「大学入試センター試験」、現在は「大学入学共通テスト」が行われている。

試験会場　問題冊子と解答用紙を前に試験開始を待つ受験生。東京大学会場。

第1回の初日　試験は1月13・14日に雪が降るなか、全国225の試験会場で実施された。受験者数32万7163人。写真は東京大学正門前。

☞ **◉5教科7科目**　国語、数学、社会（倫理・社会、政治・経済、日本史、世界史、地理A、地理Bから2科目選択、ただし地理2科目の選択は不可）、理科（物理Ｉ、化学Ｉ、生物Ｉ、地学Ｉから2科目選択、または基礎理科のみ1科目）、外国語（英語B、ドイツ語、フランス語、英語Aのいずれか1科目）。合計して1000点満点。

Playback 54

《ウォークマン登場》

ソニーから発売された小型ヘッドホンステレオ「ウォークマン」は、世界中の若者たちのライフスタイルを変えた。写真提供：ソニー

《東京国際女子マラソン》

11月18日、東京を舞台に国際陸連公認の世界初のレースとして、第1回東京国際女子マラソンが開催された。10カ国の50人が参加。

《タンカー、田子の浦に打ち上がる》

静岡県富士市の田子の浦に台風20号の影響でインドネシア船籍の大型貨物船が打ち上げられ、見物人が訪れる“新名所”に。

監督の胴上げ　名将・古葉竹織（中央）はチームを日本一に導き、“赤ヘル”黄金時代を築いた。11月4日、大阪球場（現・なんばパークス）で。

◉広島カープ、初の日本一

〝赤ヘル旋風〟で球団初のリーグ優勝を果たしてから4年。広島はこの年、日本シリーズで近鉄をくだして悲願の日本一を達成する。第7戦の9回裏、無死満塁の絶体絶命のピンチを背負った、広島の江夏豊投手が投げた21球は球史に残る好投となった。

◉**話題の本**　見延典子『もう頬づえはつかない』、和泉宗章『算命占星学入門』『天中殺入門』、長谷川町子『サザエさんうちあけ話』、五木寛之『四季・奈津子』、エズラ・F・ヴォーゲル『ジャパン・アズ・ナンバーワン』、宮尾登美子『一絃の琴』、吉行淳之介『夕暮まで』、灰谷健次郎『兎の眼』、松山千春『足寄より』

社民連2、無所属19（うち10人を自民党が追加公認)。自民党過半数を割る
10.9 大平首相、閣議で総選挙敗北を認めるが政権担当の決意表明。福田・三木・中曽根各派は大平退陣を要求（40日抗争）
10.30 第1次大平内閣総辞職。首相指名持ち越しで国会空転。11月9日第2次大平内閣成立
11.18 国際陸連初の公認女子マラソン、第1回東京国際女子マラソン開催
12.12 宮崎県日向市の国鉄宮崎浮上式実験センターで開発中のリニアモーターカー、時速504キロの世界記録

昭和クイズ100

Q71. 体操のW杯東京大会女子個人総合で4位に終わったものの、ゆか運動で10点満点を2度出して観客を酔わせたルーマニアの選手は？

Q72. 爆発・噴火は有史以来初。長野・岐阜県境にある3067メートルの火山は？　噴煙の高さは約1500メートルに達した。

Q73. 国鉄・リニアモーターカーの走行テストで目標の500キロを超える504キロの世界記録を達成した実験線のある宮崎県の市は？

〈解答はP238をご覧ください。〉

◉誕生　1.1 堂本光一（歌手・俳優)、1.5 元ちとせ（歌手)、2.18 高島彩（アナウンサー)、3.10 魔裟斗（キックボクシング)、3.20 阿部慎之助（プロ野球)、3.30 ノラ・ジョーンズ（米歌手)、4.10 堂本剛（歌手・俳優)、5.7 窪塚洋介（俳優)、9.18 稲本潤一（サッカー)、9.27 小野伸二（サッカー)、10.3 蛯原友里（モデル)、10.30 仲間由紀恵（俳優)、12.9 上村愛子（モーグル)

◉流行語　**エガワる**（江川卓投手の入団騒動から、ゴリ押しや駄々をこねること)、**ダサい**（田舎くさい・野暮ったいの意)、**オジン・オバン**（考えが古い・年寄りくさいの意)、**天中殺**（和泉宗章の占い本がブーム)、**口裂け女**（岐阜から流言が拡大)、**ウサギ小屋**（日本住宅の狭さを揶揄したECの文書から)、**熟年**（中高年層をターゲットにした電通の造語)

◉クロニクル　昭和54年（1979）

1.4 米証券取引委員会、グラマン社の海外不正支払いの報告書を公表。航空機売り込みをめぐる日商岩井と日本政府高官の不正取り引き疑惑が表面化。4月2日海部八郎日商岩井前副社長逮捕（ダグラス・グラマン事件）
1.13 国公立大学入試で初の共通1次学力試験を実施（～14日)。受験者32万7000人余り
1.17 米カルテックス社、イラン情勢を理由に対日原油供給削減を通告。国際石油資本（メジャー）各社も追随（第2次石油危機）
1.25 上越新幹線大清水トンネル（全長22.2キロ）貫通。世界最長トンネルに
1.26 梅川昭美容疑者、大阪市住吉区の三菱銀行北畠支店で客や行員を人質にとり籠城。警官含む4人殺害。28日大阪府警狙撃班に射殺される
1.31 江川卓投手、プロ野球・阪神と入団契約。巨人の小林繁投手との即日トレードで巨人へ入団
4.7 名古屋テレビ（テレビ朝日系）でアニメ「機動戦士ガンダム」放送開始
4.28 交通遺児育英会、募金者が匿名で交通遺児を援助する「あしながおじさん」方式の募金を始める
4.30 大平首相訪米。5月2日カーター米大統領と会談。経済摩擦解消・賢人会議の設置などを協議
5.9 日本電気（NEC)、パーソナルコンピューターPC-8001を発表。パソコンブームの発端
6.24 カーター米大統領来日。25日天皇・皇后と会見。大平首相とも会談
6.28 第5回先進国首脳会議（東京サミット）開催
7.1 ソニー、携帯式ヘッドホンステレオ「ウォークマン」発売。3万3000円
8.1 国鉄山口線小郡（現・新山口）～津和野間で蒸気機関車が引く「やまぐち」号運行開始
8.18 米第7艦隊と沖縄駐留の米海兵隊による沖縄上陸大演習開始（～31日)。27日陸上自衛隊尉官13人の同行判明
8.31 政府、関東と関西の2カ所にインドシナ難民のための定住促進センターを設置すると発表
9.4 東京・上野動物園でパンダのランラン（メス・10歳）死ぬ
9.12 動力炉・核燃料開発事業団（動燃）の人形峠ウラン濃縮試験工場（鳥取・岡山県境）第1期工事完成。運転開始
9.15 スモンの会全国連絡協議会・厚生省・製薬会社3社、整腸剤キノホルム服用による難病スモンの薬害訴訟で和解
10.7 第35回衆議院議員総選挙。当選は自民248、社会107、公明57、共産39、民社35、新自ク4、

☞ **◉値段（東京）**　大卒初任給10万5123円、ラーメン300円、かけそば260円、豆腐80円、ビール215円、たばこ（ゴールデンバット）40円、はがき20円、新聞代（1カ月）2000円、映画封切り館1300円、国鉄初乗り100円、パーマネント4910円、理髪2100円

トヨタパブリカ　昭和36年　優れた実用性と経済性が特徴。

スバル360　昭和33年　航空機技術を応用した軽量で丈夫な車体が特徴。リアエンジン。

昭和の乗用車アルバム

軽自動車からスポーツカーまで

高度経済成長期にもてはやされた「3C」（カー、クーラー、カラーテレビ）のひとつ、乗用車。庶民が豊かになり、車を持つことがライフスタイルとして定着した。家族旅行、恋人とのデート、友人とのドライブなど、当時乗っていた車、欲しかった車の記憶が蘇ってくる。

トヨペットコロナ　昭和39年

マツダキャロル　昭和37年　庶民の夢を見事に形にした小さな高級車。

トヨタカローラ　昭和41年　キャッチフレーズは〝プラス100ccの余裕〟。

ダットサンサニー（日産自動車）昭和41年　マイカーブームの火付け役。

ホンダシビック　昭和47年　ヨーロッパ流のＦＦツーボックススタイル。

ダットサンブルーバード　昭和42年　昭和45年の東アフリカ・サファリラリーで優勝。

ホンダN360　昭和42年　ＦＦ（前輪駆動）による広い室内が特徴。

マツダファミリア　昭和55年　“陸（おか）サーファー”という流行語を生む。

スズキアルト　昭和54年　47万円という低価格で爆発的ヒット。

三菱ミラージュ　昭和53年　三菱初の野心的なＦＦ車。

◉憧れのスポーツカー

マツダコスモスポーツ　昭和42年　世界初の2ローター・ロータリーエンジン搭載。

トヨタ2000GT　昭和42年　世界トップクラスのスポーツカー。

ニッサンフェアレディZ　昭和44年　世界販売台数55万台はスポーツカーでは空前の記録。

ニッサンスカイライン　昭和47年　スカイラインの4代目。通称“ケンメリ”。

トヨタカリーナＥＤ　昭和60年　低い車高の4ドアハードトップ・スタイル。

トヨタマークII　昭和59年　“ハイソカー”ブームの白い高級車。

昭和 55 1980年

「笑いの革命」、漫才ブーム

ツービート　ビートたけし（左）・ビートきよし。昭和48年、東京・浅草のストリップ劇場で芸人修業中にコンビを結成。テンポの速い毒舌漫才で一世を風靡した。

やすし・きよし　横山やすし（左）・西川きよし。昭和41年コンビ結成。“爆笑漫才のやすきよ”として長きにわたりお笑い界をリードした。

若手の〝言葉革命〟だった

昭和50年代の半ば、勢いのある漫才師たちが次々と現れた。大阪のやすし・きよし（横山やすし・西川きよし）やB&B（島田洋七・島田洋八）、紳助・竜介（島田紳助・松本竜介）、東京のツービート（ビートたけし・ビートきよし）。そんな漫才師たちを起用して始まったフジテレビ系のお笑い番組「THE MANZAI」がブームを一気に爆発させた。

それまで、漫才といえば大人の娯楽だったが、新しいブームを支えたのは若者たちである。漫才師たちは速射砲のように飛び出す言葉、毒を含んだギャグなど若者向けのネタを届け、彼らの心をがっちりとらえていた。

彼らは真剣だった。「THE MANZAI」のプロデューサーだった横澤彪によれば、「収録前になるとビートたけしはトイレに籠もり、紳助・竜介は美術倉庫に隠れてネタ合わせに熱中していた」という。芸人たちにとって、あの番組は生き残りを賭けた修羅場だった。それだけに、彼らが得た富や名声は大きい。

◉**漫才関連本**　ブームに便乗して発売された漫才関連本。『ビートたけしの三国一の幸せ者』（サンケイ出版）、『ツービートのわッ毒ガスだ』（KKベストセラーズ）、『漫才 マンザイ MANZAI』（講談社）、『お笑いスター誕生 !!』（日本テレビ）

自民党圧勝　衆院選の開票中、自民党の獲得議席が過半数を超えた直後、故・大平首相の遺影の前でダルマに目が入れられた。

◉大平首相の急死で〝ダブル選〟に圧勝

大平正芳と福田赳夫による権力闘争「40日抗争」の果ての大平内閣への不信任案可決により起こった〝ハプニング解散〟。史上初の衆参ダブル選挙のさなか、総理大臣の死という異常事態が党内を結束させ、自民党は弔い合戦に圧勝した。

入院直前の大平首相　参院選初日の5月30日、大平首相は街頭演説中に不調を訴え緊急入院した。

◉戦後昭和の「内閣不信任・解散」　現憲法下で3例。昭和23年12月の「なれあい解散」、少数与党の第2次吉田内閣のとき、政府・野党が協定して野党が不信任案を上程。昭和28年3月の「バカヤロー解散」は西村栄一議員の挑発に乗った首相の“バカヤロー”発言が原因で解散した第4次吉田内閣。昭和50年5月の「ハプニング解散」は自民党内の“40日抗争”の末。

Playback 55

《1億円拾得騒動》

4月25日、トラック運転手が銀座の道路脇で1億円が入った風呂敷包みを拾得。落とし主が現れず時効となり、拾い主のものになった。

《銀色ドーム映画館》

“幻の映画監督”鈴木清順の新作「ツィゴイネルワイゼン」が東京タワー下につくられた合成樹脂製の銀色ドームで公開された。

《ウォシュレット》

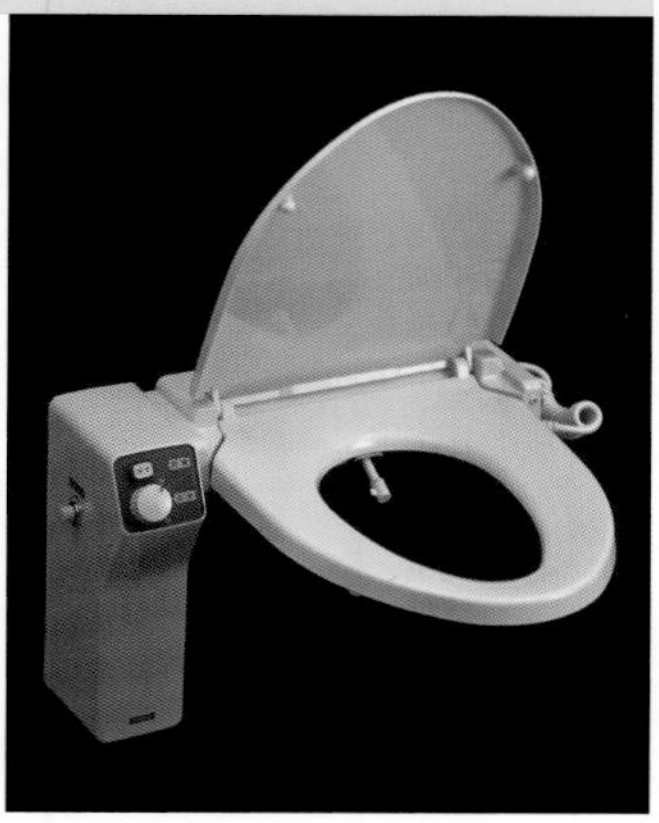

以前にも輸入されていた排便後に温水で洗浄する便座が、東陶機器（現・TOTO）から国内用に新たに開発され発売された。

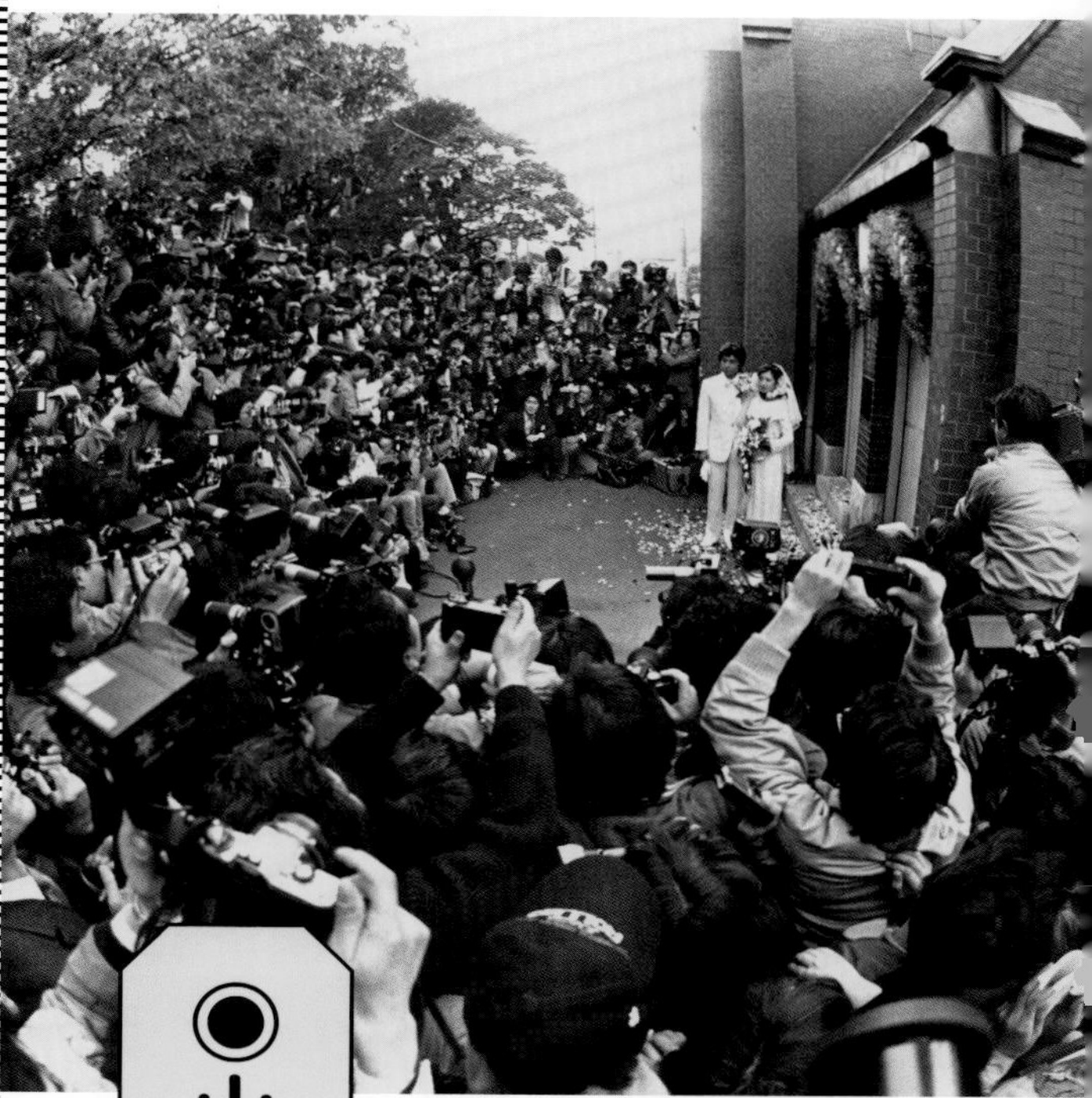

報道陣・ファンが殺到　11月19日、東京・赤坂の霊南坂教会で挙式した山口百恵と三浦友和。

◉山口百恵が引退、結婚

歌手として、また俳優として絶頂期にあった山口百恵が俳優の三浦友和との結婚を機にすべての芸能活動を終了し、妻として生きる道を選んだ。多くのファンは彼女の引退を惜しみながらも、その新たな生き方に対し、喝采を送った。

◉話題の本　山口百恵『蒼い時』、ツービート『ツービートのわッ毒ガスだ』、五島勉『ノストラダムスの大予言』、司馬遼太郎『項羽と劉邦』、野末陳平『自分のお金をどうするか』、カール・セーガン『コスモス』、アルビン・トフラー『第三の波』、向田邦子『思い出トランプ』、糸川英夫『前例がないからやってみよう』

7.17　鈴木善幸内閣成立
7.－　ツクダオリジナル（現・メガハウス）、「ルービックキューブ」発売。1980円
9.11　埼玉県警、所沢市の富士見産婦人科病院理事長を逮捕。不必要な臓器摘出手術など乱脈診療判明。被害届900人
10.15 奈良・東大寺大仏殿の昭和大修理落慶法要（～19日）。5日間で36万人参拝
10.21 プロ野球・巨人の長嶋茂雄監督辞任。11月4日王貞治が現役引退
11.29 川崎市の住宅地に住む2浪中の予備校生、両親を金属バットで撲殺

昭和クイズ100

Q74. 昭和39年にハワイから来日、外国人力士として関脇まで昇進。この年、日本に帰化した力士は？

Q75. ハーレム・スーツを着て、東京・原宿の路上で集団で踊る若者たちを何族といったか？

Q76. 結婚を機に芸能界から引退した山口百恵の、発売後1カ月で100万部を売った自叙伝の書名は？

〈解答はP238をご覧ください。〉

◉誕生　1.14玉木宏（俳優）、2.4桐谷健太（俳優）、2.27佐藤隆太（俳優）、3.1井上裕介（タレント）、3.2優木まおみ（タレント）、3.21ロナウジーニョ（ブラジル・サッカー）、5.22田中麗奈（俳優）、5.29神田愛花（フリーアナウンサー）、5.31眞鍋かおり（タレント）、6.2又吉直樹（タレント、作家）、7.18広末涼子（俳優）、8.19ディーン・フジオカ（俳優）、9.4島谷ひとみ（歌手）、9.13松坂大輔（プロ野球・大リーグ）、9.27朝青龍（大相撲）、10.5田臥勇太（バスケットボール）、11.18岡田准一（俳優、歌手）、11.26大野智（俳優、歌手）、12.3壇蜜（タレント）、12.9高橋一生（俳優）、12.13妻夫木聡（俳優）、12.31村主章枝（フィギュアスケート）

◉流行語　**カラスの勝手でしょ**（童謡『七つの子』の替え歌、志村けんがはやらせる）、**それなりに**（カラーフィルムのCM）、**赤信号みんなで渡れば怖くない**（漫才コンビ・ツービートのギャグ）、**クリスタル族**（ブランド品などを持つおしゃれな女性）、**金属バット**（殺人事件から）、**ビニ本**（ビニールカバーで開けなくしたわいせつ本がブーム）

◉クロニクル　昭和55年（1980）

1.16　来日した元ビートルズのポール・マッカートニー、大麻所持で逮捕。25日国外退去
1.21　デンマーク大使に高橋展子が決定。日本初の女性大使
1.29　パンダのホアンホアン（メス・7歳）、中国から東京・上野動物園に到着。6月30日オスのカンカン（9歳）急死
2.1　政府、日本オリンピック委員会（JOC）にモスクワ五輪参加は不適当と伝達。5月24日JOCは臨時総会を開き異例の採決で不参加を決定
2.22　女性転職情報誌「とらばーゆ」、日本リクルートセンター（現・リクルート）から創刊。誌名が転職の代名詞に
2.26　海上自衛隊、環太平洋合同演習（リムパック）に初参加（～3月18日）
3.6　東京地裁ロッキード法廷で、小佐野賢治被告が受け取った20万ドルは浜田幸一自民党代議士のラスベガスのカジノ借金（約150万ドル）に充当と検察側陳述。4月11日浜田議員辞職
3.7　歌手の山口百恵、俳優三浦友和との婚約発表。10月15日引退。11月19日挙式
4.1　大塚製薬、「ポカリスエット」発売。スポーツドリンクがブームに
松田聖子、資生堂CM曲「裸足の季節」でデビュー
4.7　NHK、中国との合作ドキュメンタリー番組「シルクロード」放送開始
4.25　東京・銀座でトラック運転手が風呂敷包みに入った1億円を拾い届け出。11月9日時効になり拾得
4.26　黒澤明監督「影武者」公開。5月23日カンヌ国際映画祭で最高賞（パルムドール）受賞
5.16　衆議院で自民党非主流派の欠席のもと大平正芳内閣不信任案可決。19日衆議院解散（ハプニング解散）
5.17　民法改正公布。配偶者の法定相続分、3分の1から2分の1に引き上げ
6.12　大平首相、急性心不全で死去（70歳）
6.22　第36回衆議院議員総選挙、第12回参議院議員選挙（初のダブル選挙）で自民党圧勝
6.－　東陶機器（現・TOTO）、温水便座「ウォシュレット」発売。14万9000円
7.3　警視庁、静岡県熱海市で「イエスの方舟」の教祖・千石イエス（剛賢）らを発見。捜索願が出ていた女性7人を保護
7.14　デンマークのコペンハーゲンで国連婦人会議開催（～31日）。17日日本代表が婦人差別撤廃条約に署名

◉値段（東京）　大卒初任給11万248円、米10キロ3235円、ラーメン300円、豆腐80円、ビール240円、コーヒー（喫茶店）280円、たばこ（ゴールデンバット）50円、新聞代（1カ月）2600円、映画封切り館1400円、国鉄初乗り100円、パーマネント5238円、理髪2300円

山口百恵

しなやかに
したたかに
駆け抜けた
スーパースター

昭和のひと

写真：朝日新聞社

俳優・三浦友和との婚約会見からはじまった山口百恵の引退劇は、10月5日のラスト・コンサートで幕を閉じた。この夜を境に百恵は、喝采を浴びる歌手から市井の女性へ、さらに翌月には山口百恵から三浦百恵へと変わる。それは、彼女自身の人生にとっての大きな〝試み〟である。そんな百恵の歌手生活もまた、いくつかの〝試み〟をへたものだった。

最初の〝試み〟は「スター誕生！」への応募だった。デビュー前、百恵の写真を見たソニー・ミュージックエンタテインメントの酒井政利プロデューサーは、当時の印象を「ズドンと立っている女の子、白いブラウスとミニスカートという少女らしい装いが何かちぐはぐな脚の太い女の子」（『文藝春秋』平成7年1月号「わが回想のスターたち」）と記している。

デビューは昭和48年、森英恵デザインのロングドレスを着て「としごろ」を歌った。実売数7万枚。のちに〝花の中三トリオ〟を組む桜田淳子の「天使も夢みる」12万枚、森昌子の「せんせい」51万枚にくらべると少ない。そして、次の〝青い性〟を歌った「青い果実」で人気に火がつきはじめる。人気がはじけるのは、作詞家・阿木燿子、作曲家・宇崎竜童夫妻の曲を歌いはじめてからだ。これが第2の〝試み〟である。ふたりの起用を提案したのは百恵で、ソニーや所属プロは乗り気ではなかった。リーゼントにサングラス、つなぎ服という宇崎のイメージと曲風に、百恵の路線が合わないという理由だった。それでも、百恵は要求を貫いた。

夫妻による最初の曲は「横須賀ストーリー」。〝これっきり、これっきり、これっきり……という歌いだしの新鮮さで66万枚のヒット。そして「プレイバックｐａｒｔ２」で〝百恵伝説〟の輪郭をくっきりと現す。〝プレイバック〟を歌うまでの百恵は、男に翻弄される女の子の世界を歌ってきた。そうした世界に決別するように主体性に目覚めた自立する女を歌いはじめる。この一連の〝突っ張りソング〟で、百恵は同性のファンを一気に増やしていった。

一方で、ソニーは〝突っ張り〟路線の間に「いい日旅立ち」「秋桜」といったソフトな曲をはさみ、百恵の世界を広げていった。デビュー当時、1オクターブしかなかった百恵の音域は、歌いこむことで3オクターブにまで拡がる。歌う世界も、少女のときめきから男と女の関係へ。まだ20歳に満たない彼女が「30女の世界を歌いこなす」と評判になった。

「この仕事が好きだったわけではなかった。（中略）自分の意志とは関係なく、歌うことを職業化され、たった一曲の歌を一日に何度も繰り返さなければならないという状態が多くなるにつれて、私は歌うことを拒否するようになっていた」（山口百恵著『蒼い時』集英社文庫）

という百恵も、自身の声や歌に自信が持てるようになると、歌うことをいとおしいと思いはじめる。これが最後の〝試み〟のはじまりであり、彼女は、三浦友和との交際宣言から結婚引退へと突き進む。時代は〝自立する女〟が流行だった。そうしたときだっただけに百恵の引退結婚に「女性の地位は10年前に逆もどり」と嘆く女性もいた。百恵はいう。

「女にとっての自立を私は、こう考える。生きている中で、何が大切なのかをよく知っている女性。（中略）多くの女性たちが半ば堕落や逃げだと決めつけてしまっている家庭というものの中にだって、その道はあるのではないだろうか」（前出『蒼い時』）

かつて、酒井プロデューサーは百恵に「一億人の喝采を浴びて歌うのと、たったひとりの喝采を浴びるのと、どちらが気持ちよく歌える」ときいたことがあった。百恵は、「もちろん、ひとりの人のためです」（前出『文藝春秋』）と答えた。

ラスト・コンサートの日。歌い終えた百恵は、白いマイクをそっとステージに置き、歌手に決別した。

その百恵は、最後の曲「さよならの向う側」を歌う前にファンにこうあいさつしている。

「わたしのわがまま、許してくれてありがとう。幸せになります」

昭和 56 1981年

ウルフ・フィーバー

最高の一番　九州場所千秋楽の優勝決定戦。千代の富士（左）は大関・朝汐を寄り倒して、2場所ぶり3度目の優勝を果たした。

昭和最後の大横綱・千代の富士誕生

鋭い眼光と精悍なマスク、筋骨隆々とした肩で、〝ウルフ〟の異名を持つ千代の富士がこの年の初場所千秋楽で横綱北の湖を優勝決定戦で制し大関に昇進。この年、千代の富士は破竹の勢いだった。人気も急上昇、前述の決定戦テレビ中継の瞬間最高視聴率は65%に達し、この記録はいまだに破られていない。そして7月の名古屋場所優勝後に横綱となる。

千代の富士の登場で相撲界は大きく変わった。やはり人気抜群だった名大関貴ノ花は昭和55年、千代の富士に一方的に破れたため、引退を決意する。後に平成3年の夏場所初日、千代の富士は貴ノ花の息子で西前頭筆頭の貴花田（後の横綱貴乃花）に破れた2日後に引退を表明。まさに因果はめぐるである。

身長１８１センチ、体重１１６キロ。小兵ながらも、スピードとパワーにあふれる圧倒的な強さで昭和後期に君臨した千代の富士。横綱在位59場所（歴代3位）、優勝回数31回、通算成績１０４５勝（歴代3位）という大記録を達成。平成元年には角界初の国民栄誉賞を受賞。まさにニューヒーロー、昭和最後の大横綱だった。

◉**史上最多の相星決戦**　千秋楽で千代の富士が相星力士と優勝決定戦に臨んだ回数が通算9回は史上最多である。対戦した力士は隆の里が4回。しかも、その4回は昭和58年7月場所から昭和59年1月場所まで4場所連続だった。

涙の再会　3月9日、東京で行われた13組の対面調査では3人の身元が判明した。

◉中国残留孤児、初訪日

敗戦直後の混乱のなか、旧満州（中国東北部）で家族と離ればなれになり、中国人に育てられた残留孤児が、初めて祖国・日本の土を踏んだ。しかし、対面調査では悲喜こもごも、明暗の分かれるさまざまなドラマが繰り広げられた。

自宅周辺の地図が決め手　当時を思い出して描いた自宅の周辺地図が、甥を捜す叔母の記憶と一致した。

◉再会が生むさらなる悲劇　身元が確認されても、受け入れ側の都合や高齢の養父母を中国にかかえる孤児の事情などから、新たな悲劇となるケースも。離別以来の長い歳月の壁は、取り返しのつかない深い“戦争の傷跡”を再び突き付けた。

Playback 56

《瀬古、ボストンマラソンで優勝》

ボストンマラソンに参加した瀬古利彦が2時間9分26秒の大会新で優勝。瀬古は昭和62年にも優勝し日本人唯一の複数回優勝者になる。

《ヤンバルクイナ》

沖縄本島北部の山原地域だけに生息する鳥類が山階鳥類研究所によって発見され、「ヤンバルクイナ」と命名された。

《『窓ぎわのトットちゃん』》

黒柳徹子の小学校時代をつづった自伝的エッセーが発売され、空前のベストセラーに。平成3年時点での全世界累計発行部数は2371万部。

ポートピア 81 開幕　神戸港沖を埋め立てて造成した人工島の完成を記念したもので、会場には 32 のパビリオンが建ち並んだ。

◉神戸ポートアイランド博覧会

3月20日、「新しい〝海の文化都市〟の創造」をメーンテーマに「神戸ポートアイランド博覧会」が開幕した（～9月15日）。この博覧会の成功により、１９８０年代後半以降、〝地方博覧会ブーム〟が全国各都市で起こった。

◉話題の本　黒柳徹子『窓ぎわのトットちゃん』、青島幸男『人間万事塞翁が丙午』、田中康夫『なんとなく、クリスタル』、加山雄三『この愛いつまでも』、井上ひさし『吉里吉里人』、ＮＨＫ取材班『シルクロード・絲綢之路』、司馬遼太郎『ひとびとの跫音』、小島信夫『別れる理由』、広瀬隆『東京に原発を！』、栗本慎一郎『パンツをはいたサル』、安岡章太郎『流離譚』

首相秘書官榎本敏夫被告の三恵子前夫人が「榎本は5億円の金銭受領を認めていた」と証言。「ハチの一刺し」と話題に

10.－ 新潮社、写真週刊誌「FOCUS」創刊。写真誌ブームの先駆け

11.13 山階鳥類研究所、沖縄本島北部で新種の鳥を発見。ヤンバルクイナと命名

11.18 ロサンゼルスで会社役員三浦和義の妻一美さんが銃撃される。昭和57年11月30日死亡

11.30 鈴木改造内閣発足。自民党幹事長にロッキード事件「灰色高官」の二階堂進

12.11 南極観測船「しらせ」の進水式

昭和クイズ100

Q77. この年の12月に公開され、興行収入47億円を記録した薬師丸ひろ子主演映画のタイトルは？

Q78. ガクランを着せ“ツッパリ”に仕立てた子猫の写真が話題に。このブームの猫を何と呼んだ？

Q79. この年、戦前から婦人解放や政界浄化に奮闘した婦人運動家が亡くなった。この女性の名前は？

〈解答はP238をご覧ください。〉

◉誕生◉ 1.28星野源（歌手、俳優）、2.17パリス・ヒルトン（米俳優、実業家）、2.21要潤（俳優）、4.14小泉進次郎（政治家）、4.24田中マルクス闘莉王（サッカー）、6.6宮崎大輔（ハンドボール）、7.17井上あさひ（NHKアナウンサー）、7.27星野真里（俳優）、8.5柴咲コウ（俳優）、8.22斎藤工（俳優）、9.4ビヨンセ（米歌手）、9.14安達祐実（俳優）、9.26セリーナ・ウィリアムズ（米テニス）、10.6伊調千春（レスリング）、10.31六代目中村勘九郎（歌舞伎）、11.21池脇千鶴（俳優）、12.29荒川静香（フィギュアスケート）

◉流行語◉ **ハチの一刺し**（ロッキード事件の証人・榎本三恵子の記者会見での発言から）、**なめんなよ**（なめネコブーム）、**んちゃ**（まんが「Drスランプ」から。「バイちゃ」なども）、**ぶりっ子**（特に松田聖子をさして）、**ギャル**（ガールのフランス語読み。週刊誌が○○ギャルと使用）、**熟年**（中高年の新しい呼称として、35歳の室伏重信がハンマー投げで活躍）

◉クロニクル 昭和56年（1981）

1.6 外国為替相場、1ドル200円台突破。日銀が円売り大規模介入

1.11 環境庁、佐渡の国際保護鳥トキ5羽すべてを人工繁殖のため捕獲開始。22日捕獲完了

1.17 大関貴ノ花引退。大関在位50場所の最長記録。3月10日横綱輪島引退

2.15 東京・有楽町の日本劇場（日劇）閉館。48年の歴史に幕

2.23 ローマ法王ヨハネ・パウロ2世来日（～26日）。広島・長崎を訪問

3.2 中国残留孤児47人、厚生省の招きで初の正式来日。26人の身元判明

3.20 神戸ポートアイランド博覧会（ポートピア’81）開幕（～9月15日）

3.31 ピンク・レディー、東京・後楽園球場でさよなら公演

3.－ 黒柳徹子著『窓ぎわのトットちゃん』発売。年内430万部のベストセラーに

4.20 瀬古利彦、ボストンマラソンで大会新の2時間9分26秒で優勝

5.7 ワシントンで日米首脳会談。8日共同声明で日米同盟関係を明記。鈴木首相が記者会見で初めて海上交通路（シーレーン）1000カイリ防衛を表明

5.17 ライシャワー米元駐日大使、核積載米軍艦船は日本に寄港していると発言

6.15 パリ警視庁、オランダ人女子学生を殺害し遺体の一部を食べたとして日本人留学生を逮捕

7.21 大相撲の千代の富士、第58代横綱に昇進

8.11 宇宙開発事業団、気象静止衛星「ひまわり2号」打ち上げ

8.14 中央薬事審議会、丸山ワクチンの「対ガン有効性は確認できない」と結論。10月1日有償治験薬として承認

8.17 東証ダウ（平均株価）、史上初の8000円の大台に

8.22 遠東航空機、台湾で墜落。作家の向田邦子ら乗員乗客110人全員死亡

9.14 鈴木首相、現職首相として復帰後初めて沖縄を訪問（～15日）。

9.－ 子猫にセーラー服や学生服などを着せたキャラクター「なめネコ」が人気

10.1 国鉄、「フルムーン夫婦グリーンパス」発売。2人7万円で7日間有効

10.9 フジテレビ、ドラマ「北の国から」放送開始（～昭和57年3月26日）

10.19 福井謙一京都大教授、ノーベル化学賞受賞決定

10.28 東京地裁ロッキード法廷の丸紅ルート公判で、元

☞ **◉値段（東京）** 大卒初任給11万6127円、米10キロ3340円、ラーメン330円、かけそば280円、豆腐80円、ビール260円、コーヒー（喫茶店）280円、はがき40円（4月）、新聞代（1カ月）2600円、映画封切り館1400円、国鉄初乗り110円、パーマネント5352円、理髪2400円（総理府統計局、「週刊朝日」編『値段の風俗史』などから）

昭和 **57** 1982 年

中曽根長期政権スタート

日の出山荘で「ロン・ヤス」外交　昭和58年11月11日、東京都日の出町にある中曽根首相の別荘「日の出山荘」で、レーガン大統領夫妻をもてなす中曽根夫妻。

戦後初の公式参拝　昭和60年8月15日、戦後首相として初めて靖国神社を公式参拝。

行政改革と日米関係の強化

発足した中曽根康弘内閣。戦後政治の総決算を掲げて5年、首相在任１８０６日におよぶ長期政権を維持した。これは安倍晋三、佐藤栄作、吉田茂、小泉純一郎に次ぐ戦後歴代5位の記録でもある。

強いリーダーシップのもとで国政を主導する大統領型首相を目ざした中曽根だったが、当初は田中角栄の強い影響力下にあったせいか〝田中曽根内閣〟とか〝角影内閣〟〝直角内閣〟などと揶揄された。

それでも昭和60年、田中元首相が脳梗塞で倒れると、中曽根は政権運営の主導権を掌握。「死んだふり解散」を行い、衆参同日選挙を強行。自民党を圧勝させた。その後も内政では中央省庁の組織変更や国鉄・電電・専売公社の民営化などを実現。

日米関係については、その強化を図ってロナルド・レーガン米大統領に接近。〝ロン・ヤス〟関係を築くと、安全保障政策を進めるべく防衛予算の対国民総生産比1％枠の撤廃、米国による戦略防衛構想研究への参加を決めると、昭和62年、竹下登を後継総裁に指名して総理の座をおりた。

◉不沈空母発言　訪米した中曽根が、米紙ワシントン・ポスト会長宅での朝食会の席で発言。日本列島を航空母艦に見立て、津軽海峡を封鎖しソ連の進出を防ぐといった内容。この発言を知らされていなかった日本記者団が政府サイドに確認を求め、“専守防衛”から逸脱する内容と問題視した。

◉北炭夕張炭鉱、閉山

多くの犠牲者を出したガス突出事故から1年。10月9日、北海道夕張市の〝ヤマ〟の中核であった北炭夕張炭鉱がついに閉山した。あとに残されたのは、抜け殻の町と職を失った数多くの炭鉱労働者たちの絶望的な姿だった。

在りし日の夕張　長屋群が立ち並び、炭鉱住宅街として栄えていた昭和30年代初めの夕張市の街並み。

最後の入坑　10月8日朝、坑内員たちは「閉山決定・全員解雇」を伝える話を聞くと、再雇用のめどもたたないまま、暗い気持ちで入坑した。

◉タンコウからカンコウへ　相次ぐ炭鉱の閉山で深刻な財政問題を抱えた夕張市は353億円もの赤字を抱え財政破綻。自治体の倒産に当たる財政再建団体へ移行し、再建へ向けて動き出す。その一つが“炭鉱から観光へ”だった。石炭博物館や遊園地などのハコモノ建設に乗り出すが、その後のバブル経済がはじけ、再び破綻への道を歩み始めた。

Playback 57

《ホテル・ニュージャパンで火災》

2月8日未明、千代田区永田町のホテル・ニュージャパンから出火。スプリンクラー未設置など手抜き・違法行為が被害を拡大した。

《東北・上越新幹線が開業》

大宮～盛岡間の東北新幹線に続いて、大宮～新潟間の上越新幹線も開業。完成が遅れた大宮～上野間はリレー号によって暫定運行された。

《長崎大水害》

7月23日から24日未明にかけて長崎市を中心とした地域に集中豪雨が発生。斜面都市の特性が災いし土砂災害による犠牲者が多く出た。

ポッキリと折れた機首　墜落の衝撃で機首が折れ、胴体の下にめりこんだ状態の日本航空ＤＣ８型旅客機。

◉日航機〝逆噴射〟、羽田沖へ墜落

２月９日朝、羽田空港に着陸寸前の福岡発の日本航空３５０便ＤＣ－８が滑走路の直前で急に失速し、突然、海へ墜落した。原因は、心の病を抱えた機長によるエンジンの「逆噴射」。死者24人をだす大事故に、日航の管理体制が問われた。

◉話題の本　江本孟紀『プロ野球を10倍楽しく見る方法』、森村誠一『悪魔の飽食』、鈴木健二『気くばりのすすめ』、穂積隆信『積木くずし』、黒柳朝『チョッちゃんが行くわよ』、川上哲治『悪の管理学』、小学館編『日本国憲法』、大江健三郎『新しい人よ眼ざめよ』、堺屋太一『峠の群像』、みつはしちかこ『小さな恋のものがたり』、夏樹静子『Wの悲劇』

長崎のアパート「トキワ荘」の解体始まる
12.4 スピルバーグ監督「E.T.」日本公開。翌年にかけて観客1000万人動員
12.6 東京地裁、テレビゲーム著作権訴訟で電算機プログラムは著作物と新判断
12.14 全日本民間労組協議会（全民労協）結成
12.23 電電公社、初のテレホンカード使用の公衆電話を都内に設置

この年　翌年にかけて、NASA（米航空宇宙局）開発のエアロビクス・ダンス流行

昭和クイズ100

Q80. 発売日の店には小・中学生が殺到。爆発的な人気を呼んだ、テレビやアニメ映画のプラモデルは？

Q81. 10月14日、新1万円札の印刷が始まった。聖徳太子に代わって新紙幣に採用された歴史上の人物は？

Q82. 手塚治虫や藤子不二雄ら戦後漫画の担い手たちが住んだアパートの解体が始まった。そのアパート名は？

〈解答はP238をご覧ください。〉

◉誕生◉　1.25櫻井翔（俳優、歌手）、1.26綾野剛（俳優）2.7向井理（俳優）、2.9鈴木亜美（歌手）、2.22狩野英孝（タレント）、3.24大友愛（バレーボール）、3.27知花くらら（モデル、俳優）、3.29滝沢秀明（俳優、歌手）、5.15藤原竜也（俳優）、6.3エレーナ・イシンバエワ（ロシア陸上・棒高跳び）、6.9大久保嘉人（サッカー）、6.21ウィリアム王子（英王室皇太子）、8.4内川聖一（野球）、9.9大塚愛（歌手）、9.22北島康介（水泳）、10.5吉田沙保里（レスリング）、10.15真木よう子（俳優）、10.28倉木麻衣（歌手）、11.2深田恭子（俳優）、11.13倖田來未（歌手）、12.26小栗旬（俳優）

◉流行語◉　**逆噴射・心身症**（日航機羽田沖墜落事故から）、**なぜだ！**（三越の岡田茂社長解任時の発言）、**女帝**（三越事件で権勢をふるった女性を）、**ネクラ・ネアカ**（根が暗い・根が明るいの意。タモリの番組から）、**芸術はバクハツだ**（岡本太郎のテレビCM）、**おいしい生活**（西武デパートのCM）、**風見鶏**（中曽根康弘首相を皮肉って）

◉クロニクル　昭和57年（1982）

1.8 第18回日米安保協議委員会、極東有事研究に着手することで合意
1.26 東京地裁、ロッキード事件全日空ルート公判で被告6人に執行猶予付き有罪判決。2月9日若狭得二被告は控訴。他は確定
2.8 東京都千代田区のホテル・ニュージャパンで火災。死者33人。12月9日東京地検は横井英樹社長らを業務上過失致死傷罪で起訴
2.9 日本航空機、羽田空港着陸直前に機長の異常操縦で海に墜落。死者24人。9月17日東京地裁は心神喪失として機長を不起訴に
2.28 女子プロゴルフの岡本綾子、米公式ツアーで初優勝
4.1 500円紙幣に代わり500円硬貨発行
6.8 東京地裁、ロッキード事件全日空ルート公判で橋本登美三郎元運輸相に懲役2年6カ月、佐藤孝行元運輸政務官に懲役2年の判決。いずれも執行猶予付き
6.18 東京地裁、大量リンチ殺人の連合赤軍事件で元最高幹部の永田洋子・坂口弘両被告に死刑判決
6.23 東北新幹線（大宮〜盛岡間）開業。11月15日上越新幹線（大宮〜新潟間）開業
6.25 文部省、昭和58年度使用の小学校・高校教科書の検定終了。26日「侵略」を「進出」に書き換えたと報道され問題化。中国・韓国も抗議
7.10 関東以西に豪雨。26日までに死者行方不明345人。23日からの長崎県の集中豪雨では死者行方不明約300人
8.17 老人保健法公布。70歳以上の医療無料制廃止
8.26 宮沢喜一内閣官房長官、「歴史教科書についての政府見解」発表。「政府の責任において是正」と表明
8.28 東京・三越本店で開催中の「古代ペルシア秘宝展」の偽物展示が判明し問題化
9.21 横綱北の湖、史上1位の通算873勝
9.22 三越取締役会、岡田茂社長の解任を決議。10月18日東京地検が脱税容疑で納入業者を逮捕。29日警視庁は岡田前社長を特別背任容疑で逮捕
10.9 北炭夕張炭鉱閉山
10.12 鈴木善幸首相、退陣表明。11月25日中曽根康弘を自民党総裁に選出
10.− ソニーなど各社、コンパクトディスク（CD）プレーヤーを発売
11.1 ホンダ・オブ・アメリカ、操業開始。米国で初の日本車生産
11.27 第1次中曽根内閣成立
11.29 手塚治虫ら多くの漫画家が住んだ東京都豊島区南

◉値段（東京）　大卒初任給12万2660円、ラーメン350円、かけそば300円、豆腐100円、ビール260円、コーヒー（喫茶店）280円、たばこ（ゴールデンバット）50円、新聞代（1カ月）2600円、映画封切り館1500円、国鉄初乗り120円、パーマネント5460円、理髪2500円

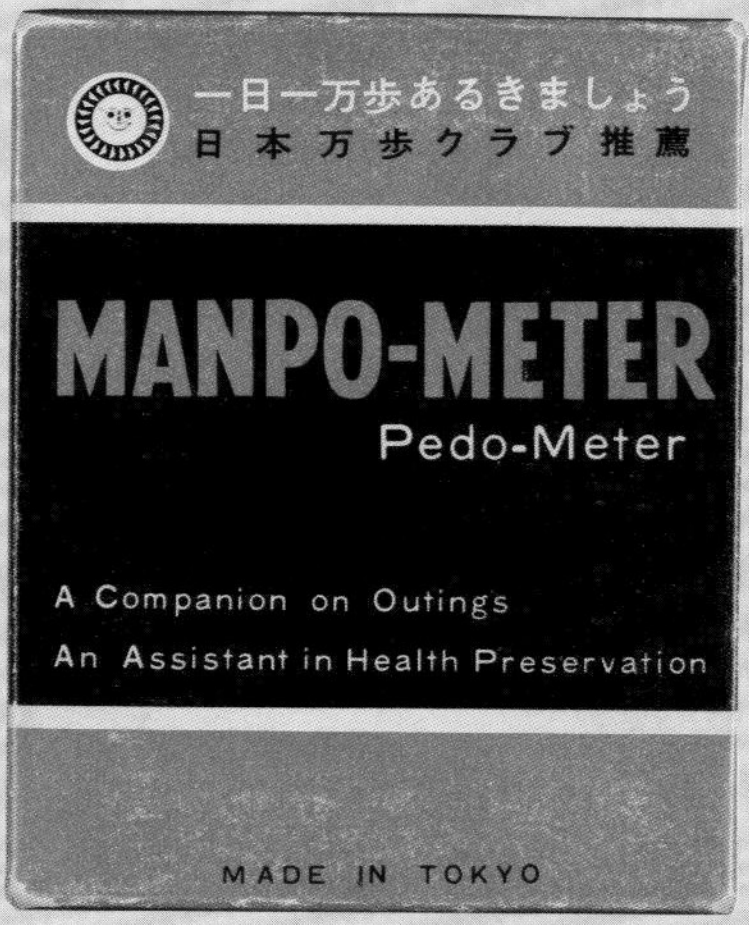

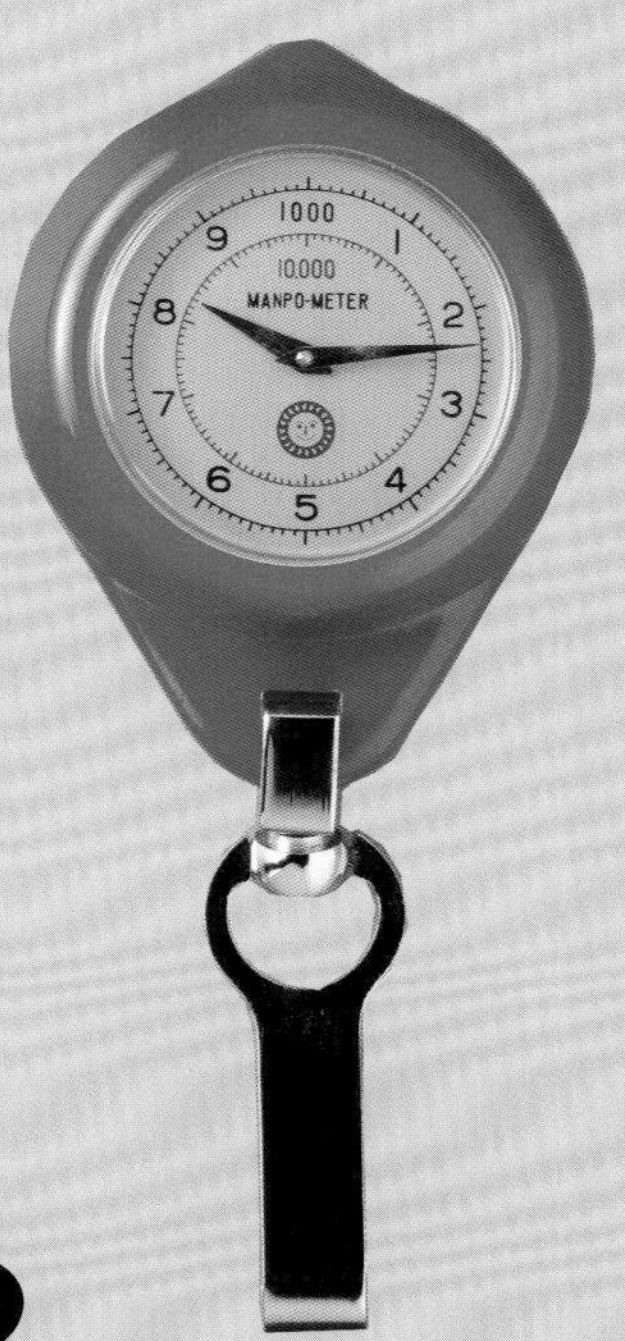

万歩メーター１号機　「1日1万歩」をキャッチコピーに発売。長針が10歩ごとに1目盛り、短針は100歩ごとに1目盛り動く仕掛け。短針1周で1万歩。
写真提供：山佐時計計器

過熱する健康器具ビジネス

昭和40年代、日本の高度経済成長を支えるサラリーマンや主婦たちが
自らの健康に目を向け始めた。
健康器具メーカーはテレビや新聞・雑誌の広告を活用して商品を生み出した。
通信販売が消費者に抵抗なく受け入れられるようになった昭和50年代には、
女性向けの美容器具とともに、健康器具の通販広告が雑誌にあふれた。

ルームランナー　ブームのランニングに伴うランニング死が問題化していた昭和51年に発売。通信販売で一大ブームに。

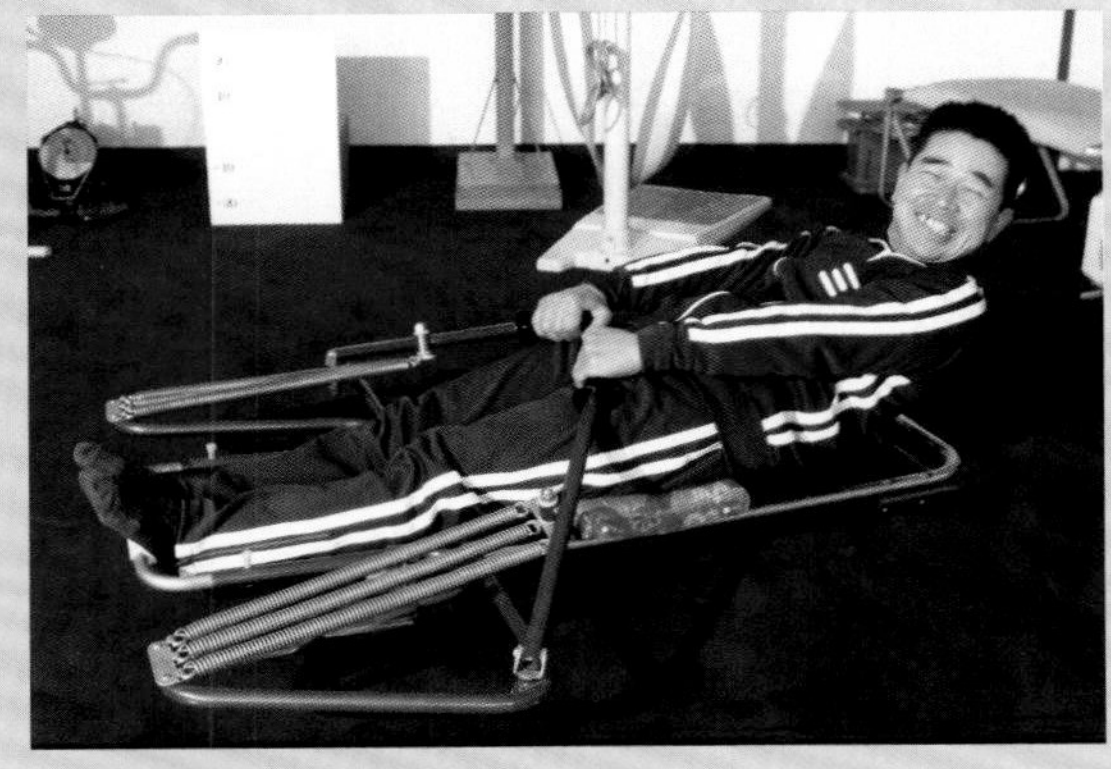

ボート漕ぎタイプの訓練器　全身の筋肉を使って、ダイエットにも筋トレにも有効といわれた。

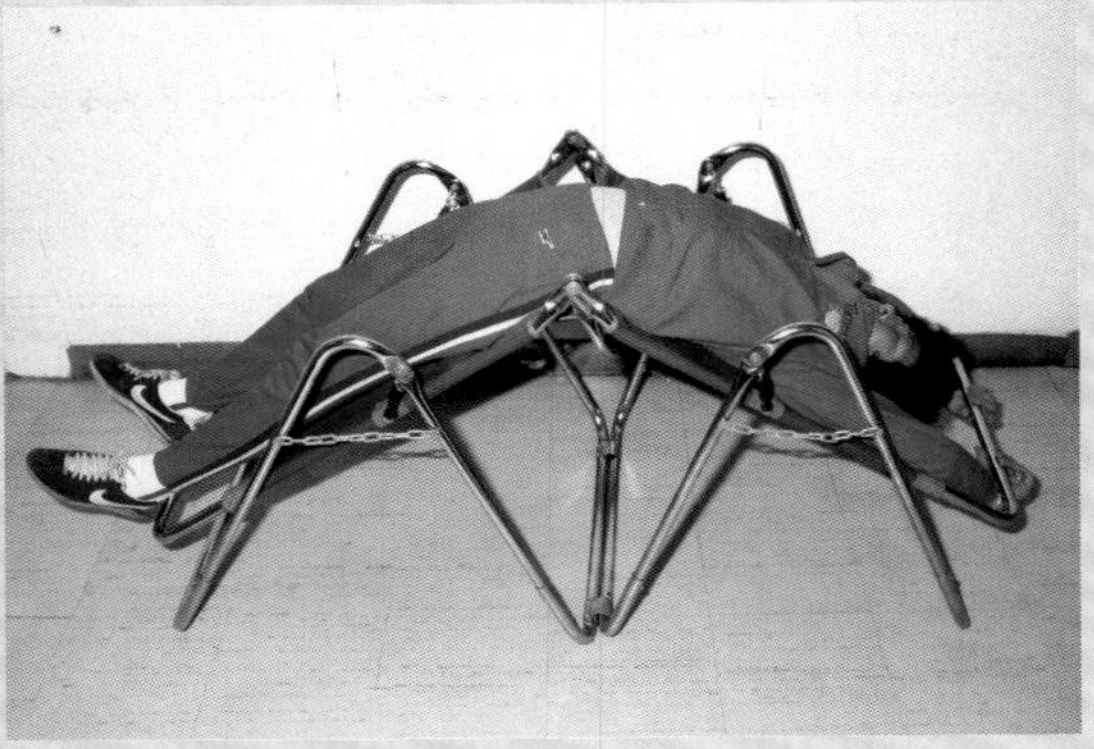

スタイリー　腰を支点に体が上下に「く」の字になる機器。

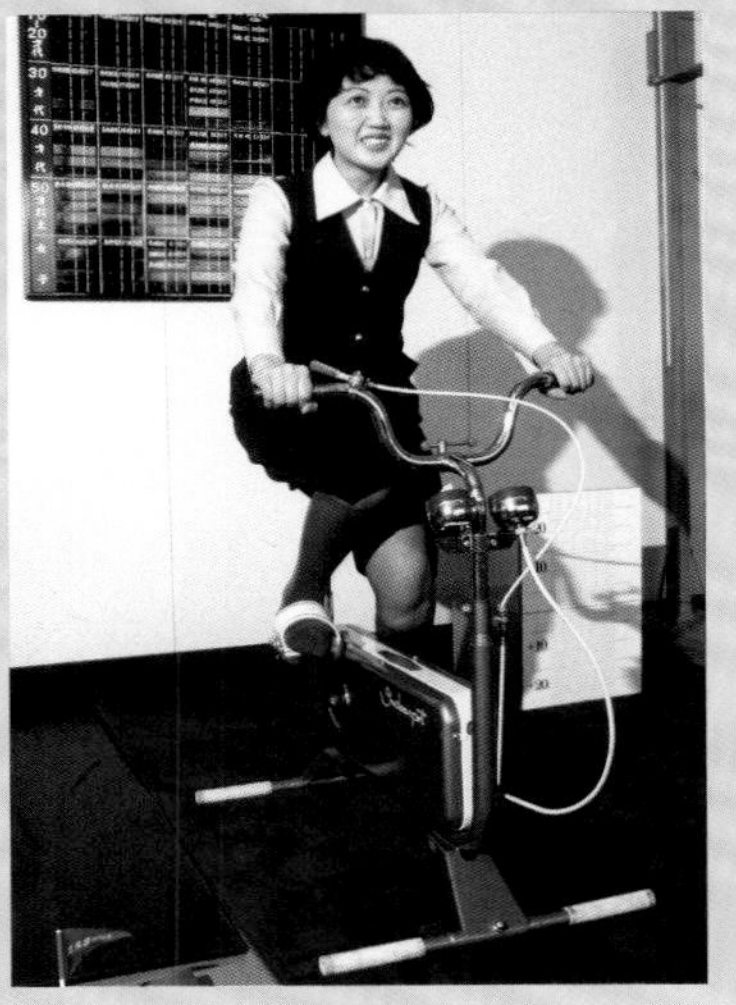

サイクリング型運動器　屋内で手軽にでき、ダイエット効果も。

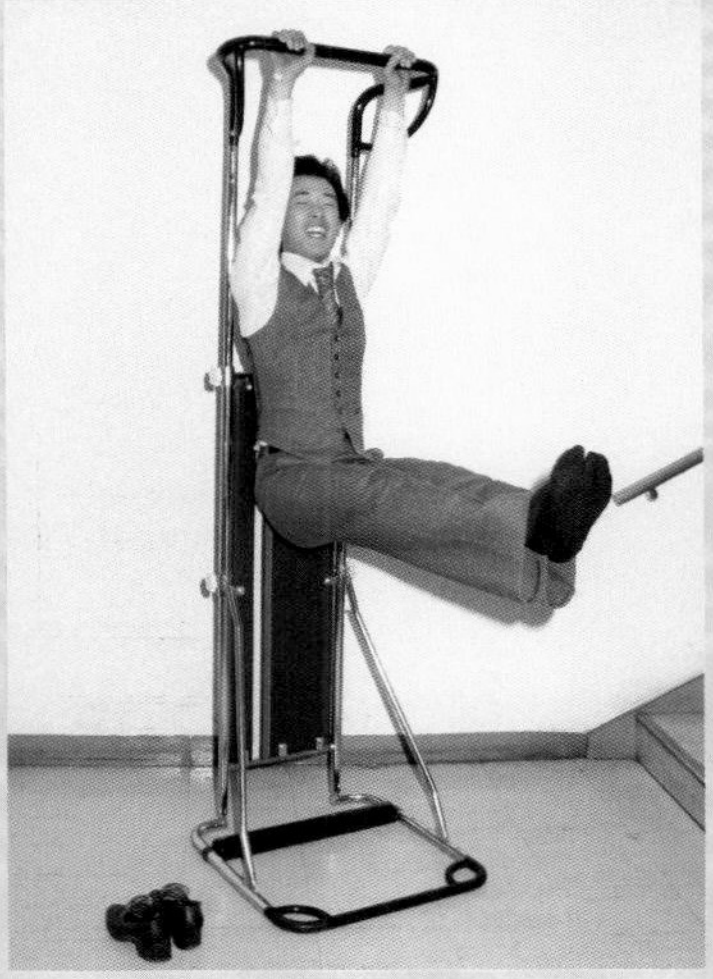

ぶらさがり健康器　牽引療法と同様に腰痛や肩こりに効いた。

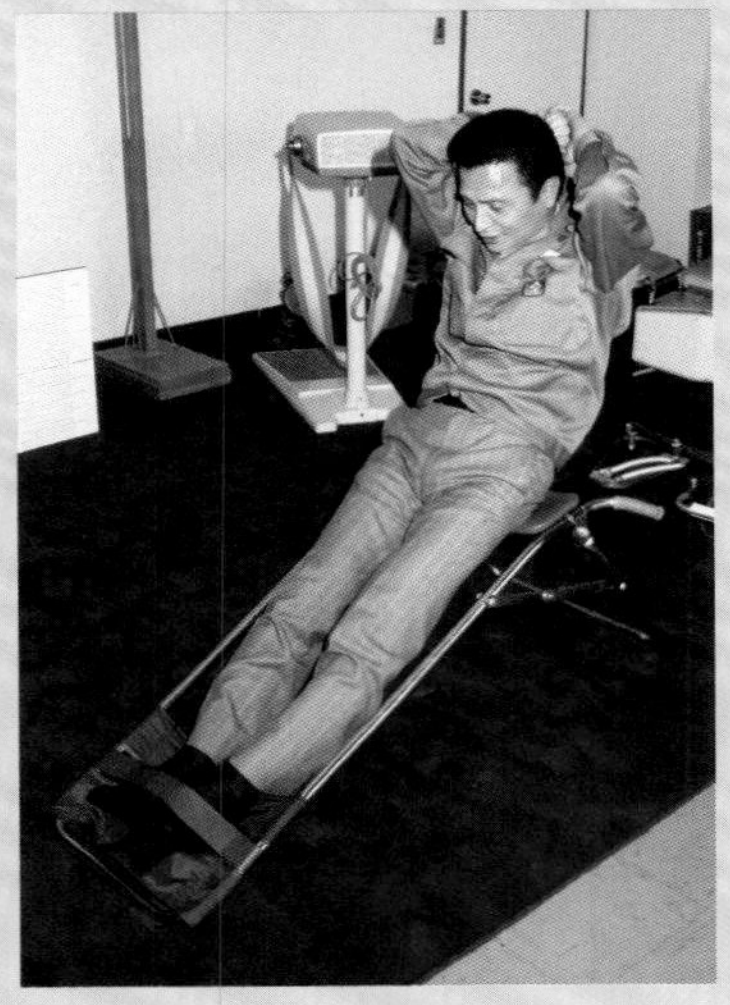

腹筋台　いつでも、効率的な腹筋運動ができた。

デパートの健康美容器具コーナー

健康サンダル　青竹踏みをヒントに製造。当初は売れなかったが、昭和42年のＣＭ放送後に人気商品に。写真提供：ヤスマック

東京ディズニーランド開園

ミッキーもテープカット 4月15日の開園日には、ミッキーやミニー、ドナルドたちも一緒にテープカットした。© Disney

開園当日の東京ディズニーランド 敷地面積46ヘクタール（約14万坪）は、当時、本家アメリカのディズニーランドよりも広く、その充実度は世界でも注目を浴びた。© Disney

アメリカからやって来た〝夢の国〟

千葉県浦安市の埋め立て地に4月15日、〝夢の国〟東京ディズニーランド（現在は平成13年開園のディズニーシーも含め「東京ディズニーリゾート」）がオープンした。当初、大型テーマパークは日本では時期尚早との声が強くあったが、オープンしてみると予想以上の人出。現在は、海外から訪れる観光客にも人気の場所となっている。

ディズニーランドの成功は、日常からの解放だった。周囲を樹木で囲んだ隔絶した空間は、外界に触れることはない。あるのは〝夢と冒険の世界〟だけ。とにかく徹底していた。開園当初、弁当の持ち込みや集団での記念撮影禁止、アルコール類一切なしなど厳しい規制を来場者たちに課していた。そうした措置に多くの人が抵抗感を抱いていた。しかし、今では来場者の誰もが受け入れている。

そんな東京ディズニーランドの特徴は何かといえば、それは一度訪れた人が繰り返し来場するという〝リピーター〟の多さといえる。

◉**本場の市長もベタほめ** 本場のディズニーランドがある米アナハイム市のダン・ロス市長が訪れた。「東京ディズニーランドには、米国にないアトラクションもたくさんある。多くの人が訪れ、税収も大幅増、アナハイム市が果樹園の街から大発展したように、浦安も素晴らしい街に変身するでしょう」と絶賛（4月23日付朝日新聞）。

ロングラン公演　7カ月を超えるロングラン公演の千秋楽を迎え、カーテンコールであいさつする出演者たち。

◉劇団四季、「キャッツ」初演

11月に開幕した劇団四季の「キャッツ」が多くの観客を動員した。「キャッツ」はT・S・エリオットの詩集『ポッサムおじさんの猫とつき合う法』と、エリオット夫人から提供された未完詩をもとに、アンドリュー・ロイド・ウェバーが曲をつけてできたミュージカル。ロンドンで初演され、都会の路地裏に集まった個性的な猫たちが歌い踊る華やかなステージが話題を呼んだ。特に、落ちぶれた娼婦猫が歌う「メモリー」は広く親しまれた。

日本では東京・西新宿の仮設劇場「キャッツ・シアター」で1年間のロングラン公演を行い、その後、大阪・名古屋・福岡・札幌などでも上演された。

◉無数のゴミ　「キャッツ」の舞台は都会のゴミ捨て場。ステージには猫の視線に合わせて、36センチ大の空き缶や、旧型携帯電話や流行が去ったゲームなど、実物よりも3～5倍大きい無数のゴミのオブジェが設置された。また公演先が札幌なら木彫りの熊、東京ならかみなりおこし、横浜なら崎陽軒のシウマイの弁当箱、大阪ならタコ焼き器など地方色も採り入れられていた。

Playback 58

《ギネスに載った「笑っていいとも!」》

新番組
楽しくなければテレビじゃない
8
フジテレビ
即興のエンターテイナー、タモリが毎日、新しい笑いに挑戦する生バラエティショー
(月～金) ヒル0:00
笑っていいとも!

タモリが司会のフジテレビ系バラエティー番組「笑っていいとも!」が高視聴率を記録。〝生放送単独司会世界最多記録〟として後にギネスブックに登録される。

《阪急・福本、盗塁世界新》

6月3日、阪急の福本豊選手が対西武戦で大リーグのルー・ブロック選手の持つ盗塁記録を抜く「939」の世界最多記録を達成した。

《「おしん」グッズ続々》

おしん
おしん
おしんの宿

NHK連続テレビ小説「おしん」のヒットで、温泉饅頭や日本酒、金沢明子の歌うレコード「おしん音頭」まで発売された。

北海道・白糠線廃止　赤字ローカル線廃止のトップを切った北海道・白糠線さよなら列車の車掌に花束を贈呈。

◉国鉄赤字ローカル線廃止

昭和43年、国鉄諮問委員会が赤字83路線を選定したが、その後の約4年間で廃止されたのはこの中の11線だけ。昭和58年には83線以外の白糠線が廃止に追い込まれる。反面、新たなローカル線建設も進められ、それらが赤字をさらに生むという矛盾も。

◉話題の本　立花隆『宇宙からの帰還』、赤川次郎『探偵物語』、鎌田敏夫『新・里見八犬伝』、渡辺淳一『ひとひらの雪』、山崎豊子『二つの祖国』、林真理子『ルンルンを買っておうちに帰ろう』、宇野千代『生きて行く私』、松本清張『迷走地図』、中沢新一『チベットのモーツァルト』、唐十郎『佐川君からの手紙』、西川勢津子『私の嫁いびり』

角栄元首相に懲役４年・追徴金５億円の実刑判決
10.14 仙台市の東北大付属病院で日本初の体外受精児誕生
10.23 北海道の白糠線、国鉄赤字ローカル線として初の廃止
11.9 レーガン米大統領来日（～ 11 日）
12.2 商業用レコード貸与著作者権利暫定措置法公布。貸レコード規制始まる
12.8 警視庁、銀座の愛人バンク「夕ぐれ族」を売春周旋容疑で摘発
12.20 石橋社会党委員長、自衛隊について「違憲・合法」との見解を表明
12.27 第２次中曽根内閣発足

昭和クイズ100

Q83. “性風俗界の聖子”と呼ばれ、テレビや雑誌に紹介された筒見待子が始めた愛人バンクの名前は？

Q84. 11 月 30 日、南極大陸の最高峰ビンソン・マシフから約 20 キロの大滑降に成功した日本人プロスキーヤーは？

Q85. 2月 19 日に行われた将棋女流プロ名人位戦で史上最年少の名人になった女子中学生（3年）は？

〈解答はＰ238をご覧ください。〉

◉誕生◉ 1.8 金正恩（北朝鮮指導者）、1.14 上原多香子（歌手）、1.19 宇多田ヒカル（歌手）、2.19 中島美嘉（歌手）、琴欧州（相撲）、3.17 藤森慎吾（タレント）、3.20 川島永嗣（サッカー）、3.26 丸山桂里奈（タレント）、3.29 鈴木亮平（俳優）、5.9 松田龍平（俳優）、5.14 杉浦友紀（アナウンサー）、5.18 二代目中村七之助（歌舞伎）、6.4 神田伯山（講談師）、6.17 二宮和也（俳優・歌手）、風間俊介（俳優）、6.22 川田裕美（フリーアナウンサー）、7.5 小椋久美子（バドミントン）、8.8 金原ひとみ（作家）、8.30 松本潤（俳優、歌手）、9.30 潮田玲子（バドミントン）、10.4 前田愛（俳優）、10.20 山田孝之（俳優）

◉流行語◉ **いいとも・広げよう○○の輪**（テレビ番組「笑っていいとも！」から）、**おしんドローム**（NHK の連続テレビ小説が大ヒット）、**不沈空母**（中曽根首相の発言から）、**涅槃で待つ**（自殺した俳優・沖雅也が遺書で）

◉クロニクル　昭和58年（1983）

1.9 中川一郎自民党代議士、札幌のホテルで変死。11 日自殺と判明
1.11 中曽根首相、首相として初の韓国公式訪問。全斗煥大統領と対韓経済協力総額 40 億ドルで合意
1.14 政府、対米武器技術供与を決定
1.17 中曽根首相訪米。18 日レーガン大統領と会談
2.4 日本初の実用静止通信衛星「さくら２号 a」打ち上げ。５月 31 日運用開始
2.12 神奈川県警、横浜市内の連続ホームレス殺傷事件（死者１人）で中学生ら 10 人を逮捕
2.27 スピードスケートの黒岩彰、世界スプリント選手権（ヘルシンキ）で日本人初の総合優勝
3.14 第２次臨時行政調査会（臨調）、最終答申を中曽根首相に提出。増税なき財政再建・国債依存の脱却などを求める。７月４日臨時行政改革推進審議会発足。会長に土光敏夫
3.23 宮崎地裁延岡支部、旧松尾鉱山の慢性ひ素鉱毒訴訟で初めて廃止鉱にも企業責任を認め、日本鉱業に原告への賠償金の支払いを命じる
3.24 中国自動車道（543 キロ）全面開通
4.4 NHK、朝の連続テレビ小説「おしん」放送開始（～昭和 59 年３月 31 日）。平均視聴率 52.6％
4.15 東京ディズニーランド、千葉県浦安市に開園
4.19 航空自衛隊機２機、三重県鳥羽沖に墜落。死者 14 人。26 日海上自衛隊の対潜哨戒飛行艇が山口県岩国基地付近に墜落。死者 10 人
5.8 サラリーマン新党結成。代表に青木茂
5.16 高度技術工業集積地域開発促進（テクノポリス）法公布、７月 15 日施行。半導体産業などの育成目指す
5.26 秋田県沖で日本海中部地震（M7.7）。津波などで死者行方不明 104 人
5.30 郵政省、都市型有線テレビ（CATV）の民間事業認可の方針を通達
6.3 プロ野球・阪急の福本豊外野手、939 盗塁の世界新記録を達成。昭和 63 年の引退までに 1065 盗塁
6.13 愛知県警、戸塚ヨットスクールの戸塚宏校長らを傷害致死容疑で逮捕
6.30 社会党の飛鳥田一雄委員長、参院選敗北で辞意表明。９月７日党大会で新委員長に石橋政嗣を選出
7.15 熊本地裁八代支部、免田栄再審被告に無罪判決。28 日死刑囚として初の再審無罪確定
任天堂、「ファミリーコンピュータ（ファミコン）」発売。１万 4800 円
10.3 三宅島の雄山、大噴火
10.12 東京地裁、ロッキード事件丸紅ルート公判で田中

◉値段（東京） 大卒初任給 12 万 7885 円、米 10 キロ 3420 円、ラーメン 400 円、かけそば 310 円、豆腐 100 円、ビール 280 円、コーヒー（喫茶店）300 円、たばこ（ゴールデンバット）70 円、はがき 40 円、新聞代（１カ月）2600 円、映画封切り館 1500 円、国鉄初乗り 120 円、パーマネント 5526 円、理髪 2500 円

昭和 **59** 1984年

ニューメディア時代始まる

放送衛星打ち上げ　宇宙開発事業団の種子島宇宙センターから日本初の実用放送衛星「ゆり2号a」がN－Ⅱロケットで打ち上げられた。1月23日。写真提供：ＪＡＸＡ（左下も）

日本初の実用放送衛星も打ち上げ

居ながらにして世界中の情報や映像をパソコンやテレビから入手できる。いまでは当たり前、当時としては驚きであった通信・放送の技術革新の波が庶民の前に現れたのは昭和60年前後のことだった。

昭和60年4月1日、日本電信電話公社が民営化され、日本電信電話株式会社（ＮＴＴ）が発足。それまでは日本電信電話公社が国内、国際電信電話株式会社（ＫＤＤ、現・ＫＤＤＩ）が海外という両社による電気通信の住み分けが行われていたが、通信の世界は新しい時代へと突入していく。マルチメディア時代である。

それはアナログ通信からデジタル通信への移行でもあった。アナログ通信は音声をそのまま通信回線に乗せて伝えるため、距離が遠くなればなるほど音声が劣化するという短所を抱えていた。それに対してデジタル回線は音声データをいったんデジタル信号に変換して伝え、それを再び音声デー

◉**通信ケーブル火災**　11月16日午前11時50分頃、東京・世田谷電話局前の地下通信ケーブルが火災で不通となり、電話9万回線や銀行のオンラインなどが停止、通信の途絶が日常生活に大きな影響を与えることを痛感させた。三軒茶屋の商店街には通信衛星を利用した特設電話が設けられ、利用する人の行列ができた。

衛星放送スタート　5月12日午前6時、NHKの衛星放送が開始され、小笠原諸島などでも本土と同時に見られるようになった。

タに戻すため、音質の劣化は皆無となる。それだけでなく、一つのデジタル回線で2回線の役割を果たすこともできた。時代はデジタル時代へと移行。その先には世界規模の情報通信網である〝インターネット〟の時代が待ち受けていた。

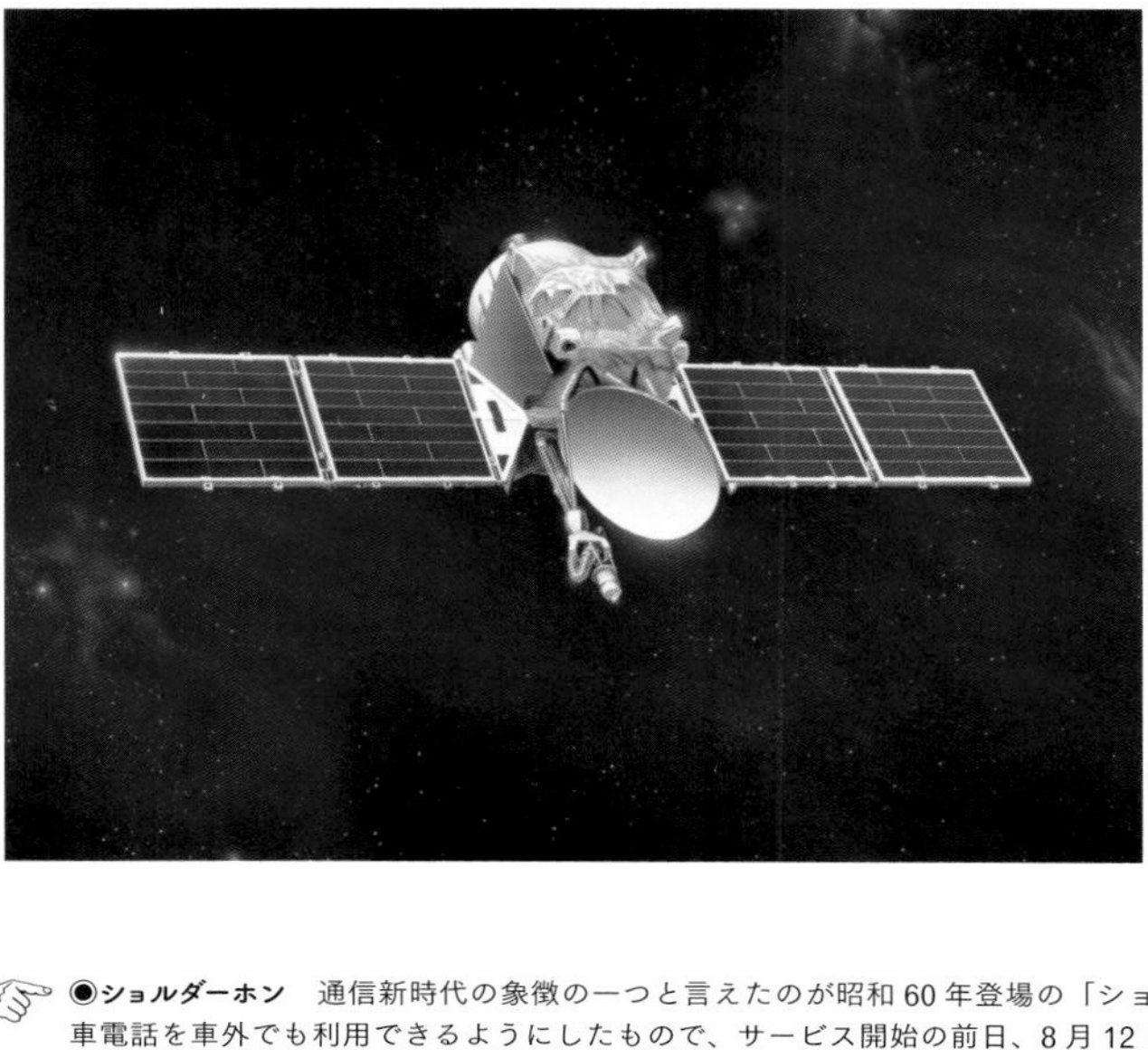

ゆり2号a　難視聴地域の解消を主目的として静止軌道上に打ち上げられた放送衛星BS-2a、「ゆり2号a」と名付けられ、平成元年まで運用された。

◉**ショルダーホン**　通信新時代の象徴の一つと言えたのが昭和60年登場の「ショルダーホン」。それ以前に実用化された自動車電話を車外でも利用できるようにしたもので、サービス開始の前日、8月12日に発生した日航機の御巣鷹尾根墜落事件の際、郵政省からの無線局の免許発行前だったが、超法規的措置として救助活動にあたった捜索隊に試作機が提供された。

Playback 59

《ロス疑惑報道》

美談の主人公と思えた男性が実は妻殺しの犯人ではないかという事件を「週刊文春」が“疑惑の銃弾”と報道して、大変な話題に。

《コアラ来日》

オーストラリアから“友好親善使節”として6匹のコアラが贈られ、東京・名古屋・鹿児島の3動物園に2匹ずつ引き取られた。

《チェッカーズ、ヒット連発》

チェック柄の衣装を着た男性7人のポップグループ、チェッカーズが1月に発売したデビュー2曲目の「涙のリクエスト」で大ブレーク。

リアス式海岸を走る　八戸から気仙沼までを結ぶ三陸鉄道が開業。岩手県田野畑村の島越駅付近を走る軽量省エネ型の列車。

◉第3セクターの三陸鉄道開業

中曽根内閣の〝民活路線〟に乗って公共団体と民間資本による官民共同企業として第3セクターが続々開業した。そのモデルとして注目されたのが三陸鉄道だが、地元に丸投げされた旧国鉄の赤字ローカル線が黒字経営を続けるのは難しかった。

◉**話題の本**　板東英二『プロ野球知らなきゃ損する』、小林完吾『愛、見つけた』、フレデリック・フォーサイス『第四の核』、赤川次郎『愛情物語』、大下英治『修羅の群れ』、宮尾登美子『天璋院篤姫』、渡辺和博＆タラコプロダクション『金魂巻』、連城三紀彦『恋文』、中島みゆき『伝われ、愛』、安部公房『方舟さくら丸』、渡辺淳一『愛のごとく』

10.6　岡本綾子、全英女子オープンゴルフで優勝
東京・有楽町に有楽町マリオン開館
10.25 コアラ６匹、"友好親善使節" としてオーストラリアから初来日
11.1　新札登場。図柄は１万円が福沢諭吉、5000 円が新渡戸稲造、1000 円が夏目漱石
第２次中曽根康弘内閣成立
11.11 山口香、オーストリア・ウィーンの世界女子柔道選手権 52 キロ級で初優勝
12.10 核持ち込み疑惑の米原子力空母カールビンソン、横須賀に寄港

昭和クイズ100

Q86. 最終戦争後の地球を舞台に文明の再生に懸ける少女を主人公にした宮崎駿監督のアニメーション映画は？

Q87. 2 月 15 日に世界で 4 人目、日本人で初めてのユニセフ（国連児童基金）親善大使に任命された女優は？

Q88. 三菱自動車「ミラージュ」の CM に登場して人気を集めた襟を立てて、がに股で疾走する動物は？

〈解答はＰ２３８をご覧ください。〉

◉誕生　1.24 大島由香里（フリーアナウンサー）、2.1 綿矢りさ（作家）、2.21 国枝慎吾（車いすテニス）、2.25 松本若菜（俳優）、3.11 土屋アンナ（モデル）、4.13 水嶋ヒロ（俳優）、5.9 平原綾香（歌手）、5.11 イニエスタ（スペイン・サッカー）、5.17 生野陽子（アナウンサー）、6.13 伊調馨（レスリング）、6.18 今村翔吾（作家）、6.19 大山加奈（バレーボール）、7.10 田中圭（俳優）、7.31 栗原恵（バレーボール）、8.6 夏目三久（フリーアナウンサー）、8.20 森山未來（俳優）、10.7 生田斗真（俳優）、10.10 栗山千明（俳優）、10.24 木村カエラ（歌手）、11.3 錦戸亮（俳優、歌手）、11.9 えなりかずき（俳優）、11.12 寺川綾（水泳）、12.12 平愛梨（俳優）、12.31 水原一平（大谷翔平の専属通訳）

◉流行語　**くれない族**（テレビドラマ「くれない族の反乱」から）、**イッキ**（大学生の間でひろまった酒を飲むときの掛け声）、**疑惑**（保険金殺人事件にちなむ報道「疑惑の銃弾」から）

◉クロニクル　昭和59年（1984）

1.19　「週刊文春」1月 26 日号から、昭和 56 年に米ロサンゼルスで起きた日本人夫妻銃撃事件を追った "疑惑の銃弾" 連載開始（ロス疑惑の始まり）
1.23　宇宙開発事業団、日本初の実用放送衛星「ゆり２号 a」打ち上げ。５月 12 日 NHK が衛星テレビ放送を開始
2.12　植村直己、北米最高峰マッキンリー冬季単独初登頂に成功後、行方不明に
2.15　黒柳徹子、日本人初の国連児童基金（ユニセフ）親善大使に
2.27　社会党第 48 回大会で自衛隊「違憲・合法」の運動方針めぐり激論。石橋政嗣委員長の非武装中立路線確認で決着
3.11　宮崎駿監督のアニメ映画「風の谷のナウシカ」公開
3.18　江崎勝久江崎グリコ社長、兵庫県西宮市の自宅から誘拐され、身代金 10 億円を要求される。21 日社長は自力脱出。５月 10 日「かい人 21 面相」、グリコ製品に毒を入れたと脅迫。製品を店頭から回収（グリコ・森永事件）
3. －　三菱自動車「ミラージュ」のテレビ CM にエリマキトカゲが登場し話題に
4.1　初の第３セクター・三陸鉄道の久慈～宮古・釜石～盛間が開業
5.5　日ソ、サケ・マス交渉妥結。北西太平洋海域での日本の漁獲割当量を４万トンに削減
5.25　国籍法・戸籍法改正公布。父母のいずれかが日本人であれば日本国籍を認める
6.30　厚生省、日本人の平均寿命が女性 79.78 歳、男性 74.20 歳となり、ともに世界一の長寿国と発表
7.1　総務庁発足。初代長官に後藤田正晴
7.18　電気事業連合会、使用済み核燃料再処理・ウラン濃縮・低レベル放射性廃棄物貯蔵の３施設を青森県六ヶ所村に建設と決定。昭和 60 年４月 18 日青森県知事が受け入れ回答
8.24　トヨタ自動車、６月期決算で売上高５兆 4726 億円。日本の製造業初の５兆円企業に
9.3　東京国立近代美術館フィルムセンターで火災。外国映画 330 本焼失
9.6　韓国の全斗煥大統領、朝鮮半島の国家元首として初来日（～８日）。宮中晩餐会で天皇が「両国の間に不幸な過去が存したことは誠に遺憾」と表明
9.7　秋田県農業試験場、水稲の新品種「秋田 31 号」を「あきたこまち」と命名
9.12　かい人 21 面相、森永製菓に１億円要求。11 月７日ハウス食品も脅迫。14 日滋賀県警が犯人の車を取り逃がす

◉値段（東京）　大卒初任給 13 万 1417 円、ラーメン 430 円、かけそば 320 円、豆腐 100 円、ビール 310 円、コーヒー（喫茶店）300 円、たばこ（ゴールデンバット）70 円、はがき 40 円、新聞代 2600 円（1 カ月）、映画封切り館 1500 円、国鉄初乗り 120 円、パーマネント 5612 円、理髪 2600 円

史上最悪、日航ジャンボ機墜落

墜落現場　墜落したのは御巣鷹山と報道されたが、実際は高天原山の中腹（標高1565メートル付近）で、現場はその後「御巣鷹の尾根」と命名された。8月13日撮影。

"操縦不能"から迷走30分

8月12日午後6時12分、羽田空港を離陸して大阪に向かった日本航空123便ボーイング747SRは、伊豆半島東岸近くの上空で異常事態に陥り、操縦不能となった。30分間の迷走飛行の果てに、群馬県の御巣鷹の尾根に墜落。奇跡的に4人の生存者が発見されたものの、単独機として航空事故最大となる520人の犠牲者を出した。

事故機は7年前、大阪国際空港で離陸時に尻もち事故を起こし、破損した後部圧力隔壁の下半分をボーイング社で交換。その際に点検ミスがあったという。当時の運輸省航空事故調査委員会は、このときの「隔壁の修理ミスと金属疲労が重なり、航行中に外気圧と機内与圧とのバランスが崩れ、隔壁が吹き飛び、垂直尾翼と油圧系統を破壊。操縦不能に陥り、墜落した」と報告している。しかし、その後も疑問が残るため、事故原因再調査を望む声もあがっていた。

なお、この事故機には友人の元マネ

◉**乗員に国際栄誉賞**　墜落機を操縦していた日航の高濱雅己機長、佐々木祐副操縦士、福田博航空機関士に世界の航空界における最高の栄誉「ポラリス（北極星）賞」が1987年4月、国際定期操縦士協会連合会（IFALPA）から贈られた。IFALPAは世界65カ国、約6万人のパイロットが加盟。毎年、至高の航空人魂や英雄的行為を行った人にポラリス賞を贈っている。

問題の圧力隔壁　破裂して事故原因とされたジャンボ機の後部圧力隔壁（左下）を調べる日本航空職員。8月18日。

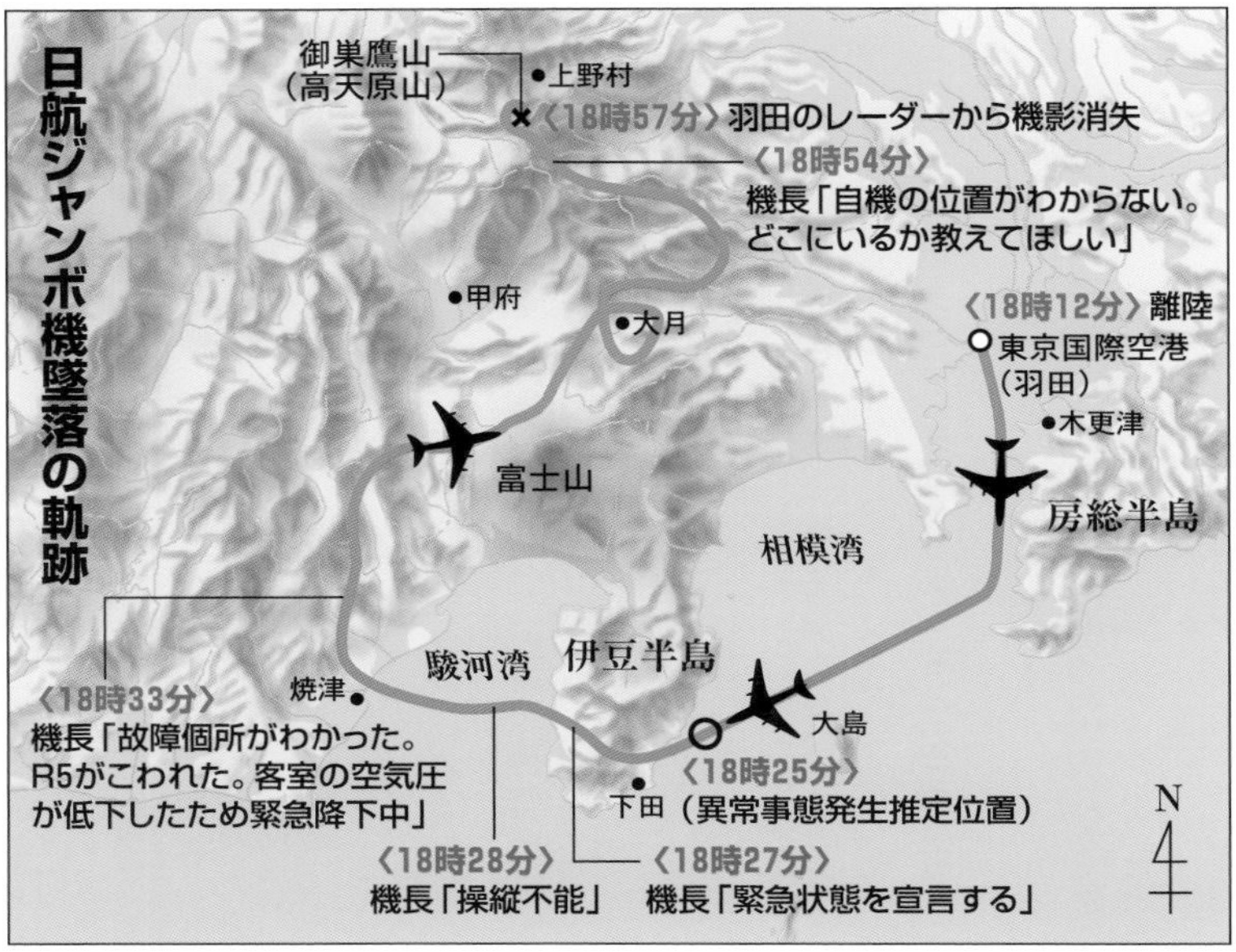

生存者救出　奇跡的に4人の生存者が発見され、翌日救出された。8月13日。

ジャーの選挙事務所開きに出席するため大阪に向かっていた歌手の坂本九や、帰省先の横浜の実家から大阪の友人に会いに行っていた元宝塚歌劇団雪組の娘役・北原遥子ら多くの著名人が搭乗し亡くなった。

◉**全員不起訴**　群馬県警は昭和63年12月に業務上過失致死傷容疑で関係者20人を書類送検した。だが、前橋地裁は平成元年11月22日、事故の刑事責任について、日航、運輸省、米ボーイング社関係者30人全員（遺族から告訴の10人を含む）をいずれも不起訴処分とした。遺族らの不満は高じたが、平成2年に時効を迎えてしまった。

Playback 60

《つくば科学万博開催》

茨城県・筑波研究学園都市で開かれた〝科学の祭典〟では、ロボットやさまざまな実験的映像システムで来場者を楽しませた。

《大鳴門橋開通》

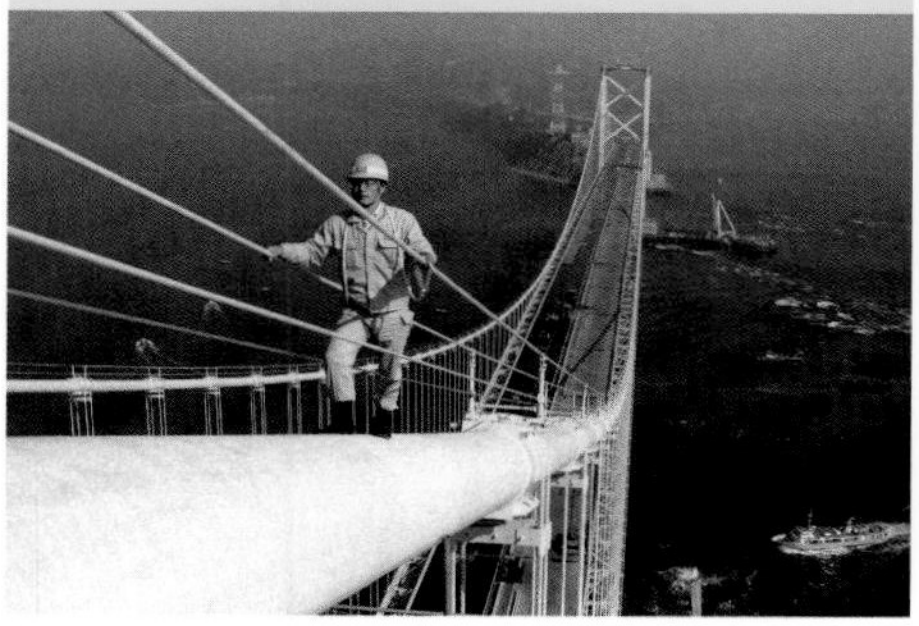

本州と四国を結ぶ“夢のかけ橋”の一つ、「神戸・鳴門ルート」の大鳴門橋（全長1629メートル）が9年の月日をかけて完成した。

《古都保存協力税騒動》

京都市が7月10日から実施した古都保存協力税に市内の寺院が反対し、拝観停止や拝観無料化で抵抗。同税は昭和62年度限りで廃止に。

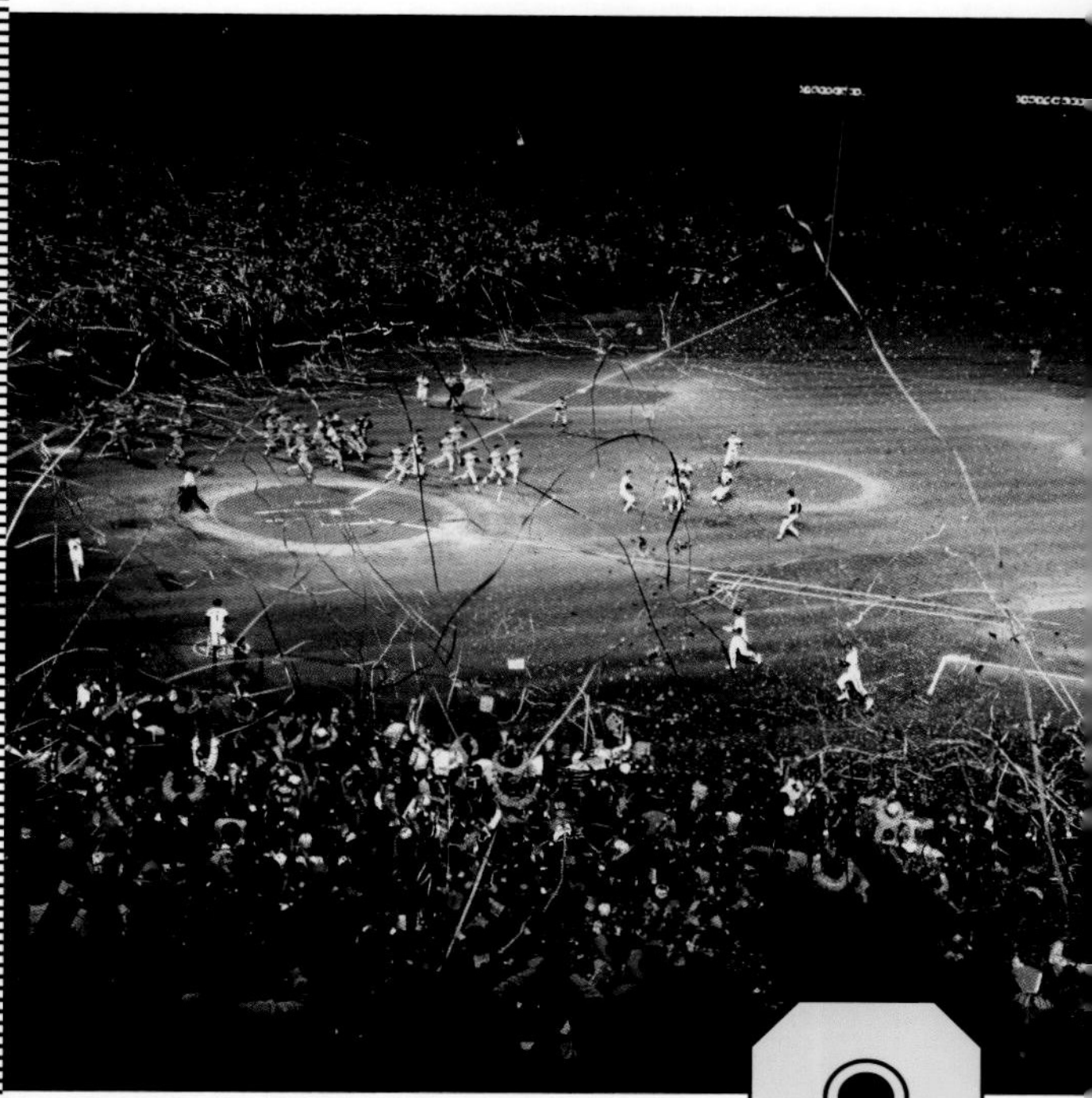

リーグ優勝の瞬間　10月16日、東京・神宮球場での対ヤクルト戦は5-5で延長10回裏、時間切れ引き分け。この瞬間、阪神の21年ぶりの優勝が決まると、三塁側ベンチから阪神ナインが飛び出した！

◉阪神優勝、日本一!!

この年、阪神タイガースが21年ぶりにリーグ優勝。「六甲おろし」を力いっぱい歌う阪神ファンはもちろん、全国の野球ファンが燃えた。この勢いに乗った阪神は、日本シリーズでも西武ライオンズを4勝2敗で下し、初の日本一に輝いた。

◉**話題の本**　小松左京『首都消失』、堺屋太一『豊臣秀長』、村上春樹『世界の終わりとハードボイルド・ワンダーランド』、山田詠美『ベッドタイムアイズ』、北野武『たけしくん、ハイ！』、山口洋子『演歌の虫』、瀬戸内晴美『私小説』、柳田邦男『死角　巨大事故の現場』、長門裕之『洋子へ』、広瀬久美子『女の器量はことばしだい』、野末陳平『わが家の確定申告法』

10.7 テレビ朝日、「ニュースステーション」放送開始
10.11 政府、昭和62年4月に国鉄の分割・民営化決定
10.23 文部省、児童生徒の問題行動実態調査結果を発表。校内暴力は減少したが、いじめ・登校拒否が増加
11.29 中核派、国鉄の通信ケーブルを切断する同時多発ゲリラ。首都圏・大阪周辺の国電大混乱
12.27 国民祝日法改正公布・施行。5月4日を「国民の休日」とする

この年 日本の在外純資産額1298億ドルで世界一と判明

昭和クイズ100

Q89. 総裁候補を擁立できないジレンマに陥っていた自民党田中派内に出来た竹下登率いる勉強会は？

Q90. 三冠王達成などで阪神のチーム優勝に貢献、リーグ戦、日本シリーズでMVPに選ばれた外国人選手は？

Q91. 道路交通法の改正により、この年から着用が義務付けられたものは「ヘルメット」ともう一つは？

〈解答はP238をご覧ください。〉

◉誕生 1.11中嶋一貴（レーシングドライバー）、1.30二代目尾上松也、2.5クリスティアーノ・ロナウド（ポルトガル・サッカー）、2.8松下奈緒（俳優・ピアニスト）、3.5松山ケンイチ（俳優）、3.11白鵬（元横綱）、3.24綾瀬はるか（俳優）、平野早矢香（卓球）、3.28鈴木明子（フィギュアスケート）、4.9山下智久（歌手・俳優）、4.23加藤綾子（フリーアナウンサー）、5.5中川翔子（タレント・歌手）、6.19宮里藍（ゴルフ）、6.20相武紗季（俳優）、8.17蒼井優（俳優）、9.10松田翔太（俳優）、9.14上戸彩（俳優）、11.10三浦貴大（俳優）、11.30宮﨑あおい（俳優）、満島ひかり（俳優）

◉流行語 **美味しんぼ**（グルメブームの火付け役）、**激カラ**（カップ麺やスナック菓子でも）、**スーパーマリオ**（ファミコン）、**こんど生まれ変わったら一緒になろうね・聖輝の結婚**（松田聖子が郷ひろみと決別、神田正輝と結婚）、**角抜き**（田中元首相が脳卒中で）、**私はコレで会社を辞めました**（禁煙用パイプのCMから）

◉クロニクル 昭和60年（1985）

1.9 東京都墨田区に両国国技館落成
1.10 橋本聖子、全日本スピードスケート選手権で初の3年連続4種目制覇
1.15 大相撲・横綱北の湖引退
2.7 自民党田中派内に竹下登を中心とする「創政会」発足
2.27 田中角栄元首相、脳梗塞で入院。4月28日に帰宅し以後療養生活に
3.14 東北・上越新幹線大宮～上野間開通
3.17 茨城県の筑波研究学園都市で「科学万博 つくば'85」開幕（～9月16日）
3.21 関税および貿易に関する一般協定（GATT）年次報告、昭和59年は日本が世界一の工業製品輸出国と発表
3.22 厚生省、米在住の男性を日本人エイズ（AIDS）患者第1号に認定
3.25 国鉄、「オレンジカード」を発売
4.1 日本電信電話株式会社（NTT）・日本たばこ産業株式会社（JT）発足
5.17 北海道の三菱石炭鉱業南大夕張礦業所でガス爆発事故。死者62人
5.31 第1回東京国際映画祭開幕（～6月9日）
6.6 「エホバの証人」信者の両親、信仰を理由に交通事故で重体の息子への輸血を拒否。少年死亡
6.8 淡路島～鳴門市間の大鳴門橋（全長1629メートル）開通
6.24 歌手・松田聖子、俳優・神田正輝と結婚
6.27 上野動物園のパンダのホアンホアン、人工授精で出産。29日子どもは母親の下敷きとなり圧死
7.10 京都市、古都保存協力税を実施。反対する京都仏教会、拝観無料化や拝観停止で抵抗。昭和62年度限りで税廃止
7.26 長野市の地附山で大規模地すべり。団地や老人ホームを直撃、死者26人
8.7 宇宙開発事業団、毛利衛・内藤（現・向井）千秋・土井隆雄の3人を日本人宇宙飛行士に決定
8.12 日本航空のボーイング747SR、群馬県の御巣鷹の尾根に墜落。乗員・乗客520人死亡
8.13 三光汽船、会社更生法の適用を申請。負債総額実質1兆円で戦後最大の倒産
8.15 中曽根首相、靖国神社を公式参拝。戦後首相として初
8.24 ユニバーシアード神戸大会開会（～9月4日）。103カ国参加
9.25 奈良県斑鳩町の藤ノ木古墳で朱塗りの家形石棺発見
10.2 関越自動車道全面開通

昭和 61

過熱！ファミコンブーム

1986 年

ファミコン品切れ中　東京・新宿のヨドバシカメラ店内でゲームに熱中する子どもたち。前年発売の「スーパーマリオブラザーズ」で一気に火がついた。

ゲーム発売日に長蛇の列　昭和 63 年 2 月 10 日、「ドラゴンクエストⅢ」の発売日、一日も早く手に入れようと販売店の前には長蛇の列ができた。

激変した子どもたちの遊び

野球のグローブからゲームのコントローラーへ。昭和60年代、子どもたちの遊びが激変した。それは昭和58年に任天堂が開発したファミリーコンピュータ（ファミコン）の発売がきっかけだった。

この年、子どもたちの間に驚異的な勢いで浸透、ゲーム機本体の普及は９００万台を突破。おかげで弊害も生じ「熱中したあまり視力障害を起こしたり、強いストレスを感じたりする」という指摘が相次いだ。国会でも論議され、メーカーは「1時間遊んだら、15分間休んでください」といった注意書きをゲームソフトの包装に付けるようになる。

ほかにも、マンガを読む時間を奪ったため、子ども向けコミックの売り上げがダウン。代わりに出版界で伸びたのがファミコン専門誌で、6月までに12誌が出回った。なかでも先行誌「ファミリーコンピュータマガジン」は発行部数１００万部を突破。

発売元の任天堂は、ファミコンの販売網を全米や欧州各国、アジアに広げた。

◉**ファミコンヒストリー**　昭和 58 年に発売された任天堂の「ファミリーコンピュータ」。爆発的な人気に伴い、ファミリーベーシックやファミリーコンピュータディスクシステムなど周辺機器も充実し、ゲームの攻略法や“裏ワザ”などを紹介した専門誌「ファミリーコンピュータマガジン」（徳間書店）なども続々と創刊された。

割れ目噴火　最初の噴火から６日後の11月21日には、長さ２キロにも及ぶ割れ目噴火を起こし、溶岩流が麓の元町市街地目前にまで達した。

取り残された動物たち　島民が去ったあと残ったのは、犬や猫などの動物たち。家畜を世話するために残っていた少数の人たちも11月25日には島外へ避難した。

◉三原山大噴火

11月15日、伊豆大島三原山が大噴火。マグマを噴き上げ、火口から溶岩が流出。「安永の大噴火」以来、２０９年ぶりの災害だった。６日後には５６５年ぶりの大規模な割れ目噴火も発生。町に迫る溶岩に、全島民は深夜、伊豆大島から脱出した。

◉**ファイアファウンテン**　真っ暗な夜の空に、間欠的にオレンジ色のマグマが噴き上がる珍しい噴火は、ファイアファウンテン（火の噴水）と呼ばれる。このタイプの噴火は、ハワイ島のキラウエア火山などでも見られる。ヘリコプターで火口に近づくと、赤黒い溶岩湖の表面が揺れ、泡立っていた。

Playback 61

《中野浩一、世界10連覇》

アメリカ・コロラドスプリングスでの世界自転車競技選手権プロ・スプリント決勝で、中野浩一が優勝、10連覇の偉業を達成した。

《ビートたけし、「フライデー」襲撃》

芸人ビートたけしの交際相手に執拗な取材をした写真週刊誌「フライデー」編集部を、たけしと“たけし軍団”が襲撃する事件が起こる。

《余部鉄橋事故》

国鉄（現・JR）山陰本線の余部鉄橋で、日本海からの最大風速33メートルの突風にあおられた回送列車が機関車だけを残して転落。

沿道は熱烈歓迎　5月11日、東京・青山通りの沿道を埋め尽くす人たちに手を振って応えるダイアナ妃。右はチャールズ皇太子（現・英国王）。

◉ダイアナ・フィーバー起こる

浩宮さま（現・天皇）と歓談するダイアナ妃。京都・修学院離宮で。

イギリスのチャールズ皇太子（現・英国王チャールズ3世）とダイアナ妃が5月8日から6日間、政府公賓として来日。5年前のロイヤル・ウエディング以来、世界中の注目の的で、青山通りのパレードには10万人が沿道で出迎えた。

◉話題の本　渡辺淳一『化身』、宮本輝『優駿』、安部譲二『塀の中の懲りない面々』、山根一眞『変体少女文字の研究』、長谷川慶太郎『日本はこう変わる』、大前研一『大前研一の新・国富論』、神田法子『聖子』、赤瀬川原平・藤森照信・南伸坊編『路上観察学入門』、家田荘子『極道の妻たち』、杉山隆男『メディアの興亡』、立花隆『脳死』

11.27 日本近代最初期からの炭鉱・三菱石炭鉱業高島礦業所（長崎県）閉山
12.9 タレントのビートたけしら、講談社の写真週刊誌「フライデー」の取材に抗議し編集部に乱入。現行犯で逮捕
12.23 プロ野球・ロッテの落合博満選手、中日にトレード。推定年俸1億円を超える
12.28 兵庫県の国鉄山陰本線余部鉄橋から突風にあおられて回送列車7両転落。鉄橋下の水産加工場を直撃し、従業員・車掌ら6人死亡
12.30 政府、昭和62年度予算案決定。防衛費は国民総生産（GNP）比1％枠を初めて突破し1.004％に

昭和クイズ100

Q92. 石井明美が歌った、平均視聴率20％超えのトレンディードラマ「男女7人夏物語」の主題歌は？

Q93. 巻き上げ機能を付けた使い切りカメラ（レンズ付きカラーフィルム）の名前は？

Q94. 市川猿之助が新橋演舞場で始めた、ダイナミックな“スーパー歌舞伎”の最初の演目は？

〈解答はP238をご覧ください。〉

◉誕生 1.5 小池徹平（俳優）、1.18 山崎育三郎（俳優）、2.2 浅尾美和（ビーチバレー）、2.10 市川由衣（俳優）、2.18 安藤サクラ（俳優）、2.23 亀梨和也（俳優・歌手）、2.26 クリスタル・ケイ（歌手）、3.11 篠田麻里子（俳優・タレント）、3.28 レディー・ガガ（米歌手）、5.25 上野樹里（俳優）、6.3 ラファエル・ナダル（スペイン・テニス）、6.13 本田圭佑（サッカー）、6.14 比嘉愛未（俳優）、8.16 ダルビッシュ有（プロ野球・大リーグ）、8.19 木村沙織（バレーボール）、8.21 ウサイン・ボルト（陸上）、8.22 北川景子（俳優）、9.12 長友佑都（サッカー）、11.23 田中みな実（俳優・元アナウンサー）、12.24 石原さとみ（俳優）、中村倫也（俳優）

◉流行語 **究極**（漫画『美味しんぼ』から）、**知的水準**（中曽根康弘首相の発言）、**地上げ**（地価高騰で問題化）、**3高**（高身長・高学歴・高収入のこと）、**亭主元気で留守がいい**（タンス用防虫剤「タンスにゴン」のCMから）、**新人類**（新しい価値観を持った若い世代）

◉クロニクル 昭和61年（1986）

1.22 社会党第50回続開大会で「新宣言」採択。西欧型社会民主主義路線へ転換
1.27 中曽根首相、国会で「戦後政治の総決算」を改めて強調
2.21 鹿児島県徳之島で長寿世界一の泉重千代さん没。120歳
4.1 男女雇用機会均等法施行
4.8 歌手の岡田有希子（18歳）、飛び降り自殺。若者の後追い自殺が相次ぐ
4.11 企業に60歳定年制を義務付ける「中高年齢者等の雇用促進に関する特別措置法」改正成立。10月1日施行
4.29 東京・両国国技館で天皇在位60周年記念式典
5.4 第12回先進国首脳会議（東京サミット）開催（～6日）
5.8 チャールズ英皇太子・ダイアナ妃来日（～13日）
6.1 東京・上野動物園でパンダの赤ちゃん誕生。12月1日「トントン」と命名
6.7 中国、「日本を守る国民会議」編集の高校教科書『新編日本史』を侵略戦争美化と指摘して是正要請。14日、韓国も批判
7.1 富士写真フイルム、使い切りカメラ（レンズ付きフィルム）「写ルンです」発売
7.13 ソ連のピアニスト、スタニスラフ・ブーニン初来日公演
7.22 第3次中曽根内閣成立
7.30 東北自動車道全面開通
8.1 日本テレコム、東京～大阪間でサービス開始。東京通信ネットワーク・第二電電・日本高速通信も相次いで開業
9.8 土井たか子、社会党臨時党大会で委員長に選出。大政党初の女性党首
中曽根首相、韓国併合は「韓国側にも若干の責任」と主張した藤尾正行文相を罷免
9.22 中曽根首相、自民党全国研修会で「米国の平均的知的水準は黒人やメキシコ人などを含めると非常に低い」と発言し問題化。10月17日首相は衆議院本会議で陳謝するが「日本は単一民族国家」と発言。アイヌ民族ら抗議
9.30 国土庁、7月1日現在の基準地価公示。年初から地価は急騰
11.15 三井物産マニラ支店長の若王子信行、武装集団に誘拐される。昭和62年3月31日解放
伊豆大島の三原山噴火。21日全島民・観光客ら1万2000人余り避難
11.25 現金輸送車、三菱銀行有楽町支店前で襲われ3億3000万円を強奪される

《鉄道発祥の地・汐留駅》

明治5年（1872）、日本初の旅客鉄道が新橋～横浜間に開業すると、新橋停車場が東京の玄関口となった。しかし、大正3年（1914）の東京駅開業後、新橋停車場は旅客専用から貨物専用ターミナルに生まれ変わる。名称も汐留駅と改められ、新橋の名は烏森駅（現・JR新橋駅）に引き継がれた。

当時、第1次世界大戦による輸出の増加や海運費の高騰などにより、鉄道貨物の需要が急速に高まった。それに伴い、汐留駅も設備が整えられたが、大正12年9月の関東大震災の火災で、構内はほぼ全焼。開業からの駅舎も焼けてしまった。その後、昭和9年（1934）に大改良が行われるが、太平洋戦争での空襲により再び構内施設を焼失した。

戦後の経済復興により、汐留駅も近代化が進められ、東京の重要な物流拠点としての役割を担っていく。しかし、昭和40年代に入ると、道路網の整備とトラック輸送の発達などが進み、鉄道輸送量は徐々に低下。また、昭和48年に品川区八潮に新たな物流拠点となる東京貨物ターミナル駅が開業したため、昭和61年、汐留駅は100年を超える歴史に幕を下ろす。跡地は東京都と民間による再開発により複合都市として生まれ変わった。

イラスト：板垣真誠

昭和 62
国鉄からJRへ
1987 年

SL汽笛吹鳴式　4月1日午前0時、JRの誕生に合わせて鉄道発祥の地・汐留駅構内でSL汽笛吹鳴式が行われ、くす玉が割れると「祝JRグループ誕生」と書かれた幕が現れた。

断行されたJRへの転換

明治5年（1872）、新橋～横浜間に日本で初めて鉄道が開業してから116年目にあたるこの年4月、国鉄は分割・民営化され、六つの旅客会社（北海道、東日本、東海、西日本、四国、九州）と一つの貨物会社によるJRグループが誕生した。

経営破綻に瀕した国鉄による全国一元的な経営スタイルを解体・再編し、経営の効率化や長期債務の処理、労使関係の正常化、鉄道事業の再生などを図る〝世紀の大手術〟だった。

分割・民営化により、サービス向上、生産性アップ、スト激減など、利点がいくつかあげられた。その一方で、JR6社の間でも格差が早くも露呈。東海道新幹線のあるJR東海や大都市が営業範囲のJR東日本、JR西日本は例外で、輸送需要の少なさなど構造的に経営基盤が弱体なまま出発したJR北海道・四国・九州とJR貨物は、民営化後も苦しい経営が続いた。

それだけではない。国鉄改革ではいった

◉**国労差別訴訟**　民営化の際、国労組合員を中心に7600人がJRに採用されず、国鉄清算事業団に移った。事業団は3年間の再就職斡旋業務の終了とともに解雇。国労は国鉄作成の採用者名簿には組合差別があるなどと主張、中央労働委員会も追認し訴訟へ。最高裁は平成15年、JRに法的責任なしと判決。しかし、ILO（国際労働機関）はその後、解決を求めて勧告。

◀表示板も変更　国鉄民営化に伴い、自動券売機の表示板もJRのものに取り換えられた。
▼JR版時刻表が大人気　新発売の「時刻表」4月号に“時刻表ファン”が殺到、即時完売の書店もあった。写真：毎日新聞社（左も）

旅立ちJR号　JRが発足する4月1日の前夜、ホームに詰めかけた鉄道ファンを駅員らが懸命に規制する中、臨時列車「旅立ちJR号」が東京駅を出発した。

ん国鉄職員を全員解雇し、JRが新規に選別採用する方式だったため、採用されずに解雇された国労組合員もいて、裁判になるなど〝負の遺産〟は解消されなかった。

◉**汐留駅跡**　民営化後、東京・汐留駅は、国鉄の長期債務返済のため国鉄清算事業団へ移管された。一等地にある広大な敷地にあるため注目されたが、バブル景気による地価上昇を助長するとして売却が延期された。その結果、バブル崩壊後に安値で売却され、債務の返済が遅れる要因となった。

Playback 62

《"鉄人"がお別れアーチ》

広島東洋カープの"鉄人"衣笠祥雄が、10月22日、2215試合連続出場の世界記録を樹立し引退。この年、国民栄誉賞にも輝いた。

《利根川進、ノーベル賞受賞》

アメリカ・マサチューセッツ工科大学の利根川進教授が「免疫グロブリンの特異な遺伝子構造の解明」でノーベル医学・生理学賞を受賞。

《朝日新聞阪神支局襲撃》

5月3日夜、朝日新聞阪神支局に、のちに「赤報隊」を名乗る男が押し入り、記者に向け散弾銃を発砲。1人が死亡、1人が重傷を負った。

ゴッホ「ひまわり」を落札　ゴッホの「ひまわり」を安田火災海上保険が競り落とした。

◉ゴッホ「ひまわり」を約58億円で落札

ロンドンで行われたクリスティーズの競売でゴッホの名作「ひまわり」を安田火災海上保険（現・損害保険ジャパン）が約58億円で落札。東京・西新宿の安田火災東郷青児美術館（現・SOMPO美術館）の年間入館者は「ひまわり」落札前の約3万人から落札後には20万人に急増した。

◉話題の本　盛田昭夫『MADE IN JAPAN』、安部譲二『塀の中のプレイボール』、渡辺淳一『別れぬ理由』、村上春樹『ノルウェイの森』、俵万智『サラダ記念日』、村上龍『愛と幻想のファシズム』、広瀬隆『危険な話―チェルノブイリと日本の運命』、荒俣宏『帝都物語』、星野富弘『花の詩画集　鈴の鳴る道』、大森実『恐慌が迫る』、石ノ森章太郎『マンガ日本経済入門』

を提出。９月入学制・生涯学習などを提言
9.30 大相撲の大乃国、第 62 代横綱に昇進
10.12 米マサチューセッツ工科大教授の利根川進、ノーベル医学・生理学賞受賞決定
10.20 中曽根自民党総裁、次期総裁に竹下登幹事長を指名。31 日党大会で竹下総裁を正式選出
11.6 竹下登内閣成立
11.20 全日本民間労組連合会（連合）結成。55 単産 540 万人。委員長に竪山利文
11.27 竹下首相、初の所信表明演説で「ふるさと創生」を提唱

昭和クイズ100

Q95. カタカナ語を巧みに取り入れた短歌集で、発売３カ月後には 100 万部突破のベストセラーとなった高校教諭・俵万智の歌集は？

Q96. タイトル数は合計 87 作品、最多作品数を持つロールプレイングゲームとしてギネスに登録された「FF」の略称で人気のゲームは？

〈解答はP238をご覧ください。〉

◉誕生　1.9 井上真央（俳優）、2.6 市原隼人（俳優）、2.16 香椎由宇（俳優）、3.6 松下洸平（俳優）、3.25 織田信成（フィギュアスケート）、4.10 水卜麻美（アナウンサー）、4.19 マリア・シャラポワ（ロシア・テニス）、4.27 鈴木杏（俳優）、5.22 ノバク・ジョコビッチ（セルビア・テニス）、6.3 長澤まさみ（俳優）、6.11 田中理恵（体操）、6.24 リオネル・メッシ（アルゼンチン・サッカー）、7.11 加藤シゲアキ（俳優・歌手・作家）、8.4 チャン・グンソク（韓国俳優、歌手）、8.14 浅利陽介（俳優）、8.24 三浦大知（歌手）、9.11 松本薫（柔道）、9.17 中村アン（俳優）、10.19 木村文乃（俳優）、12.18 絢香（歌手）、安藤美姫（フィギュアスケート）、12.23 倉科カナ（俳優）

◉流行語　**朝シャン**（出勤・通学前のシャンプー）、**鉄人**（広島・衣笠祥雄選手のニックネーム）、**ワンレン・ボディコン**（切りそろえたロングヘアや体の線を強調した服が若い女性に流行）、**マルサ**（映画「マルサの女」ヒット）、**地上げ**（バブルの兆候顕著）、**スーパードライ**（ドライ戦争へ）、**ブラック・マンデー**（ニューヨーク株式大暴落）、**花粉症**（スギ花粉情報発表）

◉クロニクル　昭和62年（1987）

1.17 厚生省エイズ対策専門家会議、神戸市在住の女性を日本初の女性エイズ患者と認定。20 日この女性が死亡
1.19 東京外国為替市場で１ドル 149 円 98 銭。初めて 150 円を突破
1.20 北朝鮮の小型船、11 人を乗せて福井県の福井新港に漂着。乗組員は２月台湾経由で韓国へ。北朝鮮は強く反発
2.9 日本電信電話（NTT）株が初上場。10 日大蔵省が約 10 万株を放出し１株 160 万円でストップ高。４月 22 日 318 万円の最高値に
2.23 日銀、公定歩合を 2.5％に（史上最低、先進国でも最低の金利）
3.14 南極海での商業捕鯨終了
3.17 アサヒビール、「スーパードライ」発売で " ドライ " 戦争始まる。大びん（633 ミリリットル）310 円
3.30 熊本地裁、水俣病第３次訴訟でチッソとともに初めて国や県の責任を認める原告全面勝訴の判決
安田火災海上保険、約 58 億円でゴッホの名画「ひまわり」落札
4.1 国鉄、分割民営化。JR グループの旅客鉄道６社と貨物鉄道１社開業
4.30 警視庁、対共産圏輸出統制委員会（ココム）の規制に違反してソ連に工作機械を輸出したとして東芝機械を捜索
5.3 兵庫県西宮市の朝日新聞阪神支局を覆面の男が襲撃。記者１人死亡、１人重傷。６日「赤報隊」名乗り犯行声明
5.10 帝銀事件（昭和 23 年）の死刑囚平沢貞通、獄中で死亡。95 歳
5.27 大相撲の北勝海、第 61 代横綱に昇進。小錦、外国人力士初の大関に昇進
6.9 総合保養地域整備法（リゾート法）公布・施行
6.13 プロ野球・広島の衣笠祥雄選手、米大リーグのゲーリックの連続出場 2131 試合の世界新記録に並ぶ。22 日国民栄誉賞受賞。10 月 22 日引退
6.26 ４月末の日本の外貨準備高、国際通貨基金（IMF）の統計で 686 億 2000 万ドルとなり世界一に
6.30 閣議で第４次全国総合開発計画（４全総）決定。大型リゾート開発など投資額 1000 兆円の巨大開発計画
7.4 自民党田中派から竹下派（経世会）が独立。衆参両院議員 113 人参加の最大派閥となる
7.29 東京高裁、ロッキード裁判丸紅ルート控訴審で田中角栄被告の控訴棄却
8.7 臨時教育審議会（臨教審）、第４次（最終）答申

昭和 63 1988 年

藤ノ木古墳から数々の副葬品

石棺の内部　大刀、鏡、履（沓）、首飾りなどの装身具が多数見つかった。

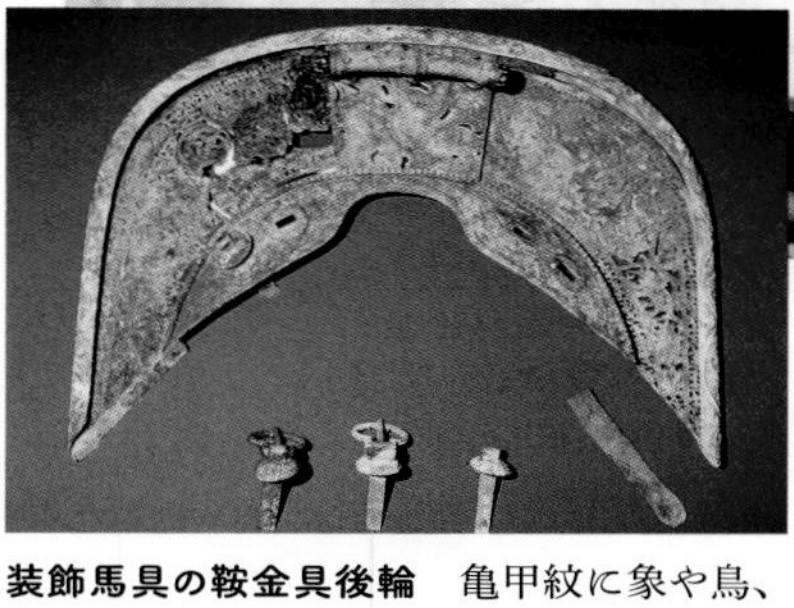

装飾馬具の鞍金具後輪　亀甲紋に象や鳥、虎などの動物が透かし彫りされている。

身分の高い人物の墳墓？

法隆寺の西350メートルほどの奈良県斑鳩町にある円墳・藤ノ木古墳が発掘調査され、被葬者の人骨のほか、豪華な副葬品が発見された。大量に出土した土師器、須恵器などの年代から6世紀半ば、古墳時代後期に築かれた古墳とされている。

昭和60年の第1次調査では朱塗りの家形石棺や精巧な金銅製装飾馬具などが見つかっている。また、昭和63年6月には石棺内がファイバースコープで撮影され、筒形金銅製品などの存在を確認。10月には石棺を開けて内部が調査され、被葬者2人分（うち1人は20歳前後の男性、もう1人も男性の確立が高い）の遺骨に加えて、大刀5口と剣1口、金銅製冠や金銅製履などの装身具、銅鏡4面、ガラス玉類などの服装品が確認されている。

被葬者については、聖徳太子の叔父で蘇我馬子に暗殺された穴穂部皇子と宣化天皇の皇子とされる宅部皇子、あるいは蘇我馬子が東漢駒に暗殺させた崇峻天皇が合葬されているのではないかなどさまざまな説が出ているが、特定には至っていない。

◉文化財指定　平成16年、藤ノ木古墳からの出土品は一括して国宝に指定された。主なものは石棺外出土品「金銅鞍金具」「鉄地金銅張鞍金具」「金属製品一括（馬具類、刀身、鉄鏃など）」「土師器・須恵器」、石棺内出土品「銅鏡」「金属製品一括（金銅冠、金銅履など）」「ガラス玉類」「繊維類一括」。

◉激震！リクルート事件

朝日新聞

政界首脳の秘書名登場

リクルート関連 非公開株の譲渡

中曽根・安倍・宮沢三氏

公開の直後に売却

中曽根氏は首相在任時 代金1億4000万円

中曽根氏の上和田秘書「買った」 宮沢氏の服部秘書「記憶ない」

新算定方式、焦点に

米価下げ幅3～5%の攻防

東京集中 56%が是正望む

本社の全国世論調査

「官庁分散」など求める 政府の対策に信頼薄く 遷都には66%が消極的

高齢社会 主婦の負担一段と

40代で半数が介護

激震　政界を震撼させた7月6日付朝日新聞の1面トップ記事。

リクルートコスモス社（不動産会社）の未公開株に政官財の要人が群がった。NTT会長、元労働事務次官、前文部事務次官ら14人が逮捕され、宮沢喜一蔵相、竹下登首相が辞任に追い込まれた。リクルート事件は、戦後三大疑獄事件の一つに挙げられる。

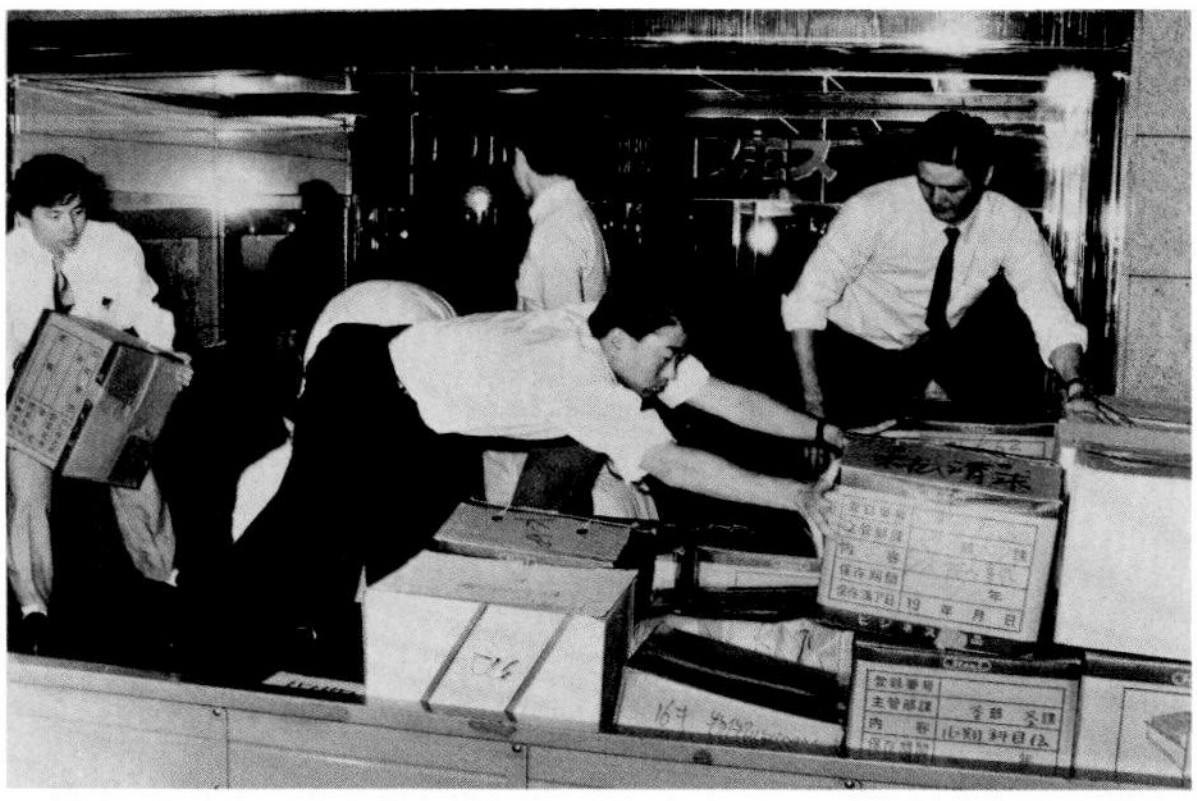

捜査　10月19日、東京・銀座のリクルートコスモス本社を家宅捜査する東京地検特捜部の検事ら。

◉戦後三大疑獄事件　「造船疑獄事件」は戦後の日本における計画造船をめぐる贈収賄事件。これにより吉田茂内閣が倒れる。「ロッキード事件」は米航空機製造大手ロッキード社による旅客機売り込みにからむ大規模汚職事件。田中角栄元首相ら政治家3人が逮捕される。「リクルート事件」は、朝日新聞横浜支局のスクープが事件の発端となり、竹下登内閣が倒れた。

Playback 63

《地方博ラッシュ》

神戸・ポートピア81の成功を機に、地域の活性化とイメージアップを狙った地方博が各地で開催されたが、多くが赤字に終わった

《沖ノ鳥島の保全工事始まる》

満潮時に2個の岩礁がわずかに顔を出す沖ノ鳥島。万一、全体が水没すると日本の排他的経済水域が失われるため、保全工事が行われた。

《"体操ニッポン"の高校生》

高校3年生の池谷幸雄がソウル五輪の体操団体と種目別の床運動で銅メダルを獲得。"体操ニッポン"の灯を明るくともした。

最後の青函連絡船 3月13日午後5時、函館港を出港する青函連絡船の最終便「羊蹄丸」。

◉青函連絡船の終焉

本州・北海道間の貨客の輸送を担ってきた青函連絡船が青函トンネル開通の日、3月13日をもって運航を終えた。昭和40年代後半に最盛期を迎えたが、昭和50年代以降、旅客を飛行機に奪われたことと、青函トンネルの開通が影響していた。

◉**話題の本**　村上春樹『ダンス・ダンス・ダンス』、吉本ばなな『キッチン』、高樹のぶ子『虹の交響』、山田太一『異人たちとの夏』、高橋源一郎『優雅で感傷的な日本野球』、石原まき子『裕さん、抱きしめたい』、シドニィ・シェルダン『ゲームの達人』、金子信雄『金子信雄の楽しい夕食』、松村明編『大辞林』、景山民夫『遠い海からきたCOO』

ト前会長らを証人喚問
12.7 本島等長崎市長、市議会で「天皇に戦争責任がある」と答弁。以後、右翼が激しく抗議。平成2年1月18日、右翼団体幹部に拳銃で撃たれ重傷
12.9 宮沢蔵相、リクルート疑惑に関する答弁が再三変わった責任をとって辞任。後任は竹下首相が兼務
12.27 竹下登改造内閣発足

この年 天皇の病状悪化で、祭りやイベントなどの中止相次ぐ。「自粛」ムード

昭和クイズ100

Q97. 東京・文京区に完成した、雨が降ったときでも野球ができる、わが国初の屋根付き球場は？ コンサート会場としても知られている。

Q98. 全日本テニス選手権に初出場、ノーシードながら初優勝した15歳の女子高校生は？ 母も叔母もテニス選手というテニス一家に育った。

〈解答はP238をご覧ください。〉

◉誕生 2.7 加護亜依（タレント）、2.8 佐々木希（俳優）、2.12 榮倉奈々（俳優）、3.23 平田良介（プロ野球）、3.27 内田篤人（サッカー）、4.11 前田健太（プロ野球・大リーグ）、4.19 小嶋陽菜（タレント）、4.27 上田春佳（水泳）、5.7 森本貴幸（サッカー）、5.28 黒木メイサ（俳優）、6.6 斎藤佑樹（プロ野球）、6.11 新垣結衣（俳優）、6.16 大嶺祐太（プロ野球）、7.13 五嶋龍（ヴァイオリニスト）、7.15 狩野舞子（バレーボール）、7.17 浅田舞（フィギュアスケート）、8.6 窪田正孝（俳優）、9.13 辻井伸行（ピアニスト）、10.6 堀北真希（俳優）、11.1 福原愛（卓球）、田中将大（プロ野球・大リーグ）、12.12 小林祐梨子（陸上）

◉流行語 **ペレストロイカ**（ソ連の改革）、**カイワレ族**（管理社会のもとで育った中高生の意）、**カウチポテト族**（ソファでポテトチップスを食べながらテレビを見る若者）、**ドーピング**（薬物投与で競技成績をあげること、ソウル五輪で問題化）、**秘書が、妻が**（リクルート事件で政治家・官僚が責任転嫁）、**自粛**（天皇の病状悪化で）、**24時間戦えますか**（栄養ドリンク剤「リゲイン」のCM）、**アグネス論争**（子連れで仕事をするアグネス・チャンに賛否）、**シーマ**（日産の新車人気）、**5時から男**（CMから）、**しょうゆ顔ソース顔**（男の顔判定）

◉クロニクル 昭和63年（1988）

1.5 東京・六本木のディスコ「トゥーリア」で重量約2トンの照明装置が天井から落下。3人圧死
1.12 日本医師会の生命倫理懇談会、脳死を人の死と認める最終報告書を答申。本人や家族の同意があれば、心臓が動いている体からの移植用の臓器摘出を容認。19日、日本医師会が承認
奈良国立文化財研究所、奈良市内出土の木簡から長屋王の邸宅跡を確認
3.2 日米両国、在日米軍基地で働く日本人従業員の人件費を全額日本負担とする日米特別協定の改定書に調印
3.13 JR津軽海峡線の青函トンネル（全長53.85キロ）開業。80年の歴史をもつ青函連絡船廃止
3.17 日本初の屋根付き全天候型多目的スタジアム、東京ドーム落成式
4.10 瀬戸大橋（本四連絡橋児島・坂出ルート）開通。JR四国の本四備讃線開業
5.13 竹下登首相、「日本に中国侵略の意図はなかった」などと国会で発言していた奥野誠亮国土庁長官を更迭
6.18 川崎市助役、リクルートから関連会社リクルートコスモスの未公開株を入手し、公開時に売却して1億2000万円の利益を得たことが判明。20日解職（リクルート事件の発端）
6.20 日米で牛肉・オレンジ輸入自由化交渉妥結
7.5 リクルートコスモス未公開株式譲渡問題で、中曽根康弘前首相・安倍晋太郎自民党幹事長・宮沢喜一蔵相の各秘書の関与が判明。6日竹下首相元秘書への株譲渡も判明。同日江副浩正リクルート会長辞任
8.23 米議会上院で、東芝制裁条項・スーパー301条を含む包括貿易法が成立
9.19 天皇、吐血で容体急変。22日天皇の国事行為を皇太子に全面委任。24日病状さらに悪化
9.20 衆議院本会議でコメ自由化反対の国会決議を全会一致で採択。翌日参議院も可決
10.19 東京地検、リクルート本社・リクルートコスモスを贈賄容疑で一斉捜索
10.29 藤波孝生元内閣官房長官、秘書名義でリクルートコスモス未公開株1万2000株を公開前に譲渡されていたことを認める。31日真藤恒NTT会長も譲渡を受け売却益を得ていたことが判明
11.16 消費税導入を柱とする税制改革6法案、衆議院本会議で一部修正のうえ可決。12月24日参議院本会議で可決成立。社共両党は牛歩戦術で対抗したが翌年4月からの3％の消費税導入が決まる
11.21 衆議院リクルート問題調査特別委、江副リクルー

宮崎 駿

子どもに喜びを与える
反骨のアニメ作家

昭和のひと

写真：朝日新聞社

アニメーション作家・宮崎駿の代表作「風の谷のナウシカ」の雑誌「アニメージュ」への連載が12年目の1994年に最終回を迎えた。

人類が最終戦争に遭遇して1000年後の荒廃した地球を舞台に、自然との共存を呼びかける少女ナウシカを描いた作品。この壮大なマンガを締めくくるナウシカ最後の言葉は「生きねば……」だった。

書きはじめた1980年代には、作品に終末論が色濃く反映していた。それが1990年代に入って共生論に変わっていく。

「人類の機械文明は滅びると思っていた。苦闘の1990年代になって、アトピーやエイズ渦の中で子どもを生み、人口が100億人になっても、ひしめき合い混じり合って生きていかなければならないと考えている」

ナウシカの物語が1984年にアニメ化されたとき、作品にこめられた〝反核〟や〝エコロジー〟といったメッセージが大きくクローズアップされた。そこまで大上段に構えなくとも〝宮崎アニメ〟にある種の共通項があるとすれば、それはヒューマニズムだろう。もっとも、彼がそれを声高に口にすることはない。語ったのはアニメ界の状況に対してだった。

「ドンパチを見せたい作品をつくってるくせに、思ってもいない戦争反対とかヒューマニズムをそこに匂わせるのは最低……」

ディズニー作品に対しても「偽のヒューマニズム」と手厳しい。宮崎アニメの基本は「子どもに喜びを与えるもの」と実に明快である。そうしたアニメを〝駄菓子〟にたとえて、自らを〝駄菓子屋〟とも称している。

「子どものころに自分が見たかったものを楽しみながらつくってきただけ」

彼には二人の息子がいる。長男は「風の谷のナウシカ」が完成したときに高校生だった。この長男をバロメーターにアニメをつくってきたという。それは、自分なら息子の年にこんなアニメが見たかったという作品をつくること。「風の谷のナウシカ」以前につくられた「アルプスの少女ハイジ」(73年)や「未来少年コナン」(79年)、「ルパン三世カリオストロの城」(79年)などもそれにあたる。もっとも、そうしたつくり方も「風の谷のナウシカ」が最後だった。

ところで、宮崎がアニメに興味を持つようになるきっかけは、高校生のときに見たアニメ「白蛇伝」(58年、東映動画)だったという。彼は1963年、学習院大学卒業後にその東映動画に入社する。ここで知り合ったアニメ作家の高畑勲とともに独立し、交互に製作・監督コンビを組んで、オリジナリティーあふれる傑作アニメをつくってきた。

その宮崎はかつて、こんなことをいっていた。

「今の漫画は蕎麦を食いながら見るのにちょうどいい密度で書かれています。たくさん売れて喜んでいる人たちは、自分の作品が蕎麦を食いながら読まれていることにどうして平気なんでしょう。僕は〝ナウシカ〟を書きだすとき、蕎麦を食いながら見ては絶対に分からん漫画を書いてやろうと思いました」

反骨精神は強い。それは彼が次男であることが強く影響している。宮崎にとって〝長男には負けたくない〟という思いがつねに強くあった。他人の作品をマネることは、すなわち長男に対する敗北を意味する。この思いが反骨精神となり、強烈なオリジナリティーあふれる作品を生んできた。

邦画の年間配収ランクで、彼の作品はつねにトップを争っている。それだけに、続編を望む声も多いが、彼が断固として応じない。

当時はほぼ2年に1本のペース。製作がスタートすると1日24時間、デスクに座って作業を続けた。職業病とでもいうのか、腱鞘炎、腰痛、座骨神経痛と、からだのあちこちに黄色信号が灯る。栄養剤、膏薬、エレキバンでガードして製作を続けた。完成間近になると、いつも髪の毛が白く変わる。つらいと思う日も多い。そのせいだろうか、宮崎はよく言っていた。

「早く完成して仕事をやめたい。その一心でやってきたようなものです」

昭和 64 1989年

昭和が終わった日

園遊会　春の園遊会で出席者に手を振る昭和天皇。昭和63年5月19日、東京・赤坂御苑で。

激動の昭和、終わる

1月7日午前6時33分、昭和天皇が崩御。その生涯は20世紀の日本近代史とともに歩んだ87年8カ月だった。

大正天皇の第1皇子として20世紀最初の年、明治34年4月29日に誕生。大正10年11月に20歳で摂政となり、大正15年12月25日に25歳で即位。関東大震災、金融恐慌、満州事変、日中戦争、太平洋戦争と大日本帝国の激動の時代を生き、降伏を決断。連合国軍の占領下にあった昭和21年1月1日には〝現人神《あらひとがみ》（この世に人間の姿で現れた神）〟であることを否定する「人間宣言」を発するとともに、新日本建設への希望を述べた。天皇在位期間としては、歴代最長の62年に及ぶ。

崩御後の1月7日、直ちに明仁皇太子（現・上皇）が即位し、宮殿松の間で「三種の神器」である剣《つるぎ》と勾玉《まがたま》を新天皇が受け継ぐ、日本国憲法下初の皇位継承儀式「剣璽《けんじ》等承継《とうしょうけい》の儀」が行われた。

その日の午後には臨時閣議が開かれ、新

◉**大喪の礼**　国の儀式としての「大喪の礼」は2月24日、皇居から棺を葬儀会場の新宿御苑へ運ぶ「御葬列」（自動車列）、各界の参列者から最後の弔問を受ける「大喪の礼御式」、さらに「御式」を終えて八王子市の武蔵陵墓地まで棺を運ぶ「御葬列」として行われた。

天皇の棺　大喪《たいそう》で、葬場殿に向かう棺を乗せた葱華輦《そうかれん》（天皇の乗り物）。平成元年2月24日、東京・新宿御苑で。

新元号は「平成」　新しい元号「平成」を発表する小渕恵三官房長官。1月7日、首相官邸で。

号外を手に　「天皇陛下　崩御」の朝日新聞号外を手にする人々。1月7日、東京・有楽町マリオン前で。

元号を「平成」と決定。翌々日の9日、明仁新天皇が三権の長と初めて会う「朝見《ちょうけん》の儀」が行われ、「みなさんとともに日本国憲法を守り……」と、新天皇が国民全員に呼びかける形で即位を宣言した。

◉徒歩列　昭和天皇の棺は、葬場総門の前で轜車《じしゃ》から葱華輦に移された。葱華輦の後には天皇・皇后両陛下が、その前後には黄旛・白旛などの飾りものを持つ人々や楽師など225人が従い、古風な徒歩列を整えて葬場殿へと進んだ。

◉クロニクル　昭和64年 平成元年（1989）

1.1　体内出血した病床の天皇に、２日朝までに計1400ccを輸血。前年９月の吐血以来の輸血総量は３万865ccに
竹下首相、昭和64年を「政治改革元年」にすると決意表明
1.4　東京証券取引所の大発会で東証１部株価、３万243円66銭の最高値を記録。30日、大阪証券取引所１部も初の３万円台に
1.7　午前６時33分、天皇崩御（87歳）。皇太子明仁が直ちに即位。政府は新元号を「平成」と決定。８日施行
高木顕侍医長、天皇の病名を十二指腸乳頭周囲腫瘍（腺がん）と発表
ＮＨＫ・民放各社、早朝から天皇関連の特別自主番組を編成。放送への苦情電話が殺到、約２万6000件
1.18　昭和天皇に戦争責任と土井社会党委員長が発言
1.31　内閣が前天皇の追号を昭和天皇と告示
2.17　国民の祝日法改正公布。「天皇誕生日」は12月23日に、昭和天皇の誕生日は「みどりの日」となる
2.24　昭和天皇の「大喪の礼」（東京・新宿御苑）。棺は八王子市の武蔵陵墓地の「武蔵野陵」に
昭和天皇崩御に伴う恩赦を実施

昭和クイズ100

Q90. 佐賀県立工業団地予定地に発見された遺跡、国内最大級の環濠や物見の楼観と推測される建物の跡などが発見された遺跡は？

Q100. 「昭和」に次ぐ新元号として「平成」「修文」「正化」の中から選ばれた「平成」を発表して話題になった官房長官は？

〈解答はＰ238をご覧ください。〉

◉誕生◉　1.3 内村航平（体操）、1.6 亀田大毅（ボクシング）、1.14 豊田エリー（俳優、モデル）、1.17 山室光史（体操）、1.25 多部未華子（俳優）、1.14 豊田エリー（俳優、モデル）、2.15 西脇綾香（歌手）、2.22 江宏傑（台湾・卓球）

◉日本自粛列島

昭和天皇の容体急変から大喪の礼まで、賛否が分かれるなか、〝自粛〟騒動は様々な形で全国に広がった。

浅草　「大喪の礼」の日、ひっそりと静まり返る浅草・仲見世通り。

焼却処分　門松に使う若松の出荷が半分に落ち込み、松の枝を焼却処分する姿も見られた。茨城県鹿嶋市。

黒いビニール　３日間の喪が明け、看板から黒いビニールをはがす東京・原宿のタレント・ショップ。

◉話題の本　吉本ばなな『TUGUMI』『白河夜船』『うたかた・サンクチュアリ』『パイナツプリン』『哀しい予感』、村上龍『ラッフルズホテル』、津本陽『下天は夢か』、李良枝『由熙』、井上靖『孔子』、石原慎太郎・盛田昭夫『「NO」と言える日本』、大前研一『平成維新』、スティーブン・ホーキング『ホーキング、宇宙を語る』、小倉千加子『松田聖子論』

超レアもの！
昭和64年グッズ

わずか７日間で幕を閉じた昭和64年。
その「昭和64年」の印がついた希少な品、
ありえない日付がついた珍品、平成元年の「初もの」を集めた。

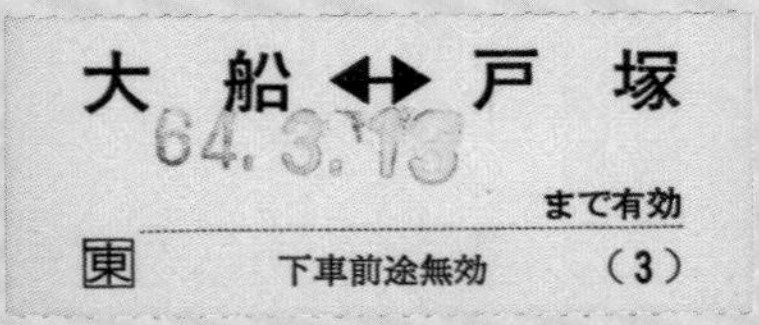

ありえない回数券　JR東日本の回数券の有効期限は“平成64年3月13日”と存在しない日付。

希少コイン　昭和64年刻印の50円、１００円硬貨はつくられなかった。

平成またぎのはがき　引受印は「昭和」、到着印は「平成」と時代またぎの消印。左は「昭和64年」と印刷された年賀状。

世界デザイン博（入場券）　名古屋市制100周年記念「世界デザイン博覧会」の入場券。

お年玉切手シート　昭和64年と印刷された切手シート。

世界デザイン博（紙製ケース）　入場券を入れるケース。会期に昭和64年7月15日～11月26日とある。

◉昭和史戦前年表

年	おもな出来事	世相・風俗・スポーツ・芸能
大正15年〜昭和元年 1926	●京都学連事件で初めて治安維持法適用（1・15） ●蔣介石率いる国民革命軍、中国共産党・地方軍閥に対し北伐開始（7・9） ●大正天皇死去。摂政宮裕仁親王が即位し昭和と改元（12・25）	●同潤会、東京・向島に日本初の公営鉄筋アパート完成（8・6） ●社団法人日本放送協会設立。ＮＨＫの前身（8・6） ●日本初の海外定期航空便、大阪〜大連間で運航開始（9・13）
昭和2 1927	●北丹後地震、死者２９２５人（3・7） ●片岡直温蔵相の失言により、金融恐慌始まる（3・14） ●政府、山東出兵を声明。第1次山東出兵（5・28）	●芥川龍之介自殺（7・24） ●第1回全国都市対抗野球大会、神宮球場で始まる（8・3） ●上野〜浅草間に日本初の地下鉄開通（12・30）
3 1928	●第1回普通選挙（第16回衆議院議員総選挙）実施（2・20） ●関東軍、張作霖搭乗の列車を爆破。張作霖爆死事件（6・4） ●思想取り締まりの特別高等警察（特高）を全道府県に設置（7・3）	●高島屋呉服店、マネキンガールを初めて登場させる（3・24） ●野口英世、アフリカで客死（5・21） ●アムステルダム五輪で織田幹雄が日本初の金メダル（8・2）
4 1929	●工場法改正で女性・年少者の深夜労働禁止（7・1） ●張作霖爆死事件で田中義一内閣総辞職。浜口雄幸内閣成立（7・2） ●ニューヨーク株式市場大暴落。世界恐慌始まる（10・24）	●寿屋（現・サントリー）、初の国産ウイスキー発売（4・1） ●日本初のターミナルデパート阪急百貨店が開店（4・15） ●榎本健一ら、カジノ・フォーリー旗揚げ（7・10）
5 1930	●金輸出解禁実施（1・11） ●ロンドン海軍軍縮条約めぐり統帥権干犯問題起こる（4・25） ●浜口首相、東京駅で右翼に狙撃され重傷（11・14）	●特急「燕」登場、東京〜神戸間を9時間で結ぶ（10・1） ●争議中の富士紡績川崎工場に「煙突男」出現（11・16） ●「黄金バット」などの紙芝居が流行
6 1931	●満州事変勃発。関東軍、柳条湖で満鉄線路を爆破。日中両軍が交戦（9・18） ●犬養毅内閣成立。蔵相に高橋是清。金輸出再禁止を決定（12・13） ●東北・北海道で冷害・凶作。農村の娘の身売り増加	●日本初の客室乗務員「エアガール」が登場（4・1） ●米リンドバーグ大佐夫妻、霞ヶ浦に飛来（8・26） ●大阪城天守閣、鉄筋コンクリート造りで復元される（11・7）
7 1932	●第1次上海事変。中国全土で排日運動激化（1・28） ●満州国建国宣言（3・1） ●5・15事件。陸海軍将校らが首相官邸など襲撃、犬養首相を射殺（5・15）	●上海総攻撃で工兵3人爆死。「肉弾三勇士」の美談に（2・22） ●神奈川県大磯町で「天国に結ぶ恋」坂田山心中事件（5・9） ●チャールズ・チャップリン来日（5・14）
8 1933	●小林多喜二が検挙、拷問・虐殺される（2・20） ●国際連盟で満州国不承認・撤兵勧告案を採択（2・24）。連盟脱退（3・27） ●皇太子明仁親王（現・上皇）誕生（12・23）	●大島の三原山で女子学生の投身自殺後、自殺の名所に（2・12） ●大阪初の地下鉄、梅田〜心斎橋間で開通（5・20） ●全国中学野球準決勝で中京商が延長25回で明石中下す（8・19）
9 1934	●官営八幡製鉄所を中心として、日本製鉄株式会社設立（1・29） ●函館市大火。全焼2万４０００余戸、死者行方不明約２７００人（3・21） ●室戸台風。関西一帯で暴風雨、死者行方不明約３０００人（9・21）	●東京・渋谷駅前に「忠犬ハチ公」の銅像完成（4・21） ●警視庁、学生や未成年のカフェーへの出入り禁止（10・6） ●満鉄、大連〜新京間に特急「あじあ号」の運転開始（11・1）
10 1935	●貴族院本会議で美濃部達吉の天皇機関説が批判される（2・18） ●政府、天皇機関説を否定し「国体明徴」を声明（8・3） ●陸軍統制派の永田鉄山軍務局長、皇道派の相沢三郎中佐に刺殺される（8・12）	●吉川英治の『宮本武蔵』、朝日新聞で連載開始（8・23） ●第1回芥川賞・直木賞の贈呈式（10・28） ●初の年賀郵便用切手を発行。図案は富士山（12・1）

11 1936

●2・26事件。陸軍青年将校・将兵が首相官邸などを襲撃（2・26）
●フランコ将軍が反乱、スペイン内戦起こる（7・17）
●張学良、蔣介石を監禁し抗日統一戦線樹立を要求。西安事件（12・12）

●日本初のプロ野球、日本職業野球連盟7チームで結成（2・5）
●阿部定、愛人を殺害し局部を切り取る。阿部定事件（5・18）
●ベルリン五輪で前畑秀子・孫基禎ら金メダル（8・1〜16）

12 1937

●盧溝橋で日中両軍衝突、日中戦争始まる（7・7）
●日独伊防共協定、ローマで調印（11・6）
●日本軍、南京を占領。大虐殺事件を起こす（12・13）

●文化勲章制定。第1回受章に横山大観・幸田露伴ら（2・11）
●ヘレン・ケラー来日。全国で100回近くの講演（4・15）
●千人針・慰問袋運動盛んになる

13 1938

●ドイツ、オーストリアの併合を宣言（3・13）
●国家総動員法公布（4・1）
●日本軍、武漢三鎮を完全占領（10・27）

●女優の岡田嘉子、ソ連に亡命（1・3）
●文部省通牒で勤労動員始まる（6・9）
●1940年のオリンピック東京大会返上を閣議決定（7・15）

14 1939

●満蒙国境のノモンハンで日ソ両軍が衝突。ノモンハン事件（5・11〜9・16）
●独ソ不可侵条約、モスクワで調印（8・23）
●朝鮮総督府、朝鮮人名を日本式にする「創氏改名」を公布（11・10）

●大相撲の横綱双葉山69連勝（1・14）。翌日、安芸ノ海に敗れる
●軍需物資の原料不足で鉄製品の回収を開始（2・16）
●米穀配給統制法公布（4・12）

15 1940

●斎藤隆夫、衆議院で「反軍演説」（2・2）。議員除名（3・7）
●日独伊三国同盟、ベルリンで締結（9・27）
●大政翼賛会発会式。総裁に近衛文麿首相（10・12）

●米・味噌・醤油・マッチなどに切符制を採用（4・24）
●国民精神総動員本部、立て看板「ぜいたくは敵だ」設置（8・1）
●紀元2600年祝賀行事、各地で挙行（11・10〜14）

16 1941

●モスクワで日ソ中立条約調印（4・13）
●現役軍人を首相・陸相兼任とした東條英機内閣成立（10・18）
●日本軍、真珠湾攻撃・マレー半島上陸。太平洋戦争開戦（12・8）

●李香蘭（山口淑子）が東京・日劇に出演、観客が殺到（2・11）
●国民学校令に基づき尋常小学校は国民学校に（4・1）
●新聞・ラジオの天気予報・気象報道を中止（12・8）

17 1942

●日本軍、シンガポール攻略。英軍降伏（2・15）
●米軍機B25、日本本土初空襲（4・18）
●日本軍、ミッドウェー海戦で空母4隻を失い敗北（6・5〜7）

●味噌・醤油・塩が配給制に（2・1）
●愛国婦人会・国防婦人会などが統合し大日本婦人会発足（2・2）
●金属回収令で寺院の梵鐘や銅像などの供出が始まる（5・12）

18 1943

●日本軍、ガダルカナル島から撤退開始（2・1）
●連合艦隊司令長官の山本五十六、ソロモン群島上空で戦死（4・18）
●明治神宮外苑競技場で出陣学徒壮行会行われる（10・21）

●陸軍省、「撃ちてし止まむ」ポスター5万枚を配布（2・23）
●上野動物園で空襲時の混乱を避けるため猛獣を薬殺（8〜9月）
●文部省、学童の縁故疎開促進を発表（12・10）

19 1944

●マリアナ沖海戦。日本軍は空母・航空機の大半を失う惨敗（6・19）
●レイテ沖海戦で敗北。連合艦隊、事実上壊滅（10・24）
●神風特攻隊第一陣、レイテ湾方面に出撃（10・25）

●歌舞伎座・日本劇場・京都南座など19劇場休止（3・1）
●閣議、国民総武装を決定。竹槍訓練などを開始（8・4）
●東京から学童集団疎開の第一陣が出発（8・4）

20 1945

●東京大空襲で下町一帯全滅（3・9〜10）。大阪大空襲（3・13〜14）
●米軍、沖縄本島に上陸開始（4・1）。日本軍守備隊全滅（6・23）
●広島に原子爆弾投下（8・6）。長崎に原子爆弾投下（8・9）

●たんぱく源としてヘビ・カエル・ネズミも食用に（7月）

「昭和クイズ」の答え

昭和 20 年　①「日米會話手帳」、②「りんごの唄」
昭和 21 年　③「ヴァイニング夫人」、④「サザエさん」
昭和 22 年　⑤「ロードショー」、⑥「古橋廣之進」
昭和 23 年　⑦「エリザベス・サンダース・ホーム」、⑧「軍艦」
昭和 24 年　⑨「高橋圭三」、⑩「ニコヨン」
昭和 25 年　⑪「池田勇人」、⑫「山本富士子」
昭和 26 年　⑬「高峰秀子」、⑭「山びこ学校」
昭和 27 年　⑮「中村錦之助」、⑯「トロリーバス」
昭和 28 年　⑰「チャールズ・チャプリン」、⑱「10 円札」
昭和 29 年　⑲「ローマの休日」、⑳「フレッド・ブラッシー」
昭和 30 年　㉑「船橋ヘルスセンター」、㉒「押し屋」
昭和 31 年　㉓「チロリン村とくるみの木」、㉔「マナスル」
昭和 32 年　㉕「夢の島」、㉖「オビ号」
昭和 33 年　㉗「バチスカーフ」、㉘「月光仮面」
昭和 34 年　㉙「6 頭」、㉚「兼高かおる・世界の旅」
昭和 35 年　㉛「北原三枝」、㉜「三越本店」
昭和 36 年　㉝「赤木圭一郎」、㉞「アントン・ヘーシンク」
昭和 37 年　㉟「藤原あき」、㊱「ユーリー・A・ガガーリン」
昭和 38 年　㊲「山岡荘八」、㊳「上を向いて歩こう」
昭和 39 年　㊴「ひょっこりひょうたん島」、㊵「木島則夫」
昭和 40 年　㊶「ザ・ベンチャーズ」、㊷「ドラフト会議」
昭和 41 年　㊸「若者たち」、㊹「立川談志」
昭和 42 年　㊺「世界の国からこんにちは」、㊻「天井桟敷」
昭和 43 年　㊼「ねむの木学園」、㊽「ボンカレー」
昭和 44 年　㊾「すぐやる課」、㊿「新宿の女」
昭和 45 年　(51)「憂国」、(52)「太陽の塔」
昭和 46 年　(53)「今井通子」、(54)「貴ノ花」
昭和 47 年　(55)「高松塚古墳」、(56)「ぴあ」
昭和 48 年　(57)「小澤征爾」、(58)「ひらけ！ポンキッキ」
昭和 49 年　(59)「幸福駅」、(60)「ベルサイユのばら」
昭和 50 年　(61)「ベータマックス」、(62)「犬神家の一族」
昭和 51 年　(63)「ビューティ・ペア」、(64)「ピーナツ」
昭和 52 年　(65)「プリントゴッコ」、(66)「ゆとり」、(67)「スター誕生！」
昭和 53 年　(68)「サンシャイン 60」、(69)「柳生一族の陰謀」、(70)「江川卓」
昭和 54 年　(71)「コマネチ」、(72)「木曾・御嶽山」、(73)「日向市」
昭和 55 年　(74)「高見山」、(75)「竹の子族」、(76)「蒼い時」
昭和 56 年　(77)「セーラー服と機関銃」、(78)「なめ猫」、(79)「市川房枝」
昭和 57 年　(80)「ガンダム」、(81)「福沢諭吉」、(82)「トキワ荘」
昭和 58 年　(83)「夕ぐれ族」、(84)「三浦雄一郎」、(85)「林葉直子」
昭和 59 年　(86)「風の谷のナウシカ」、(87)「黒柳徹子」、(88)「エリマキトカゲ」
昭和 60 年　(89)「創政会」、(90)「ランディ・バース」、(91)「シートベルト」
昭和 61 年　(92)「CHA-CHA-CHA」、(93)「写ルンです」、(94)「ヤマトタケル」
昭和 62 年　(95)「サラダ記念日」、(96)「ファイナルファンタジー」
昭和 63 年　(97)「東京ドーム」、(98)「沢松奈生子」
昭和 64 年（平成元年）　(99)「吉野ケ里遺跡」、(100)「小渕恵三」

あとがき

本書『戦後昭和クロニクル』は、朝日新聞社から平成11年（1999）1月～平成12年12月に刊行した朝日クロニクル「日本と世界の100年・週刊20世紀」（全100巻）と、平成20年11月から平成21年9月に刊行した週刊朝日百科「週刊昭和」（全40巻）をベースに、日本が太平洋戦争に敗れた昭和20年8月15日から昭和天皇が崩御された昭和64年1月7日まで、昭和の激動の45年間を政治・経済・社会・芸能・娯楽・世相を中心に一冊にまとめたものです。

真夏の太陽が照りつけるなか、ラジオから流れてくる終戦を告げる昭和天皇の声を肩を落として聴き入る国民の姿。東京・宮城（皇居）前では土下座して涙しながら天皇に謝る人たち。そうした国民は、この後混乱の時代を生き抜き、やがて時代は高度経済成長へと進み、東京オリンピックで復興の喜びに歓喜する。そんな戦後昭和の波乱にとんだ歴史をふりかえる構成です。

本書の本文テキストおよび写真は、両誌に掲載されたものを中心に誌面に反映しています。また、「戦後のひと」は「アサヒグラフ」平成5年12月31日・平成6年1月7日合併号～平成7年3月31日号に掲載された連載「戦後ヒーロー・ヒロイン伝説」（文・宮本治雄）を再録しています。

編集担当

デザイン　有山達也
山本祐衣、中本ちはる（アリヤマデザインストア）
校　閲　田宮宣保
編　集　宮本治雄（朝日新聞出版）

朝日ビジュアルシリーズ
あの時代へホップ、ステップ、ジャンプ
戦後昭和クロニクル

編　著　朝日新聞出版
発行者　片桐圭子
発行所　朝日新聞出版
〒104-8011　東京都中央区築地 5-3-2
（お問い合わせ）infojitsuyo@asahi.com
印刷所　大日本印刷株式会社

ISBN 978-4-02-334119-7

価格はカバーに表示してあります。

落丁・乱丁の場合は弊社業務部（電話 03-5540-7800）へご連絡ください。

送料弊社負担にてお取り替えいたします。